**Quanto é
suficiente?**

Robert Skidelsky e Edward Skidelsky

Quanto é suficiente?

O amor pelo dinheiro e a defesa da vida boa

Tradução de
Vera Caputo

Revisão técnica de
Eduardo Sá

1ª edição

Rio de Janeiro
2017

Copyright © Robert Skidelsky & Edward Skidelsky 2010
Copyright da tradução © Civilização Brasileira, 2017

CIP-BRASIL. CATALOGAÇÃO NA FONTE
SINDICATO NACIONAL DOS EDITORES DE LIVROS, RJ

S639q Skidelsky, Robert
Quanto é suficiente? o amor pelo dinheiro e a defesa da boa vida/Robert Skidelsky, Edward Skidelsky; tradução de Vera Caputo; revisão técnica de Eduardo Sá. – 1ª ed. – Rio de Janeiro: Civilização Brasileira, 2017.
23 cm.

Tradução de: How much is enough? The love of money, and the case for the good life.
Inclui bibliografia e índice
ISBN 978-85-200-1277-2

1. Capitalismo. 2. Capitalismo - Filosofia. I. Skidelsky, Edward. II. Título.

15-22891
CDD: 330.122
CDU: 330.142.1

Todos os direitos reservados. É proibido reproduzir, armazenar ou transmitir partes deste livro, através de quaisquer meios, sem prévia autorização por escrito.

Texto revisado segundo o novo Acordo Ortográfico da Língua Portuguesa.

Direitos desta tradução adquiridos pela
EDITORA CIVILIZAÇÃO BRASILEIRA
Um selo da
EDITORA JOSÉ OLYMPIO LTDA.
Rua Argentina, 171 – Rio de Janeiro, RJ – 20921-380 – Tel.: (21) 2585-2000

Seja um leitor preferencial Record.
Cadastre-se e receba informações sobre nossos lançamentos e nossas promoções.

Atendimento e venda direta ao leitor:
mdireto@record.com.br ou (21) 2585-2002

Impresso no Brasil
2017

Para Hugo
Que as suas possibilidades correspondam às
aspirações de Keynes para seus "netos"

Sumário

Prefácio	11
Introdução	15
1. O erro de Keynes	29
2. A barganha faustiana	63
3. Os usos das riquezas	97
4. Felicidade, uma miragem	129
5. Os limites para o crescimento: naturais ou morais?	165
6. Os elementos da vida boa	191
7. Saídas da corrida competitiva	235
Notas	283
Índice	305

"Nada é suficiente para quem ter muito ainda é pouco."

Epicuro

Prefácio

Enquanto escrevíamos este livro, amigos costumavam nos perguntar, em tom de brincadeira: "Afinal, vocês vão ou não nos dizer quanto é suficiente?" Nós preferíamos responder com uma pergunta, como num questionamento acadêmico: "Quanto *você* acha que é suficiente?" E à resposta mais frequente, "suficiente para quê?", completávamos, "para se levar uma vida boa". Algumas vezes isso induziu à tentativa de um número, mas, como era de se esperar, esse número variava conforme a idade, as condições de vida e a nacionalidade. O fato é que só se pode obter uma resposta significativa e mesmo vinculável a essa pergunta quando a pessoa aceita que existe algo que se possa chamar de vida boa, independentemente dos desejos subjetivos. A intenção deste livro é convencer o leitor de que ela – a vida boa – existe, sim, pode ser conhecida e temos que nos esforçar para conhecê-la. Quanto dinheiro é preciso ter para vivê-la é o fim da discussão, e não o começo.*

Recebemos ajuda de muita gente. Somos imensamente gratos a Armand Clesse, diretor do Luxembourg Institute for European and

---

* Em um livro anterior, Robert Skidelsky arriscou-se a estabelecer um valor que o economista John Maynard Keynes consideraria "suficiente" para satisfazer as necessidades *médias*: 40 mil, 66 mil ou 46 mil libras por ano (em valores de 2012). Ver Robert Skidelsky, *Keynes: The Return of the Master*, 2010, p. 142, que também revela as bases de cálculo. Mas Keynes defendia uma ideia de vida boa mais organizada do que é hoje e com menos pressão para se levar uma vida ruim do que existe hoje.

International Studies, que organizou um simpósio sobre o livro em Luxemburgo nos dias 27 e 28 de maio de 2011. Armand presidiu o encontro com o estilo e a vitalidade usuais para uma galáxia interdisciplinar: Michael Ambrosi, Christian Arnsperger, Tom Bauler, Mathias Binswinger, Ulrich Brand, Isabelle Cassiers, Aditya Chakrabortty, Andrew Hallam, Mario Hisrsh, Sir Anthony Kenny, Charles Kenny, Guy Kirsch, Serge-Christophe Kolm, Axel Lijonhufvud, Felix Martin, Matt Matravers, John Milbank, Adrian Pabst, Guy Schuller, Larry Seidentop, Alfred Steinherr, Henryk Szlajfer e Paul Zahlen. Todos receberam uma primeira versão do manuscrito; alguns dos originais atravessaram as cinzas vulcânicas que na ocasião cobriam toda a Europa para chegar às suas mãos. Suas sugestões muito nos estimularam e encorajaram.

Nosso agente na Inglaterra, Michel Sissons, e nosso editor, Stuart Proffitt, deram contribuições notáveis para a realização da proposta, cuidando do livro com delicadeza, mas com rigor, até a sua publicação. Assim também agiu nossa entusiasmada editora norte-americana, Judith Gurewich, cujos e-mails jamais esqueceremos. Eles nos ajudaram a romper a casca acadêmica e expor com clareza os nossos pontos de vista.

Nossos calorosos agradecimentos aos que se seguem, por terem lido os primeiros rascunhos de *Quanto é suficiente?* e por seus comentários e críticas que nos ajudaram a melhorar os argumentos: Perry Anderson, Tony Bicat, Carmen Callil, Meghnad Desai, Robin Douglass, Pavel Erochkine, Richard Fynes, Peter Pagan, Pranay Sanklecha, Richard Seaforf, Augusta Skidelsky, Will Skidelsky e Wu Junqing.

Agradecemos a Pete Mills e Christian Westerling Wigstrom, do Robert's Centre for Global Studies pela preciosa ajuda em pesquisas e pela atitude crítica. Pete, em particular, teve papel fundamental na coleta de dados e na organização dos argumentos do Capítulo 1. Donald Poon nos ofereceu uma ajuda muito bem-vinda

PREFÁCIO

como estagiário a caminho da LSE. Agradecemos ao bibliotecário e aos funcionários da Câmara dos Lordes por atenderem à nossa insaciável necessidade de livros e artigos.

Sobretudo, foi muito bom trabalharmos juntos. Os dois meses que passamos em Languedoc, abril e maio de 2011, escrevendo e conversando sobre o livro, foram extremamente felizes, uma viagem de descobertas, no mínimo, um do outro: nesse ambiente, uma partícula de vida boa, para nós dois.

Robert Skidelsky e Edward Skidelsky

Introdução

Este livro trata da insaciabilidade, essa predisposição psicológica que nos impede, como indivíduos e sociedades, de dizer "já é suficiente". É dirigido para a insaciabilidade econômica, o desejo de ter cada vez mais dinheiro. É voltado principalmente para as regiões mais ricas do mundo, que podem ser consideradas endinheiradas o bastante para que a vida coletiva aconteça com decência. Nas regiões mais pobres do planeta, onde a maioria ainda vive em condições de extrema pobreza, a insaciabilidade é um problema para o futuro. Mas tanto nas sociedades ricas quanto nas carentes, a insaciabilidade estará presente onde a opulência dos abastados estiver muito à frente dos meios de subsistência da maioria.

Os marxistas insistem que essa característica econômica é uma criação do capitalismo e desaparecerá quando este for abolido. Os cristãos argumentam que é produto do pecado original. Nossa visão é que a insaciabilidade tem raízes na própria natureza humana – uma predisposição para comparar a nossa sorte com a de nossos semelhantes e desejá-la –, mas foi intensificada ao máximo pelo capitalismo, que fez dela a base psicológica de toda uma civilização. O que já foi uma aberração dos mais ricos é hoje lugar-comum na vida diária.

O capitalismo é uma faca de dois gumes. De um lado, tornou possíveis imensas e importantes melhorias nas condições materiais. De outro, exaltou algumas das mais vis características humanas, como a ganância, a inveja e a avareza. Temos a pretensão de acorrentar esse monstro evocando o que os grandes pensadores de todas as épocas e civilizações entenderam como "vida boa" e sugerir mudanças políticas que nos permitam chegar lá.

E assim desafiaremos a atual obsessão pelo crescimento do Produto Interno Bruto (PIB) como o maior objetivo das políticas econômicas. Não somos contrários ao crescimento econômico em si, mas nos reservamos o direito de perguntar não só crescimento *para* que, mas *do* quê. Queremos que o lazer aumente e a poluição diminua. Ambos estão presentes em qualquer ideia saudável de bem-estar humano. Mas tanto um quanto o outro estão excluídos do PIB, que mede apenas aquela parte da produção doméstica que é vendida nos mercados. Nada é subtraído da poluição ou somado ao lazer. Até que ponto o crescimento do PIB melhoraria o bem-estar geral é, portanto, discutível. Certamente melhoraria em países muito pobres, mas as sociedades ricas talvez já possuam PIB *demais*. A nossa visão é que, nos países ricos do mundo, o PIB deveria ser tratado como um subproduto de políticas voltadas para uma vida boa. Somente a experiência nos dirá se os efeitos do PIB serão positivos, negativos ou neutros.

Este livro não é sobre os princípios de justiça, mas sobre o que constitui uma vida boa. A maioria das teorias políticas modernas começa por considerar o que é justo, ou correto, de maneira abstrata, e a partir do que é "justo" derivam os ajustes sociais. A nossa abordagem é diferente. Começamos pelo indivíduo e suas necessidades para, a partir disso, construir uma imagem do bem comum. As questões de distribuição, que estão no centro das modernas discussões sobre justiça, embora sejam de vital importância, só serão consideradas por nós no contexto das necessidades de uma vida boa.

Imagine um mundo onde as pessoas trabalhem apenas 15 horas por semana. Elas receberiam o mesmo e até mais do que recebem hoje, porque os frutos desse trabalho seriam distribuídos de maneira

INTRODUÇÃO

mais igualitária para toda a sociedade. O lazer ocuparia muito mais tempo que o trabalho na vida diária. Foi precisamente esse projeto que o economista John Maynard Keynes sugeriu em um curto ensaio publicado em 1930, "Economic Possibilities for our Grandchildren" (Possibilidades econômicas para nossos netos – nomeado a partir de agora como "Possibilidades econômicas"). Sua tese era muito simples. Na medida em que o progresso tecnológico torna possível o aumento na produção de bens por hora trabalhada, as pessoas vão trabalhar cada vez menos para satisfazer as suas necessidades, até o ponto em que não necessitem mais trabalhar. Keynes escreveu: "Pela primeira vez desde a sua criação, o homem se deparará com um problema real e permanente – como usar sua liberdade dos encargos financeiros opressivos, como ocupar o lazer que a ciência e os juros compostos terão conquistado para ele, para viver bem, de maneira sábia e agradável." Keynes imaginou que essa condição seria alcançada num prazo de cem anos – ou seja, por volta de 2030.

Na época em que foi escrito, não surpreende que o ensaio futurista de Keynes tenha sido ignorado. O mundo tinha problemas muito mais urgentes a resolver, entre eles a Grande Depressão. E o próprio Keynes jamais retomou explicitamente sua tese, embora o sonho de um futuro sem trabalho esteja sempre presente ao longo de todo o seu pensamento. Tanto é que foi como teórico do desemprego no curto prazo, e não do progresso econômico no longo prazo, que Keynes ganhou o reconhecimento mundial com seu livro *Teoria geral do emprego, do juro e da moeda*. Portanto, temos boas razões para retomar as questões por ele levantadas e logo abandonadas.

Em primeiro lugar, ele fez uma pergunta pouco discutida hoje em dia: Para que serve a riqueza? De quanto dinheiro precisamos para ter uma vida boa? Pode parecer uma pergunta absurda. Mas não é trivial. Ganhar dinheiro não pode ser um fim em si – ao menos para quem não sofre de desordem mental crônica. Dizer que o meu objetivo de vida é ganhar cada vez mais dinheiro é o mesmo que dizer

QUANTO É SUFICIENTE?

que preciso comer mais para ficar cada vez mais gordo. E o que vale para o indivíduo vale também para as sociedades. Ganhar dinheiro não pode ser a ocupação permanente da humanidade pela simples razão de que não há nada a fazer com o dinheiro senão gastá-lo. E não podemos sair gastando por aí. Chegará um momento em que ficaremos saciados, entediados, ou ambos.

Em segundo lugar, nós, ocidentais, estamos mais uma vez no meio de uma "Grande Contração", ou recessão, a pior desde a Grande Depressão de 1929-1932. Uma grande crise é como uma inspeção: expõe as falhas de um sistema social e exige que se encontrem alternativas. O sistema inspecionado é o capitalismo, e o ensaio de Keynes é o ponto de partida para avaliar o futuro do capitalismo. A crise expõe duas falhas do sistema, em geral obscurecidas pelo compromisso quase unânime de crescer a qualquer custo.

A primeira delas diz respeito às falhas morais. A crise bancária demonstrou mais uma vez que o atual sistema é impulsionado pela avareza e ganância, motivações que são moralmente repugnantes. E divide as sociedades entre ricos e pobres, que se tornam muito ricos e muito pobres, justificando com uma interpretação qualquer do "efeito gotejamento" [*trickle-down effect*]. A existência simultânea de grandes riquezas e imensa pobreza, especialmente em sociedades que têm o suficiente para todos, é uma afronta ao nosso senso de justiça. Em segundo lugar, a crise expõe os defeitos econômicos palpáveis do capitalismo. Nosso sistema financeiro possui uma instabilidade inerente. Quando as coisas dão errado, como aconteceu em 2008, nos damos conta de quanto pode ser ineficiente, esbanjador e cruel. Aos países muito endividados, o sistema diz que os mercados de obrigações só ficarão tranquilos se uma grande parcela de suas receitas nacionais estiver liquidada. Esses colapsos periódicos da máquina de fazer dinheiro são um excelente motivo para se pensar em melhores maneiras de se viver.

INTRODUÇÃO

Por fim, o ensaio de Keynes nos desafia a imaginar como seria a vida pós-capitalismo (porque um sistema econômico em que o capital não é mais acumulado não é capitalismo, tenha o nome que tiver). Keynes raciocinou que a base motivadora do capitalismo é "o forte apelo do instinto humano para ganhar e gostar de dinheiro".[1] E que, com a abundância, esse *drive* motivacional perde a sua aprovação social; ou seja, o capitalismo se autoextinguirá quando seu trabalho estiver terminado. Mas ficamos tão acostumados à escassez como norma que poucos param para pensar quais são as razões e os princípios de conduta que prevalecem, ou deveriam prevalecer, em um mundo muito rico.

Imaginemos que todos tenham o suficiente para levar uma vida boa. E o que é uma vida boa? O que não é? E que mudanças precisam acontecer na nossa moral e no nosso sistema econômico para que a vida boa se torne realidade? Essas perguntas raramente são feitas, porque não se encaixam muito bem em nenhum dos boxes disciplinares que constituem a vida intelectual moderna. Os filósofos constroem sistemas jurídicos perfeitos, mas não estão atentos para a desordem da realidade empírica. Os economistas se perguntam o que se deve fazer para que as necessidades subjetivas sejam satisfeitas, mas não dizem que necessidades são essas. Nosso livro reúne as perspectivas da filosofia e da economia, com a convicção de que ambas são disciplinas interdependentes, uma pela influência prática, a outra pela imaginação ética. E tem como objetivo reviver a antiga noção da economia como uma ciência *moral;* uma ciência de seres humanos vivendo em comunidades, e não de robôs interagindo entre si.

Quanto é suficiente? inicia ponderando as razões para o fracasso da profecia de Keynes. Por que, apesar da surpreendente precisão das suas previsões de crescimento, a maioria de nós, quase cem anos depois, continua trabalhando tanto quanto na época em que ele escreveu seu ensaio futurista? A nossa sugestão é que a economia

QUANTO É SUFICIENTE?

de livre mercado tanto concede aos empregadores o poder de determinar a carga horária e os termos do trabalho quanto inflama as nossas tendências inatas para o consumo competitivo, movido pelo status. Keynes tinha plena consciência dos males do capitalismo, mas acreditava que eles definhariam quando o trabalho de criação de riquezas estivesse terminado. Mas não previu que esses males ficariam para sempre entrincheirados, obscurecendo o próprio ideal a que inicialmente pretendiam servir.

Keynes, acrescentamos no Capítulo 2, não foi o único a pensar que motivações intrinsecamente más pudessem ser úteis, apesar de tudo. John Stuart Mill, Karl Marx, Herbert Marcuse – até mesmo Adam Smith em seus momentos mais ousados –, todos eles, atribuíram a essas motivações um papel positivo como agentes do progresso histórico. Na linguagem dos mitos, a civilização ocidental fez as pazes com o Demônio, e em troca lhe foram concedidos recursos inimagináveis de conhecimento, poder e prazer. É esse o tema central da lenda de Fausto, imortalizada por Goethe. A grande ironia, porém, é que agora que finalmente temos abundância, os hábitos criados pelo capitalismo nos impedem de aproveitá-la da melhor maneira. É como se o Demônio cobrasse a sua parte. Podemos fugir desse destino? Talvez, mas só se pudermos recuperar de séculos de ignorância e distorção a ideia de vida boa, uma vida que em si seja suficiente. Para isso buscaremos recursos no rico reservatório de sabedoria pós-moderna, ocidental e oriental, que resumiremos no Capítulo 3.

Nos últimos anos, a oposição ao crescimento a qualquer custo só tem aumentado. O crescimento, alertam os críticos, não nos faz mais felizes e é desastroso para o meio ambiente. Eles estão certos, mas seus argumentos não traduzem a nossa objeção mais profunda ao crescimento infinito que é o fato de ser uma *estupidez*. Fundamentar a nossa objeção ao crescimento no fato de ser prejudicial à felicidade e ao meio ambiente é pedir aos nossos oponentes que nos contestem

INTRODUÇÃO

– convite que eles estão sempre prontos a aceitar.* E a discussão se perderá num beco sem saída acadêmico. É preciso ter em mente que já sabíamos, antes que os cientistas e estatísticos nos dissessem, que a eterna busca por riquezas é loucura. E é nisso que baseamos a nossa argumentação nos Capítulos 4 e 5.

Por fim, chegamos ao Capítulo 6, a parte positiva da nossa proposta: um esboço de uma vida boa. Buscando *insights* em várias épocas e lugares, identificamos os sete "bens básicos" que constituem o bem viver. A principal função dos governos, defendemos, é garantir, o máximo possível, os recursos básicos a todos os cidadãos. Como fazer isso é o tema do Capítulo 7, no qual sugerimos várias políticas para que o desejo ilimitado de riquezas se mantenha sob o controle de um conceito objetivo de bem-estar. Sem esse controle seremos uma civilização amaldiçoada – caminhando sem rumo para lugar nenhum, ou algo pior.

Ao discutirmos nossas ideias com amigos e conhecidos, cinco objeções foram as mais frequentes. A primeira diz respeito ao momento. "Agora, dentre todos os momentos", ouvimos, "não é hora de se parar o crescimento. Se Keynes estivesse vivo, não estimularia a *retomada* do crescimento o mais rápido possível para diminuir o desemprego e pagar as dívidas do governo?" Isso é incontestável. Mas é preciso diferenciar as políticas de curto prazo voltadas para a recuperação depois da pior depressão desde a década de 1930 das políticas de longo prazo para se ter uma vida boa. Após 2008, em dois anos a produção mundial encolheu 6% e recuperou apenas em parte o nível anterior. Temos que restabelecer ao menos a produtividade perdida porque, da forma como a economia está organizada hoje, essa é a

---

* Nigel Lawson e Bjørn Lomborg, entre outros, defendem que a melhor maneira de lidar com o aquecimento global é estimular o progresso tecnológico a fim de atenuar as consequências adversas. E alguns economistas argumentam que os países ricos são mais felizes que os pobres. Mais detalhes nos Capítulos 4 e 5.

única maneira de reduzir o desemprego e o endividamento privado e público. Mas não podemos permitir que as exigências imediatas atrapalhem a nossa visão para os objetivos finais. Também a utopia de Keynes ficou presa no fundo da Grande Depressão. "Meu propósito com este ensaio", escreveu ele, "não é fazer uma análise do presente [...] mas livrar-me das visões limitadoras e abrir as asas para o futuro." É com o mesmo espírito que oferecemos este livro.

A segunda objeção diz respeito à abrangência geográfica das nossas propostas. Estaríamos sugerindo que em países onde milhões não têm o que comer nem onde morar as pessoas deveriam se contentar com o que têm? É claro que não. Nossos argumentos estão voltados para essa parte do mundo na qual as condições materiais de bem-estar já foram alcançadas. No restante do globo, a prioridade continua sendo o crescimento. Com isso esclarecido, se os países em desenvolvimento continuarem se desenvolvendo, chegarão à mesma situação que nós, portanto, devem se preparar. Para não repetir o mesmo erro que cometemos de nos envolver tanto com os meios que nos esquecemos dos fins.

Três objeções a seguir nos atingiram mais profundamente. "Suas propostas", dizia a primeira, "minarão toda a iniciativa, a criatividade e a visão. Elas são um reflexo do ócio universal." Alguns acrescentaram que nossas ideias refletiam a mentalidade decadente da "velha Europa". Essas observações são feitas principalmente pelos norte-americanos.

Deixando de lado esses equívocos, afirmamos terminantemente que nosso livro não é uma tese em defesa do ócio. O que nos interessa é o *lazer,* uma categoria que, se bem entendida, está tão distante do ócio que é quase seu extremo oposto. O lazer, no sentido mais amplo e hoje quase esquecido, é a atividade sem fim extrínseco, "é a intencionalidade sem um propósito", como diria Kant. É o escultor absorvido no talhe do mármore, é o professor querendo explicar um raciocínio difícil, um músico decifrando uma partitura, um cientista

INTRODUÇÃO

explorando os mistérios do tempo e do espaço – nenhum deles tem qualquer outro objetivo além de fazer o que sabem fazer bem. Eles podem ser remunerados pelo trabalho, mas não é isso que os motiva. Em nossos termos, essas pessoas estão comprometidas com lazer, e não com trabalho. Seria o ideal, é claro. No mundo real, as recompensas extrínsecas, aí incluídas as recompensas financeiras, jamais se afastam completamente da nossa mente. Ainda assim, desde que a ação tenha origem no pendor e não na necessidade, desde que seja espontânea e não servil e mecânica, o trabalho termina onde o lazer está apenas começando. Esse – e não o ócio – é o nosso ideal. É apenas pobreza de imaginação da nossa cultura que nos leva a crer que a criatividade e a inovação – em oposição à criatividade e inovação específicas que visam aperfeiçoar os processos econômicos – precisam do dinheiro para ser estimuladas.

"Tudo isso é muito bonito", contestariam nossos críticos, "mas é improvável que a redução da atividade por motivos externos aumentará o lazer, nesse sentido pretensioso que vocês dão ao termo. Nós, ociosos, temos que ser estimulados pelo dinheiro para fazer qualquer coisa. Sem esse estímulo, nossa preguiça natural nos dominará e resultará não numa vida boa, mas em tédio, neurose e alcoolismo. Basta ler alguns romances russos para entender o que queremos dizer."

Uma objeção como essa só pode ser recebida como uma declaração de fé. Jamais se tentou uma redução universal do trabalho, portanto, não se sabe quais seriam as consequências. Mas não há de ser nada tão terrível quanto sugerem nossos críticos, ou o projeto central da moderna civilização europeia, que visa melhorar o bem-estar das pessoas, seria inócuo e inútil. Se o fim último da era industrial é o ócio, se procriamos e trabalhamos para que nossos descendentes fiquem eternamente sentados na frente da televisão, então o progresso nada mais é, como disse Orwell, que "um esforço frenético para um objetivo que esperamos e rezamos para que nunca seja alcançado".[2] Vivemos a situação paradoxal de sermos incentivados a

QUANTO É SUFICIENTE?

grandes façanhas não porque achamos que valha a pena, mas porque qualquer atividade, por mais inútil que seja, é melhor que nenhuma. *Temos* que acreditar na possibilidade do lazer genuíno ou não sei o que seria de nós.

Outra reflexão nos enche de esperança. A imagem do homem como um ocioso congênito, motivado a agir somente pela perspectiva de ganho, é exclusividade da era moderna. Os economistas, especialmente, veem os seres humanos como burros de carga que precisam do estímulo de um carroceiro ou de um chicote para seguir em frente. "Satisfazer o máximo possível os nossos desejos com o mínimo de esforço", foi como William Stanley Jevons, um pioneiro da teoria econômica moderna, definiu esse problema humano.[3] Não era assim na Antiguidade. Atenas e Roma tinham cidadãos que, mesmo economicamente improdutivos, eram ativos no mais alto grau – na política, na guerra, na filosofia e na literatura. Por que não tomá-los, e não aos burros de carga, como modelos? Certamente os cidadãos atenienses e romanos aprendiam desde muito cedo a desfrutar do lazer com sabedoria. O nosso projeto implica um esforço educacional similar. Não se pode esperar que uma sociedade treinada a usar o tempo de forma servil e mecânica produza homens livres da noite para o dia. Mas também não se pode duvidar que, em princípio, a tarefa é possível. Bertrand Russell, em trabalho publicado apenas dois anos após o ensaio de Keynes – uma ilustração dos efeitos estimulantes da crise econômica –, destaca esse ponto com sua clareza habitual.

> E diria que, mesmo que um pouco de lazer seja bom, os homens não saberiam como preencher sua vida se só trabalhassem quatro horas por dia. Na medida em que isso é verdade para o mundo moderno, é uma condenação da nossa civilização; não seria verdade em nenhum outro período anterior. Havia antigamente uma disposição para a despreocupação e a brincadeira que foi até certo ponto inibida pelo culto da eficiência [...] Os prazeres das populações urbanas tornaram-se basicamente passivos; ir ao

INTRODUÇÃO

cinema, ver televisão, assistir a partidas de futebol, ouvir rádio etc. Isso resulta no fato de que as energias ativas são gastas no trabalho; se os homens tivessem mais lazer, voltariam a sentir prazer naquilo em que participam ativamente.[4]

Queremos acrescentar que, em grande parte, é *porque* o lazer perdeu seu significado real de atividade espontânea e degenerou para o consumo passivo que preferimos nos jogar de cabeça, como o menor dos males, no trabalho. "É preciso trabalhar", escreveu Baudelaire em seus *Diários íntimos,* "se não por gosto, ao menos por desespero. Resumindo tudo numa só verdade, o trabalho é menos tedioso que o prazer."[5]

Uma quarta objeção ganha a forma de uma defesa qualificada do ganhar dinheiro: realmente, dizem nossos críticos, essa não é a mais nobre das atividades humanas, mas é o menos nocivo dos principais objetivos do esforço humano. Keynes disse bem:

> Tendências humanas perigosas podem ser canalizadas por meio de maneiras comparativamente menos prejudiciais para certas oportunidades de se ganhar dinheiro e enriquecer, já que, se não forem bem usadas, encontrarão expressão na crueldade, na busca incessante de poder e autoridade e outras formas de autovalorização.

E acrescenta:

> Não é necessário para a estimulação dessas atividades e a realização dessa inclinação que as apostas desse jogo sejam tão altas como são hoje. Apostas muito mais baixas servirão igualmente aos mesmos propósitos quando os jogadores se habituarem a elas.[6]

É exatamente o que estamos defendendo. Não estamos propondo que não se ganhe mais dinheiro, como aconteceu na União Soviética, mas que "o jogo" tenha regras e limites que não afastem a sociedade da vida boa.

A última e mais profunda objeção ao nosso projeto diz respeito ao seu caráter supostamente não liberal. Um Estado liberal, como John Rawls e outros nos fizeram crer, não incorpora nenhuma visão positiva, apenas aqueles princípios que são tidos como necessários para que pessoas com preferências e ideais diferentes convivam em harmonia. Em termos de políticas públicas, promover uma ideia positiva de vida boa é, por definição, não liberal, talvez até uma atitude totalitária. Retomaremos essa objeção em outra ocasião; por enquanto diremos apenas que ela se apoia em uma concepção errada de liberalismo. Ao longo de sua longa história, a tradição liberal já esteve imbuída dos ideais clássicos e cristãos de dignidade, civilidade e tolerância. ("Liberal", lembremos, designava originalmente o que é próprio do homem livre, uso perpetuado em termos como "artes liberais".) No século XX, liberais prototípicos como Keynes, Isaiah Berlin e Lionel Trilling admitiram que uma das funções do Estado era preservar a civilização. Uma concepção superficial do liberalismo sugere neutralidade ante as diferentes concepções de bem-estar. De qualquer maneira, a neutralidade é uma ficção. Um Estado "neutro" simplesmente dá poder aos guardiões do capital para que manipulem o interesse público de acordo com seus próprios interesses.

Talvez a maior barreira intelectual para que a vida boa seja definitivamente uma realidade é a disciplina econômica, ou seja, a ortodoxia mortífera que transita com esse nome nas grandes universidades do planeta. A economia, lê-se em um texto recente, estuda "como as pessoas escolhem usar recursos *limitados* e *escassos* para satisfazer desejos ilimitados".[7] Os adjetivos em itálico são estritamente redundantes: se os desejos são ilimitados, então os recursos são, por definição, limitados relativamente a eles, por mais ricos que sejamos no sentido absoluto. Estamos condenados à escassez, não por falta de recursos, mas por um apetite insaciável que é próprio do ser humano. O economista Harry Johnson disse em 1960 que "vivemos em uma

INTRODUÇÃO

sociedade rica que, de várias maneiras, insiste em pensar e agir como se fosse uma sociedade pobre".[8] A perspectiva da pobreza e, com ela, a ênfase na eficiência a qualquer custo, faz parte da economia moderna.

Mas nem sempre foi assim. Adam Smith, o pai da economia moderna, dizia que o nosso desejo inato de melhorar acabaria colidindo com os limites naturais e institucionais, e o resultado seria a criação de um "estado estacionário". Para Alfred Marshall, mestre de Keynes, a economia estuda os "pré-requisitos materiais do bem-estar", definição que preserva o conceito aristotélico e cristão de riqueza como meio para um fim. Depois de Marshall, porém, a economia mudou de direção. Numa definição clássica, Lionel Robbins escreveu que a economia é "a ciência que estuda o comportamento humano como a relação entre fins e meios escassos que possuem usos alternativos".[9] A definição de Robbins tanto põe a escassez no centro da economia como exclui os julgamentos de valor. A economia estuda os meios mais eficientes para os fins, mas o economista, como tal, nada tem a dizer sobre os "fins". Ele admite que, para os fins serem alcançados, os meios à disposição sempre serão esgotados, o que significa que a escassez é um traço permanente da condição humana.

Se a escassez está sempre entre nós, então a eficiência – o uso otimizado dos recursos escassos – e a economia – ciência que nos ensina a eficiência – sempre serão necessárias. Por outro lado, para o senso comum, a escassez vai e vem. Sabemos que penúria é um período de extrema escassez e que a boa colheita resulta relativamente em fartura. Thomas Malthus entendia que se a população cresce muito mais rápido que a capacidade de produzir alimentos, a escassez aumenta; caso contrário, diminui. Além disso, a escassez, tal como é entendida pela maioria, diminuiu em grande parte das sociedades nos últimos duzentos anos. Tudo isso somado significa que a importância social da eficiência diminuiu e, com ela, a utilidade da economia.

Quanto a essa questão, a sanidade começa quando se pensa na escassez relativamente às necessidades, e não aos desejos. É assim que pensamos. Ninguém imagina que um homem que possua três casas esteja vivendo em situação dramática, por mais que ele necessite de uma quarta. "Ele já tem o suficiente" implica dizer que "tem o bastante para atender às suas necessidades". As manifestações flagrantes de insaciabilidade – como o desejo incontrolável de colecionar gatos e casas de boneca – são consideradas patológicas, e não normais. (Economistas e psicólogos tendem a tratar a neurose como norma.) Todos nós, em princípio, temos capacidade de limitar os nossos desejos às nossas necessidades; o problema é que a economia competitiva, monetarizada, pressiona constantemente para desejarmos cada vez mais. A "escassez" tal como é entendida pelos economistas torna-se cada vez mais um instrumento dessa pressão. Considerada relativamente às nossas necessidades vitais, a nossa condição não é de escassez, mas de extrema abundância.

A premissa que segue é que as condições materiais de uma vida boa já existem, ao menos nas sociedades mais prósperas, mas devido à busca pelo crescimento a qualquer custo isso está sempre fora de alcance. Nessas circunstâncias, o objetivo da política e de outras formas de ação coletiva deveria ser assegurar uma organização econômica na qual as condições para a vida boa – saúde, respeito, amizade, lazer e outros – estivessem ao alcance de todos. O crescimento econômico, então, seria residual, e não algo a ser almejado.

Com o tempo, essa mudança de perspectiva afetaria a nossa atitude em relação à economia. Otimizar o uso eficiente do nosso tempo deixaria de ser tão importante; portanto, a economia "científica", como foi desenvolvida desde Robins, será destronada como a rainha das ciências sociais. É isso que nos trará abundância, mas antes terá que deixar de comandar nossa vida. Era o que Keynes tinha em mente quando imaginou o dia em que os economistas seriam tão úteis quanto os *dentistas*.[10] Ele sempre escolheu as palavras com muito cuidado: seria como dentistas, e não como médicos, que a humanidade precisaria dos economistas; à margem da vida, e não como uma presença constante e muito menos controladora.

1. O erro de Keynes

"Não há limites determinados pelo homem para as
riquezas."

Sólon

Em 1928, Keynes falava a uma plateia de alunos de Cambridge sobre o
tema "Possibilidades econômicas para nossos netos". Ele sabia que os
jovens estavam desiludidos com o capitalismo e tendiam a ver a União
Soviética como um farol luminoso. O próprio Keynes reconhecia
que o progresso era "uma crença imunda, enegrecida pela poeira do
carvão e da pólvora", e que o comunismo era tão fascinante porque,
apesar das barbaridades cometidas, era visto como "os primeiros
sinais de uma grande religião".[1] Se Keynes quisesse atrair essa plateia
distanciando-a desse falso deus, precisaria convencê-la também de
que o capitalismo era um projeto utópico – até mais utópico que o
comunismo, por ser o único meio eficiente de se alcançar a abundância que daria vida boa a todos. Foi na palestra de Cambridge que ele
estreou a sua fantasia utópica.

Dois anos mais tarde, quando Keynes revisava sua palestra para ser
publicada, irrompeu a Grande Depressão: o capitalismo estava falido

QUANTO É SUFICIENTE?

não só economicamente, mas moralmente; e o comunismo tornou-se ainda mais atraente. Keynes habilmente adaptou sua mensagem à nova situação. "Sofremos", escreveu, "não dos reumatismos da velhice, mas das crescentes dores causadas pelas rápidas mudanças, pelos penosos ajustes entre um período econômico e outro." A Depressão era, ao menos em parte, um sintoma do "desemprego tecnológico" – ou seja, "desemprego por termos encontrado meios de economizar mão de obra muito mais rapidamente do que novos usos para a mão de obra". O desemprego tecnológico apontava para um futuro sem trabalho, mas que era voluntário, e não forçado.

Keynes pôs a lógica econômica a serviço da profecia. Apoiando suas ideias em índices históricos de acúmulo de capital e progresso técnico, propôs que, se os meios de produção continuassem crescendo 2% ao ano e a "eficiência técnica" aumentasse 1%, "o padrão de vida daqui a cem anos nos países progressistas será de quatro a oito vezes superior ao de hoje". Essa projeção permitiu-lhe chegar à "surpreendente conclusão" de que "desde que não haja guerras nem um aumento importante da população, o problema econômico estará solucionado, ou pelo menos próximo da solução, dentro de cem anos".*

O que Keynes estava dizendo é que a humanidade é capaz de satisfazer suas necessidades materiais com apenas uma fração do atual esforço de trabalho – no máximo, três horas por dia "satisfaz o velho Adão que existe em nós". A abundância de tempo liberado causaria um "colapso nervoso" tão comum entre as "esposas das classes abas-

---

* Keynes antecipou-se ao modelo de crescimento de Robert Solow, que explica o crescimento do PIB pelo aumento dos fatores capital e população, e do índice de progresso técnico. Como todos os economistas, Keynes aceitava retornos menores para o capital – cada unidade de capital adicionada produziria menos que a anterior –, aí incluída a saturação do capital. O crescimento do PIB passaria a depender principalmente da melhor qualidade, e não da quantidade, do capital físico e humano, ou seja, do progresso técnico. O crescimento do PIB *per capita* requer progresso técnico para ultrapassar o crescimento da população.

tadas". Mas Keynes esperava que não acontecesse. Esperava, sim, pelo momento em que uma atitude espontânea e positiva em relação à vida, típica dos artistas e dos espíritos livres, se espalhasse pela sociedade como um todo. O ensaio culmina em um maravilhoso voo de retórica, entremeando Aristóteles ao Novo Testamento.

> Eu nos vejo livres para retomarmos alguns dos princípios mais corretos e indiscutíveis da religião e da virtude tradicional – que a avareza é um vício, que a prática da usura é uma ofensa e o apego ao dinheiro é detestável, que aqueles que trilham mais sinceramente os caminhos da virtude e da sã sabedoria são os que menos pensam no amanhã. Devemos voltar a valorizar os fins sobre os meios e preferir o bom ao útil. Devemos respeitar a quem nos ensina a escolher bem e virtuosamente a hora e o dia, a quem sente prazer nas pequenas coisas, os lírios do campo que não trabalham nem fiam.[2]

Amigo de Keynes, o filósofo Frank Ramsey tinha uma palavra para definir essa condição paradisíaca: "estado de graça".

O capitalismo, então, a vida da batalha financeira e do ganhar dinheiro, é um estágio intermediário, um meio para um fim, que é a vida boa. E o que é a vida boa? Keynes foi discípulo do filósofo de Cambridge G. E. Moore, que escreveu em *Principia Ethica*:

> Há muito que o que imaginamos e conhecemos de mais valioso são certos estados de consciência que podem ser comparados grosseiramente aos prazeres do intercurso humano e ao gosto por belos objetos.

E continua:

> É só por essas coisas – para que a maior parte delas exista em algum momento – que se justifica alguém exercer qualquer função privada ou pública [...] São elas [...] que constituem o fim último razoável da ação humana e único critério para o progresso social.[3]

Esta, Keynes disse mais tarde, era a sua "religião sob a superfície". Como economista e especulador, Keynes vivia a maior parte do tempo nas regiões mais baixas da ação capitalista, mas seus olhos sempre estiveram voltados para o paraíso das artes, do amor e do conhecimento, em que viviam seus amigos de Bloomsbury. O ensaio "Possibilidades econômicas" é uma tentativa de conciliar esses dois lados de sua personalidade – o intencional e o espontâneo –, projetando um deles no presente e o outro no futuro.

"Possibilidades econômicas" foi praticamente ignorado na época, considerado fantasioso demais para merecer uma discussão mais séria. Era, na realidade, uma *pièce d'occasion,* um *jeu d'esprit.* Keynes expôs suas ideias e argumentos em apenas 12 páginas. Havia inúmeras pontas soltas, objeções levantadas e logo abandonadas. "Isso é Keynes, no que há de melhor e de pior", escreveu um de seus alunos.

> De pior, porque suas teorias sociais e políticas não se sustentariam sob um olhar mais exigente; porque a sociedade não está disposta a abrir mão das novas necessidades, uma vez que o consumo é conspícuo e competitivo [...] E de melhor por sua mente divagadora, inquisitiva, intuitiva, provocadora.[4]

Mas, apesar de futurista, "Possibilidades econômicas" nos remete diretamente à principal preocupação de Keynes: o problema do persistente desemprego em massa. É a motivação "ideal" para causar uma revolução nas políticas econômicas pelas quais Keynes é mais reconhecido: o emprego seguro, não interrompido por altos e baixos, é o caminho mais curto para a utopia que o ensaio acena. Keynes quis garantir que o sistema capitalista funcionasse a pleno vapor para que chegasse mais depressa o dia em que tudo estaria acabado.

Mais de oitenta anos se passaram desde que ele escreveu seu ensaio; já somos seus "netos" e até bisnetos. E o que aconteceu com a profecia de Keynes?

O destino da profecia de Keynes

O ensaio de Keynes traz duas previsões e uma possibilidade. As previsões se referem ao crescimento e às horas trabalhadas. Simplificando, Keynes acreditava que, naquele momento, nós, ocidentais, estávamos perto de ter o "suficiente" para satisfazer as nossas necessidades sem precisar trabalhar mais de três horas por dia. A possibilidade – e não a previsão, porque Keynes discute a alternativa da "dona de casa entediada" – é que aprenderíamos a usar o nosso tempo livre para viver "bem de maneira sábia e agradável". No que resultaram essas especulações?

O que Keynes esperava que acontecesse nos países ricos é mostrado no Gráfico 1. No ponto "estado de graça", em 2030, o aumento da renda cessa (porque todos já têm o suficiente) e o trabalho necessário cai a zero (porque tudo que as pessoas necessitam é produzido por máquinas).

Agora, comparemos as duas previsões com os resultados reais. O que aconteceu com o crescimento dos países ricos e contrariou a hipótese de Keynes é mostrado no Gráfico 2; e o que aconteceu com as horas trabalhadas nos países ricos e conspirou contra a previsão de Keynes é mostrado no Gráfico 3. O crescimento real da renda *per capita* foi praticamente igual ao esperado por Keynes. Na verdade, a coincidência foi pura sorte. Keynes partiu do princípio de que não haveria grandes guerras nem aumento da população nos países cobertos. Houve, sim, outra grande guerra, e a população cresceu cerca de um terço. Ele subestimou o aumento da produtividade. Os dois erros se anularam mutuamente e o resultado é que a renda *per capita* quadruplicou em setenta anos a partir de 1930, muito acima do menor limite estabelecido por Keynes.

Gráfico 1 – Previsão de Keynes

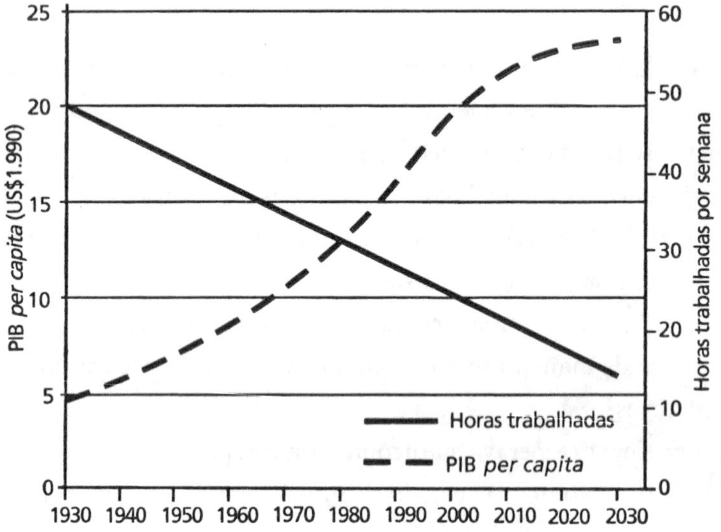

Gráfico 2 – Crescimento econômico desde a época de Keynes

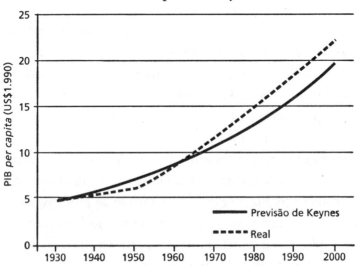

Fonte: Agnus Maddison, *The World Economy: Historical Statistics*, 2005; Measuring Worth (disponível em <www.measuringworth.com>); Eurostat; acessado em 16 jan. 2012.[5]

Gráfico 3 – Horas semanais de trabalho desde a época de Keynes

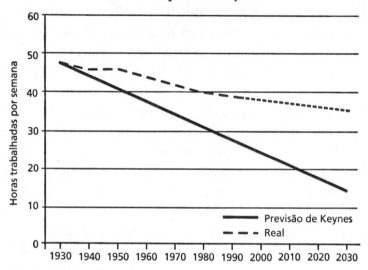

Fonte: Michael Huberman e Chris Minns, "The Times They are not changin': Days and Hours of Work in Old and New Worlds, 1870-2000", *Explorations in Economic History*, vol. 44, 2007, pp. 536-537.

E o que aconteceu com as horas trabalhadas? A previsão de que, nessas mesmas condições, esse fator acompanharia o aumento da produtividade dependia do princípio aceito por todos de que a renda tinha uma utilidade marginal decrescente – cada aumento da receita produziria um pouco menos de satisfação. Na medida em que a renda aumentasse, porque a pessoa estaria produzindo mais por hora, as horas trabalhadas diminuiriam, até que uma hora a mais nos rendimentos se equiparasse a uma hora a mais no tempo livre.

Não foi bem isso que aconteceu. De 1870 a 1930 as horas trabalhadas por pessoa despencaram, e Keynes acreditava que cairiam mais. "Ao longo da vida", ele escreveu, "conseguimos realizar operações na agricultura, mineração e manufatura com um quarto do esforço humano a que estamos acostumados."[6] Mesmo que a renda e a produtividade tenham aumentado como ele esperava, as horas trabalhadas por pessoa passaram longe de cair três quartos desde 1930. Nessa época, as pessoas do mundo industrializado trabalhavam cerca de 50 horas semanais. Hoje, trabalham 40 horas. Pelos cálculos de Keynes, deveríamos estar caminhando para as 15 horas semanais ou mesmo ter chegado lá. Se projetarmos as atuais tendências em 2030, chegaremos a 35 horas semanais, e ainda assim estaríamos muito longe das 15 horas. O problema é entender por que as horas trabalhadas caíram menos que o aumento da produtividade por hora trabalhada.

Keynes não definiu nenhum limite geográfico para a sua previsão. Talvez tenha pensado que por volta de 2030 os países pobres estariam mais perto dos ricos. E não errou de todo. Um pequeno grupo de economias do Leste Asiático já alcançou os padrões de vida ocidentais, e um número maior de países com rendimento intermédio (de acordo com a classificação do Banco Mundial) alcançará esse patamar dentro de pouco tempo. Mas é o aumento da população, que ele não previu, que mantém um quarto da população mundial na pobreza. Em 1930 a população mundial era de 2,7 bilhões. Hoje são 7 bilhões, ou seja, duas vezes e meia a mais. O mundo rico também cresceu mais de 30%. A questão mais incômoda, e que foi deixada de lado por Keynes, é quanto tempo levará para que os ricos atinjam o "estado de graça" e comecem a ajudar os pobres?

As ilusões das médias

Antes de entendermos por que as horas trabalhadas não se alinharam ao crescimento da economia, veremos o que há por trás dos nossos métodos de mensuração.

A média nada mais é que a tendência central de um conjunto de dados. A maioria das pessoas entende intuitivamente essa tendência como um número "típico". Por exemplo, se sabemos que a renda média em 2011 na Inglaterra era de 25 mil libras por ano, a tendência é aceitarmos que a maioria das pessoas que lá vivia ganhava 25 mil

O ERRO DE KEYNES

libras por ano, mesmo que umas ganhassem mais, e outras, menos. Mas não precisa ser assim. Consideremos uma população de dez pessoas (digamos, uma fábrica) cujo chefe ganha 160 mil libras e os nove trabalhadores ganham 10 mil cada um. A renda *média* é de 25 mil libras, embora a maioria ganhe 10 mil. É uma representação estilizada da situação real na Inglaterra e nos Estados Unidos atuais, onde muitos ganham menos que a média e um pequeno número ganha muito mais. Em 2011, a renda média na Inglaterra era de 27 mil libras, mas a renda mediana era de 21.500 libras. Isso significa que 50% da população ganhava menos que 21.500 libras, alguns menos ainda.[7] A falácia de se deduzir uma situação "típica" pelo estudo das médias inferiores é mais relevante na distribuição de renda. Não se pode dizer que os cidadãos de um país vivam melhor ou pior se não soubermos o que acontece com a distribuição de renda. O mesmo se aplica em muitas outras situações que nos interessam.

Em primeiro lugar, a média de horas trabalhadas esconde variações importantes (e crescentes) de um país para o outro, com os Estados Unidos industrializados numa ponta, a "velha Europa" na outra e a Inglaterra mais próxima dos Estados Unidos (veja o Gráfico 4). Embora a tendência comum a todos os países desde a década de 1980 seja diminuir as horas trabalhadas, por que os norte-americanos e os italianos trabalham mais horas que os demais? Segundo uma pesquisa realizada em 2011, "os norte-americanos trabalham em média 122 horas anuais a mais que os ingleses e 378 horas (10 semanas!) a mais que os alemães".[8] Alguns afirmam que, recentemente, as horas trabalhadas nos Estados Unidos voltaram a subir. Os holandeses são os que mais se aproximam do "estado de graça" de Keynes. Em 2011, suas 1.400 horas anuais – ou 34 horas semanais – rendiam 42 mil dólares *per capita*, enquanto as 1.650 horas dos ingleses rendiam apenas 36 mil dólares (os norte-americanos recebiam 48 mil dólares *per capita* por 1.800 horas).* Talvez

---

* Os números são calculados de acordo com a paridade do poder de compra, que mede o que o dinheiro pode comprar em diferentes países.

essas diferentes posturas em relação ao trabalho, ao dinheiro e ao lazer devam ser reconhecidas como divergências culturais. Numa sociedade de imigrantes como é a dos Estados Unidos, ganhar dinheiro é a estrada para o sucesso; na Europa, o legado da cultura hierárquica que limita as oportunidades para se ganhar dinheiro, tanto no topo quanto na base da pirâmide, obriga a adoção de estilos de vida que desvalorizem essa meta. A Inglaterra é um caso intermediário, mais aberta à criação de emprego e riquezas que a Europa continental e menos igualitária socialmente que os Estados Unidos. Essas diferenças culturais estão enraizadas nas pessoas e são reforçadas por instituições específicas do sistema fiscal, de seguridade social e pelo mercado de trabalho. É bem possível que as longas horas trabalhadas italianas não incluam aqueles que trabalham horas intermitentes na economia informal (uma situação típica dos países mediterrâneos).

Gráfico 4 – Horas de trabalho desde 1983

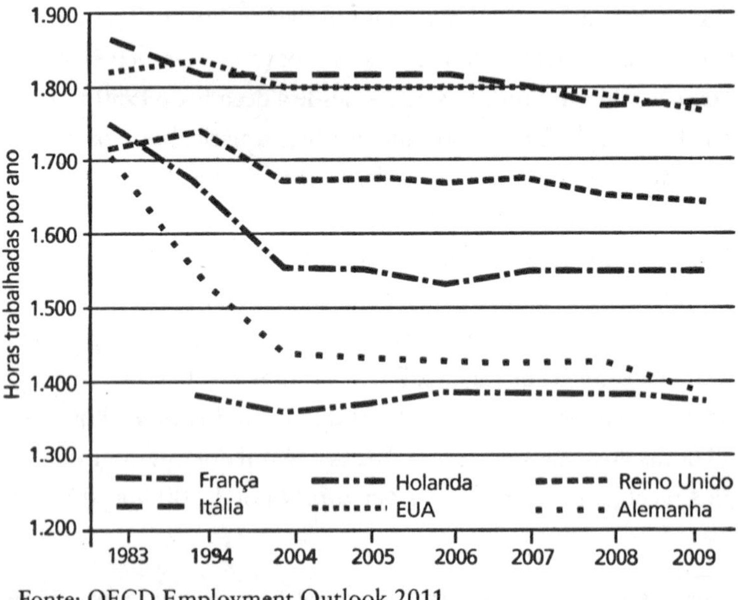

Fonte: OECD Employment Outlook 2011.

O ERRO DE KEYNES

Em segundo lugar, a diminuição da média de horas trabalhadas oculta uma divergência entre diferentes grupos em um mesmo país. Enquanto a carga horária de um modo geral se mantém inalterada, os trabalhadores de baixa renda trabalham menos do que gostariam e os mais ricos trabalham mais do que precisam. O que nos surpreende é que os ricos estejam trabalhando mais horas, especialmente nos Estados Unidos e na Inglaterra, invertendo uma relação negativa entre trabalho e renda que até recentemente se supunha existir.[9] Na época de Keynes, o topo da sociedade trabalhava menos horas que a base. A aristocracia não remunerava o trabalhador; os profissionais liberais passavam pouquíssimas horas em seus escritórios. Hoje, o rico "viciado em trabalho" substituiu o rico "ocioso". O status social não é mais reconhecido pela imunidade ao trabalho. Em nossa sociedade altamente competitiva, pessoas talentosas, mas pobres, precisam trabalhar cada vez mais para alcançar um status antes facilmente conquistado por ricos sem talento. Essa inversão da relação tradicional entre trabalho e renda é uma boa razão para acreditarmos que não estamos caminhando para um futuro sem trabalho.

Em terceiro lugar, a média de horas trabalhadas por ano sofreu uma queda maior que a média de carga horária semanal, porque a primeira inclui as férias. Na Europa, as férias remuneradas regulamentares quadruplicaram desde a época de Keynes, de uma para quatro semanas por ano – uma evidente vitória do lazer. Entretanto, para compensar esse lucro, o tempo gasto com o consumo e o trabalho doméstico teve que aumentar. Na Inglaterra, o trabalho doméstico, por incrível que pareça, absorve meia hora diária a mais que em 1961, apesar da evolução dos eletrodomésticos.* Mas, em compensação, hoje em dia muito

---

* As donas de casa perdem mais tempo nas compras em razão das distâncias, do tamanho das lojas e do aumento do número de lojas de autosserviço. Também passam mais tempo com os filhos, o que reflete uma mudança de atitude com a educação, exemplificada na frase "tempo de qualidade". Por outro lado, diminuiu o tempo gasto com atividades domésticas, como cozinhar e limpar, graças aos aparelhos poupadores de trabalho. Ver Jonathan Gershuny e Kimberly Fisher. "Leisure in the UK across the 20th Century", in: A. H. Halsey e Josephine Webb (orgs.), *Twentieth Century British Social Trends*, Palgrave Macmillan, 1999, p. 634.

mais mulheres estão trabalhando fora, porque a forte demanda por mão de obra no pós-guerra as empurrou para o mercado de trabalho, criando novas carreiras. Nos EUA, 25% das mulheres trabalhavam fora em 1930; hoje são 70% – essa tendência se repete em outros países industrializados.[10] A versão moderna da dona de casa de Keynes é menos propensa a ter um ataque de nervos por ociosidade involuntária do que pelo estresse causado por trabalhar fora e cuidar da casa (fazer compras, enfrentar filas para pagar as contas) e dos filhos (supervisionar as brincadeiras e se deslocar entre a casa e a escola).[11]

Ademais, os dados sobre as horas trabalhadas, semanais e anuais, só incluem quem está trabalhando ativamente, portanto, não refletem os anos dedicados à educação, nem aquele intervalo em constante expansão entre o trabalho e a morte, conhecido como aposentadoria. Os anos dedicados à educação devem então ser contados como uma extensão do trabalho ou do lazer? Depende do tipo de educação. Se for um treinamento profissional, como em geral é, deve ser contado como dias trabalhados; se for uma preparação para a vida boa, como lazer.

A aposentadoria é vista mais naturalmente como parte do lazer; sua extensão deve ser considerada, portanto, uma adição à possibilidade da vida boa. Em 1948, os homens do Reino Unido trabalhavam em média até os 65 anos e morriam dois anos depois. Hoje, eles se aposentam aos 67 e vivem mais 11. No entanto, não é certo concentrar tanto lazer nos últimos anos de vida das pessoas, não só porque elas não se preparam adequadamente durante a vida profissional para o lazer que está por vir, como a capacidade de desfrutá-lo terá diminuído. Também não se pode concluir que o lazer tenda a aumentar na sociedade como um todo porque a longevidade aumentou. E como o salário poupado não acompanha os crescentes custos da aposentadoria,* tanto em

---

* A interpretação dos dados não é objetiva. A taxa de poupança das famílias caiu drasticamente em muitos países ocidentais, o que sugere que as pessoas estão trabalhando mais horas, não para poupar para a velhice, mas para gastar. Mas também é possível "poupar" comprando imóveis e instrumentos financeiros, que nas contas nacionais são tratados como investimentos, e não como poupança.

O ERRO DE KEYNES

termos de anos quanto de despesas médicas, o período trabalhado será propagado inexoravelmente, com as políticas antienvelhecimento dando o respaldo legal a essa tendência. E assim o colapso das economias feitas durante a vida profissional inevitavelmente diminuirá os anos de aposentadoria, a menos que os insalubres estilos de vida das sociedades ricas produzam o mesmo resultado, revertendo o aumento da expectativa de vida.

Por mais que questionemos as médias, o enigma central continua: nós, dos países ricos, estamos em média quatro ou cinco vezes melhor do que estávamos em 1930, mas, desde então, a média das nossas horas trabalhadas só diminuiu um quinto.

Antes de considerar por que a previsão de Keynes de que o número de horas trabalhadas chegaria a zero falhou, perguntemos por que ele achou que isso seria plausível. Por que Keynes pensou que quanto maior fosse a renda, menos as pessoas iriam querer trabalhar? E por que ele fixou um aumento entre quatro e oito vezes como "suficiente"? Por que não duas, três ou mesmo dez vezes?

Respondendo à pergunta, Keynes acreditava que as pessoas tinham necessidades materiais finitas e que em algum momento elas estariam satisfeitas. Isso porque não distinguia desejos de necessidades – tanto é que ele usou os dois termos de modo intercambiável ao longo de todo o ensaio. Veremos que esse foi um erro crucial. As necessidades – as exigências objetivas de uma vida boa e confortável – são quantitativamente finitas, mas os desejos, por serem puramente psíquicos, são infinitos, tanto em quantidade como em qualidade. O que significa que não existe nenhuma tendência natural para cessar o crescimento econômico. Se acontecer, é porque as pessoas não estão querendo mais do que necessitam.

Por que Keynes calculou, na época, que uma renda entre quatro e oito vezes maior seria "suficiente"? Provavelmente porque se baseou no padrão de vida da classe média, segundo ele um padrão de vida "confortável". Os profissionais liberais ganhavam, na década de 1930, em média, quatro vezes mais que o salário médio dos operários, sendo que médicos e advogados ganhavam 5,2 e 7,5 vezes mais, respectivamente.[12] Segundo Keynes, quando a maioria das pessoas tivesse uma renda não muito maior que a desses profissionais, estaria ganhando o suficiente para levar uma vida boa. Naturalmente levando em conta a melhoria dos padrões de conforto em geral. Mas ele também imaginou que, com o tempo, a distância entre o pobre e o rico diminuiria, e o rico, estando mais perto do "estado de graça", reduziria suas horas trabalhadas mais rápido que os menos favorecidos. Só não previu que os ricos dispariam na frente dos pobres trabalhando mais horas.*

A visão keynesiana de suficiência não previa a total igualdade de renda. Baseava-se na ideia do que se adequava a um determinado papel social. Essa visão, que remonta a Aristóteles, era comum entre seus contemporâneos. Nesses termos, o economista Alfred Marshall calculou que 500 libras anuais seriam "suficientes" a qualquer ser pensante. Virginia Woolf determinou que um escritor precisava de 500 libras por ano e um "quarto só seu". Esses valores eram calculados de acordo com as necessidades de cada uma das ocupações. A vida boa pode ser vivida nos vários níveis de renda, desde que as necessidades básicas, aí incluídos os padrões de conforto, sejam satisfeitas para todos.

Por fim, o que aconteceu com a "possibilidade" de Keynes – de ocupar as nossas horas livres "para viver bem, de maneira sábia e agradável"? Ainda não estamos prontos para responder a essa pergunta, porque o lazer das nossas sociedades ricas continua sendo um prolongamento do trabalho, e não a substituição dele. Após o trabalho massacrante, tudo o que as pessoas querem é "se desligar". As férias servem para recarregar as baterias para o próximo período de trabalho. Grande parte de como o lazer é usado hoje em dia, portanto, não é um mero teste de como

---

* Podemos pensar em dois efeitos: o rico reduz suas horas trabalhadas antes do pobre porque necessita de menos renda adicional; o rico e o pobre reduzem suas horas trabalhadas na mesma proporção, mas o rico já começa trabalhando menos, portanto, com menos horas para reduzir.

poderíamos aproveitá-lo se trabalhássemos muito menos do que hoje, ou se a maior parte do trabalho não tivesse um caráter tão alienante. Além disso, nos altos escalões do mundo empresarial, o trabalho e o lazer se fundem numa intencionalidade generalizada. O executivo que participa de reuniões "a céu aberto" em campos de golfe exclusivos, que dá festas para "ampliar sua rede de relacionamentos", que vive conectado eletronicamente com seu escritório mesmo quando está de férias, está agindo intencionalmente no sentido keynesiano; faz as coisas não por seus resultados diretos, mas por outros motivos. No mínimo, a cultura das atuais sociedades ricas tornou-se mais intencional, e não menos; mais atormentada e não mais relaxada. Explicar esse paradoxo é um dos objetivos do que vem a seguir.

Por que a profecia de Keynes fracassou?

As explicações para que a queda na média de horas trabalhadas não se alinhe com o aumento da renda se inserem em três campos mais amplos. As pessoas trabalham o número de horas que trabalham porque *gostam*, porque são *obrigadas* ou porque *desejam cada vez mais*.

O trabalho como prazer

"Quem não trabalha não come", proclamou Lenin, repetindo São Paulo. Keynes acompanhava a economia da sua época quando tratou o trabalho como o preço pago para se ter o que for necessário. Adam Smith escreveu: "O preço real de todas as coisas [...] é o esforço e os transtornos causados para adquiri-las." E Jeremy Bentham disse: "Desde que o trabalho seja tomado no sentido adequado, o amor ao trabalho é um termo contraditório."[13] Esses tratamentos não são novidade: a Bíblia diz que o homem foi condenado a trabalhar em dolorosa expiação por sua desobediência a Deus. Mais recentemente, alguns sugeriram que a antiga equação do trabalho com "esforço e transtorno" ou não se sustenta mais ou se sustenta cada vez menos. O trabalho deixou de ser o esforço, no sentido usado pelos economistas, para ser uma atividade prazerosa: fonte de estímulo, de identidade, de valor e sociabilidade. Em suma, o trabalho não é só mais um meio para se chegar a um fim, mas tem suas satisfações intrínsecas. E por isso as pessoas trabalham mais tempo do que o "necessário".

Os apóstolos do prazer de trabalhar concordam que o trabalho que os economistas consideram não prazeroso, o que precisa ser compensado pela renda, é o trabalho fisicamente bruto, mecânico, exaustivo, que as pessoas eram obrigadas a fazer no passado, mas não serve para os nossos dias. Na era "pós-moderna", o trabalho é menos exigente fisicamente e é mais interessante, desafiador e inovador. Isso é válido especialmente para as funções especializadas e explica por que os profissionais mais bem pagos trabalham mais horas do que os que ganham menos. O setor "criativo" está em constante expansão e há muito mais opções de trabalho "necessário" do que havia antes. As pessoas se conhecem mais profundamente não só pelo que consomem, mas pelo que fazem para viver. Keynes, acrescentam os críticos, sentia um desprezo bloomsburyano pelos negócios e por essa razão ignorava as satisfações intrínsecas que muitos encontravam no trabalho, mesmo em sua época.[14]

A contrapartida do amor ao trabalho é temer o lazer. Ouve-se com frequência: o que fariam as pessoas se não tivessem que trabalhar? Elas se embriagariam, se drogariam? Passariam o dia em frente à televisão? Por trás dessas perguntas está a visão de que os seres humanos são naturalmente preguiçosos e o trabalho é necessário para que eles sejam produtivos, se mantenham "nos trilhos" e não se deteriorem completamente. Mas há mais uma coisa. O trabalho implica sociabilidade compulsória; o lazer traz solidão forçada. "Eu? Os fins de semana me apavoram", observa o jornalista viciado em trabalho do romance *Os imperfeccionistas*, de Tom Rachman. "Não

O ERRO DE KEYNES

gosto de férias, não sei o que fazer com elas. Nessas quatro semanas, sinto que estou perdendo muita coisa."[15]

É tolice negar que o trabalho remunerado tem seus elementos de satisfação intrínsecos; ninguém trabalha só pelo pão de cada dia. Muitos trabalham por longas horas para não se sentirem sós ou para fugir dos problemas, do tédio, da vida familiar. Resta saber se o elemento de "prazer" do trabalho aumentou ao longo do tempo. Isso não está claro. Algumas profissões se tornaram mais interessantes; hoje é muito maior o número de profissões vocacionais – ensinar, por exemplo. A internet, costuma-se dizer, transformou o trabalho numa brincadeira (assim como a brincadeira ficou mais parecida com trabalho). E expandiu as oportunidades de lazer no trabalho; o Facebook está sempre a um clique de distância. Os ambientes de trabalho pretendem ser cada vez mais "divertidos".* Mas a especialização, que para Adam Smith tirava do trabalho a habilidade, também o deixou menos gratificante. O que hoje entendemos por "habilidade" costuma ser um eufemismo para a mecanização daquilo que antes exigia ao menos algum conhecimento, atenção e envolvimento. A habilidade do artesão, do mecânico, do pedreiro, do açougueiro, do padeiro diminuiu; grande parte do trabalho deles, reduzido à pura rotina, é literalmente estupidificante. As rotinas de trabalho nos modernos supermercados e telemarketings são intituladas "taylorismo digital", em homenagem ao inventor das esteiras rolantes.[16] Drásticas reduções de custos diminuíram a interação pessoal, como a sociabilidade é chamada hoje. A "criatividade" de muitas funções é apenas uma marca: "Chefs dedicados e apaixonados

---

* A nova sede do Royal Bank of Scotland, em Edimburgo, um belo edifício contemporâneo, foi erguida em uma elegante avenida onde se encontram todas as conveniências – cafeterias, perfumarias, floriculturas, cabeleireiros etc. O banco foi à falência em 2009. Ver Alastair Darling, Back from Banking, 2011, p. 60. Douglas Edwards escreveu que a sede da Google, o Googleplex, "era muito mais divertida que a minha casa", com seus videogames, bolinhas de borracha, mesas de *air hockey*, confeitos M&Ms, balcão de sucos e piano. Mas a falta de estrutura gerava uma insegurança paralisante: "Na Google, eu estava no paraíso do trabalho achando que não merecia." (*I'm Feeling Lucky: The Confessions of Google Employee Number 59*, 2011, p. 126).

criam diariamente", anuncia uma cadeia de lanchonetes. Até nos altos cargos financeiros o "prazer de trabalhar" vem muito depois dos salários e dos bônus.[17] A disponibilidade das pessoas que ganham bem para trabalhar mais horas que no passado demonstra não o crescente interesse pelo trabalho, mas a insegurança cada vez maior em relação aos rendimentos. Uma pequena parte das funções, só algumas delas, talvez seja mais apreciada; a maioria é detestada.

Apesar do "prazer de trabalhar e o medo do ócio", os trabalhadores dos países desenvolvidos – dos Estados Unidos, inclusive – gostariam de trabalhar menos. Uma pesquisa recente sobre futuras opções de emprego revela um desejo generalizado de que as horas trabalhadas sejam reduzidas, mesmo que o salário diminua – 51% contra apenas 12% gostariam de diminuir o número de horas trabalhadas.[18] Resultados similares foram encontrados no Japão. Nos EUA, os números foram mais equilibrados, mas a preferência ainda foi por menos horas (37% contra 21%).[19] O que as pessoas fariam em circunstâncias hipotéticas não é, certamente, o que elas fazem numa situação real. Mesmo assim, a tendência é pela redução de horas.

O crescente prazer de trabalhar ou o medo do lazer talvez expliquem em parte, mas não totalmente, por que as horas trabalhadas não caíram mais. A maldição de Adão pode ter ficado mais leve, mas não foi inteiramente eliminada.

A pressão para trabalhar

É uma tradição os marxistas argumentarem que os trabalhadores sob o regime capitalista são obrigados a trabalhar mais tempo do que necessitam, ou gostariam, porque são "explorados" – ou seja, ganham menos do que o trabalho deles vale para os patrões, que controlam o mercado de trabalho. Isso significa que eles deixam de ganhar pelo aumento da produtividade. Na "social-democracia" de meados do século XX, os poderosos sindicatos conseguiram aumentar a renda real dos trabalhadores e o Estado usou o sistema de impostos para distribuir a renda não assalariada dos ricos entre os pobres. Mas essas tendências igualitárias abocanharam parte dos lucros e deixaram os ricos relativamente em pior situação.

Elas foram revertidas na década de 1980, quase ao mesmo tempo que as horas trabalhadas pararam de diminuir. A explicação para que o número de horas não se alterasse é óbvia: os operários não reduziram as horas trabalhadas porque não tiveram os ganhos reais que os induziriam a trabalhar menos. Talvez eles possam até definir seus termos de troca entre trabalho e lazer, mas se encontram dentro de um sistema em que a classe capitalista dá as cartas.

Desde 1980, os dados indicam grande aumento da desigualdade entre ricos e assalariados nos Estados Unidos e na Inglaterra, onde os ricos ganham principalmente pelo aumento da produtividade (ver o Gráfico 5).

Gráfico 5 – Participação na renda nacional dos 1% mais ricos

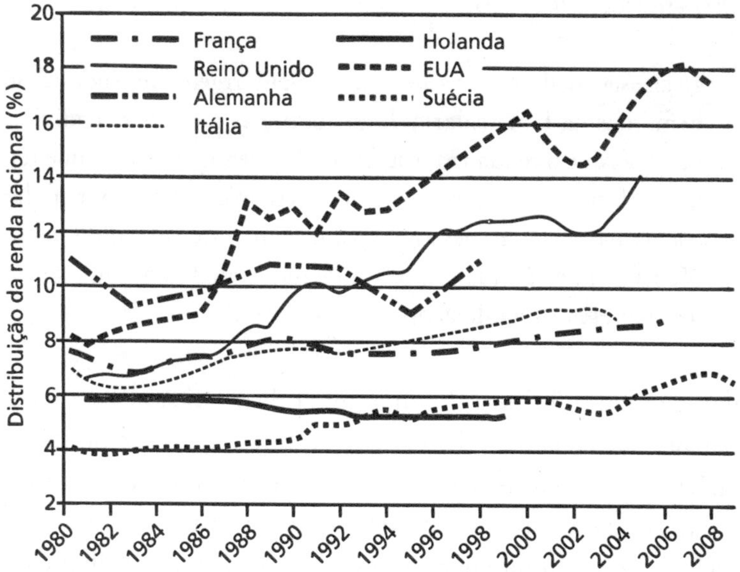

Fonte: World Top Incomes Database <http://g-mond.parisschoolofec-nomics.eu/topincomes>.

QUANTO É SUFICIENTE?

As cifras principais são bem conhecidas: em 1970, a remuneração de um alto executivo norte-americano era trinta vezes maior que a do trabalhador médio. Hoje a diferença é de 263 vezes.[20] Na Inglaterra do ano 2000, o piso salarial dos diretores de uma grande empresa era 47 vezes maior que o salário médio dos operários; por volta de 2010 era 81 vezes maior. Desde a década de 1970, a renda dos um quinto mais ricos nos EUA aumentou nove vezes mais depressa que a renda dos um quinto mais pobres, e cresceu quatro vezes na Inglaterra.[21] Vê-se no Gráfico 5 que os ricos estão se apropriando de uma parcela cada vez maior da renda nacional. Isso explica por que, embora a renda média tenha aumentado na maioria dos países, a renda mediana – ou seja, a renda de alguém no meio do gráfico – não aumentou tanto, e não se altera há mais de quarenta anos nos Estados Unidos. Segundo um levantamento recente, 46 milhões de norte-americanos vivem na pobreza. "Na Inglaterra", escreve Larry Elliott, do *The Guardian,*

> as classes médias profissionais, particularmente no sudeste, vão bem, mas na faixa salarial logo abaixo as pessoas se endividam mais porque a renda real estagnou. Em seguida vêm os que recebem salário mínimo, que tem que ser complementado por créditos fiscais para que as pessoas vivam dentro de seus orçamentos. Na base da pirâmide estão os que não trabalham, muitas vezes desempregados há duas ou três gerações.[22]

A mais recente influência dominante na distribuição de renda é o crescimento da economia de serviços e o fracasso do uso do sistema tributário para compensar a tendência natural de um crescimento da desigualdade com o crescimento relativo do setor de serviços. Ambos estabeleceram um limite para a diminuição das horas trabalhadas. Na época de Keynes, a fábrica respondia por 80% da produção nos países desenvolvidos, e os serviços, por 20%. Hoje, essa proporção se inverteu. A prestação de serviços é em média menos rentável que os serviços industrializados que os substituíram, em parte porque essas funções não podem ser automatizadas na mesma proporção – veja os professores, enfermeiros, cabeleireiros e motoristas de táxi – e também porque não podem ser sindicalizadas efetivamente. A falha na redistribuição de renda nos Estados Unidos e na Inglaterra resultou em que os trabalhadores dos postos mais baixos do setor de serviços, especialmente varejo, hotelaria e serviços pessoais, tiveram que trabalhar mais horas para fugir da pobreza.*

A socióloga Juliet Schor chamou atenção para uma característica específica da dominação capitalista no mercado de trabalho. Em seu *The Overworked American* (O americano que trabalha demais), ela argumenta que as pressões competitivas, combinadas com a precária proteção dos direitos trabalhistas, obrigaram os empregadores a exigir da mão de obra jornadas de trabalho mais longas, em vez de distribuir a carga de trabalho entre um número maior de empregados, o que envolveria custos adicionais de treinamento e gestão, além de férias remuneradas, seguro-saúde e outros. Schor afirma:

> É muito mais lucrativo para a empresa contratar um número menor de pessoas por longas horas do que dividir essas mesmas horas entre um número maior de pessoas (que também receberiam os mesmos benefícios).[23]

A consequência é que a mão de obra está se segmentando no reduzido núcleo de empregados fixos que trabalham em período integral e, provavelmente, muito mais do que gostariam, e uma periferia cada vez maior de desempregados, ou parcialmente empregados, que tra-

---

* Nos EUA, as horas trabalhadas para o quintil de pior remuneração aumentaram 26% entre 1986 e 2004. Mas o padrão não se repete em todos os países ricos; a média equivalente da OECD (sigla em inglês da Organização para a Cooperação e Desenvolvimento Econômico) para as horas trabalhadas caiu entre 5 e 10% no meio dos que ganham menos. Ver OECD, *Divide We Stand: Why Inequality Keeps Rising*, 2011.

QUANTO É SUFICIENTE?

balham menos do que gostariam com salários que são compensados por créditos tributários para se manterem na força de trabalho.

Nesses casos, o consumo se apresenta aos trabalhadores privados como uma compensação do lazer que tanto almejam. Para aliviá-los da frustração (e mantê-los dóceis), lhes é oferecida uma sucessão de bens de consumo inúteis e entorpecedores. Comprar é, de maneira esperta porém adequada, chamado de "terapia de consumo" – uma compensação para as experiências desagradáveis e deprimentes. Criar necessidades artificiais é uma forma de garantir que os trabalhadores se mantenham leais à ética do trabalho. Schor salienta em seu ensaio "Towards a New Politics of Consumption":

> Deve existir um caminho para a economia que envolva menos trabalho e menos consumo, e seja o preferido das pessoas que estão no caminho do trabalho superior/consumo superior. Mas quando essa opção é retirada, o fato de comprarmos muito não pode mais ser tomado *ipso facto* como prova de nossos desejos inerentes de consumo. Talvez estejamos apenas aceitando o que nos dão.[24]

Em outras palavras, adaptamos nossas preferências para aceitar o que nos é dado, mas não é isso o que queremos.

A explicação da esquerda para a compensação renda/lazer não convence. Não se pode negar que desde a década de 1980 as rendas medianas não acompanham as rendas médias, o que, por si só, explica por que as horas trabalhadas não diminuem desde então. Mas a explicação marxista para o comportamento do consumidor é ainda menos plausível. Mesmo que suas preferências divirjam das necessidades reais, não podem ser tão independentes assim das necessidades; não podem simplesmente ser "injetadas" em nós pelo "aparato produtivo" ou algum outro monstro semelhante. Afirmar uma coisa dessas é negar a ingerência individual, é reduzir o indivíduo a uma formiga, a um inseto. É o que parece fazer o sociólogo marxista André Gorz quando escreve sobre o indivíduo no sistema capitalista: "Não sou 'eu' que ajo, mas a lógica automatizada dos sistemas sociais que age através de mim como o Outro."[25] A publicidade pode moldar o desejo, mas não criá-lo do nada. (Não pode, por exemplo, nos convencer a comprar fezes de cachorro se não forem associadas a algum outro objeto desejável.) Tem que haver alguma tendência anterior na natureza humana para que a publicidade surta efeito; se não, o domínio que ela exerce sobre nós seria um mistério.

As explicações estruturais para que o número de horas trabalhadas não diminua devem ser complementadas, portanto, pela explicação da natureza intrínseca do desejo e da satisfação humana.

A *insaciabilidade*

Keynes partiu do princípio de que os desejos materiais podem ser saciados, que é possível "ter o suficiente". Mas suponhamos que sejam insaciáveis. Entendemos insaciabilidade pelo que diz o dicionário: a necessidade constante de ter mais do que se tem. "Estes 'românticos' gazebos indianos [preço: 3.800 libras] oferecem um excelente espaço adicional para o seu jardim", diz o anúncio dirigido àqueles "que têm de tudo".[26] A pergunta é: por que as pessoas que "têm de tudo" sempre querem mais?

Há duas formas de responder a essa pergunta. A primeira delas considera a natureza do desejo humano isoladamente, e a segunda, relativamente ao desejo dos outros. A oposição entre um e outro é reconhecidamente artificial. O desejo é individual, mas como ele se expressa, é incentivado ou reprimido é social. Que variável explicativa o investigador vai preferir enfatizar dependerá em grande parte do seu interesse em estabelecer os fatos da psicologia individual ou se, tomando os fatos tal como são, vai adaptar as consequências ao seu comportamento social.

QUANTO É SUFICIENTE?

Um bom exemplo dessa abordagem individualista é o importante livro *The Joyless Economy* (A economia triste), de Tibor Scitovsky (1976). A explicação de Scitovsky para a insaciabilidade é, simplesmente, a *inquietude*. Nós nos entediamos com aquilo que temos. A satisfação das necessidades, a eliminação do desconforto, produz um estado não de tranquilidade, mas de insatisfação, que precisa ser aliviado com a novidade, assim como a coceira quer ser coçada. Na medida em que a riqueza aumenta, o fastio também aumenta, levando a uma busca cada vez mais frenética de experiências estimulantes. Nossa natureza é de insatisfação constante com o que temos. Por isso continuamos trabalhando para estimular nosso apetite insaciável.

Uma segunda explicação individualista da insaciabilidade tem seu foco na escassez inerente de certos bens. Resorts exclusivos, jardins exuberantes e muitas outras coisas que, por serem raras, não podem ser desfrutadas por todos, mesmo os ricos. A crescente demanda exige abastecimento constante. O resultado é que o preço desses bens não para de subir em relação aos preços médios, o que os mantêm permanentemente fora do alcance do cidadão comum. Mas em vez de aceitar esse fato infeliz, as pessoas continuam querendo o que há de melhor e, pela própria natureza dessas coisas, não podem tê-las. Essa é outra origem importante da insaciabilidade.

Um discípulo de Keynes, Roy Harrod, chamou a escassez inerente de certos bens de "oligárquica" em um ensaio que deprecia implicitamente a visão otimista de seu mestre.[27] Um exemplo clássico são os mestres da pintura. Todas as belas pinturas que existem já foram criadas: a oferta não pode aumentar. Elas estão disponíveis nos museus, uma solução "democrática" encontrada para esse problema em particular. Mas em termos de satisfação individual, restringir o acesso às obras por filas é muito inferior a fazê-lo por meio de altos preços, para se ter o melhor da criatividade humana disponível à apreciação na privacidade do próprio lar.

O ERRO DE KEYNES

Os bens oligárquicos não são apenas fisicamente escassos; também podem ser "socialmente escassos". O que significa que a multiplicação deles destruirá as características que os tornam desejáveis. Os resorts de férias "privados" só permanecerão privados enquanto o acesso a eles for limitado. Harrod escreveu:

> Um jovem pode ter a ambição de, quando enriquecer, morar na parte mais exclusiva de Nova York, ocupar as melhores poltronas nos melhores teatros e óperas, frequentar os bares mais seletos [...] patrocinar os melhores artistas vivos. E só conseguirá tudo isso se enriquecer oligarquicamente, porque a riqueza democrática não poderá jamais proporcionar tais experiências. Quando a distribuição desigual prevalece, os ricos pagarão por essas raridades muito mais do que o bolso do homem comum pode suportar.

Posteriormente, Harrod elaborou outra implicação. Só uma minoria de ricos pode ter empregados e, consequentemente, manter "grandes mansões para morar, parques e jardins privados, estábulos [...] iates", que exigem a presença de toda uma classe de serviçais. Mas, quanto mais igualitária for a riqueza, menos se encontrará e se poderá manter empregados. Não existem invenções poupadoras de trabalho que compensem a falta de serviçais necessários para manter um estilo de vida tão luxuoso.

O economista Fred Hirsch rebatizou os bens "oligárquicos" de Harrod de "posicionais", porque o acesso a eles depende não do nível absoluto de riqueza, mas da *posição* que ocupamos em relação aos outros. Assim como os grandes prêmios de um torneio, os bens posicionais não podem ser ganhos por todos.[28] Sempre serão conquistados pelos mais ricos, seja qual for o nível de riqueza geral de uma sociedade. A competição para adquiri-los jamais cessará. Na verdade, ela será intensificada pelo crescimento, na medida em que uma proporção progressivamente maior das economias domésticas for liberada para os gastos posicionais. A existência dos bens posicionais obstruiu a visão de Keynes sobre uma sociedade onde todos têm "o suficiente". Porque, mesmo que todos ganhassem as indispensáveis 500 libras anuais, ou seu equivalente moderno, não poderiam morar (logicamente!) nas melhores casas nem comprar os melhores lugares no teatro.

Uma terceira explicação individualista para a insaciabilidade aproxima-se muito da imagem que o economista tem do ser humano como um maximizador racional de utilidade. Aqui, o trabalho pioneiro é o do economista norte-americano Gary Becker.[29] Keynes via o lazer como um benefício desejado universalmente, mas há outra maneira de se encarar isso, que é como custo – o custo por não trabalhar. Becker mostrou que o custo de uma noite no teatro não é apenas o valor do ingresso, mas o custo por não estar ganhando durante esse período. O lazer é uma subtração da renda hipotética, e Becker imaginou o indivíduo oscilando entre as vantagens de se ganhar dinheiro e de gastá-lo. Posto dessa maneira, a escolha entre o trabalho e o lazer é essencialmente uma questão de distribuição de tempo. O lazer não é tempo grátis, é tempo caro. E quanto mais alta for a renda, mais caro custará o tempo. Se Becker estiver certo, não há razão *a priori* para acreditar que as horas trabalhadas caiam na medida em que a riqueza cresce. É mais plausível que aumentem, na medida em que o custo de não trabalhar também sobe.

O economista sueco Staffan Linder escreveu o livro *Harried Leisure Class*, que expande a análise de Becker. A principal tese de Linder é que a remuneração ao lazer deve ser tão compensadora quanto a remuneração ao trabalho, para que as pessoas desistam de trabalhar. A melhor maneira de aumentar o "rendimento" do lazer é cercar-se de aparelhos. "Da mesma maneira que os trabalhadores produzem mais se tiverem mais ferramentas e bens de capital, os consumidores aproveitarão melhor o lazer se usarem mais aparelhos por unidade de tempo."[30] Um passeio no litoral ou em um resort não serão completos se não houver churrasqueira, guarda-sol, roupa de banho, prancha de surfe, raquete de tênis, bola de futebol, de vôlei ou tacos de golfe.

Linder está mais interessado em explicar as consequências do lazer que consome essa parafernália, mas seu argumento serve para justificar por que as horas trabalhadas não caíram como Keynes previu. Quanto mais bens duráveis houver para incrementar o lazer – carros, barcos, televisões, DVD players e outros –, maior terá que ser a renda para adquiri-los. A quantidade cada vez maior de objetos exigida pelo consumo produtivo nos mantém presos ao trabalho.

Nenhuma dessas explicações individualistas para a insaciabilidade – inquietação inata, competição posicional, maximização de utilidade – envolve uma comparação entre o que alguém deseja e o que os outros têm. Essa medida não é realista, pois a expressão do desejo sempre tem caráter social. A principal explicação sociológica para a insaciabilidade depende, portanto, do caráter relativo do desejo. Em nenhum nível de riqueza material ficarei satisfeito com o que tenho, porque alguém sempre terá mais do que eu. Quando a competição por riqueza – ou o consumo através do qual normalmente ela é identificada – torna-se uma competição por status, o jogo é zerado, porque nem todos, por definição, podem ter o mesmo status. Se eu gastar mais com bens de prestígio, ganharei status e, em contrapartida, farei com que outros percam. Se o outro gastar mais para recuperar seu status, o meu cairá. Não há razão para que a escalada da renda para manter ou conquistar status cesse em algum momento.

Estranhamente, Keynes tinha consciência do consumo por status. As necessidades humanas, ele escreveu em um importante aparte em seu ensaio, dividem-se em duas classes:

> [...] aquelas necessidades que são absolutas, no sentido de que as sentimos seja qual for a situação em que se encontrem nossos semelhantes, os seres humanos, e aquelas que são relativas, no sentido de que só as sentimos se a satisfação das mesmas nos enaltecer,

fizer com que nos sintamos superiores aos nossos semelhantes. As necessidades desta segunda classe, as que atendem ao desejo de superioridade, podem ser insaciáveis; porque, quanto mais alto for o nível geral, mais altas elas serão. Mas o mesmo não se aplica às necessidades absolutas – um ponto logo será alcançado, talvez antes do que possamos nos dar conta, em que essas necessidades serão satisfeitas no sentido de preferirmos devotar mais energia aos propósitos não econômicos.[31]

Keynes apenas evoca o fantasma da insaciabilidade gerada socialmente para ignorá-la em seguida; o restante de seu ensaio prossegue com a premissa de que todas as necessidades são absolutas. Por que esse descuido? Provavelmente ele considerava as "necessidades relativas" tão insignificantes que não mereciam consideração. Keynes viveu em uma época em que se gastava grande parte do orçamento doméstico com pão, moradia, roupas, aquecimento e outros serviços básicos. O dinheiro reservado para o consumo competitivo era apenas uma pequena fração. Hoje, a situação se inverteu: a maior parte dos gastos domésticos, mesmo entre os pobres, é com itens que não são necessários no sentido estritamente material, mas conferem status. Até a ideia de "bem material" foi ampliada para englobar tudo que pode ser comprado ou vendido, inclusive ideias, rascunhos de partituras e até mesmo identidades.

Os economistas e sociólogos identificaram três tipos de gastos que servem para melhorar o status.[32] Os detalhes são técnicos, mas seus mecanismos são bem conhecidos. Os primeiros são os "bens momentâneos", aqueles que são desejados porque outros já os possuem. Em parte, envolvem inveja, mas, também, querer ser como os outros. São necessidades especialmente fortes nas crianças cujos pais se sentem obrigados a trabalhar mais para satisfazê-las. Depois vêm os "bens esnobes", que são desejados porque os outros não os possuem. Os bens esnobes atendem ao desejo de ser diferente, exclusivo, de se destacar da "multidão". Não são necessariamente os mais caros, mas definem quem os possui como uma pessoa de gosto refinado. Os exemplos contemporâneos incluiriam algumas obscuras bandas underground, filmes cult, restaurantes exóticos. Os bens esnobes e os bens momentâneos não são mutuamente exclusivos: muitos dos primeiros transmutam-se nos segundos, mas logo são abandonados pelos esnobes autênticos. Esse moto-perpétuo é bem conhecido no universo da arte e da moda.

Acima dos bens esnobes e dos bens momentâneos estão os "bens de Veblen", assim chamados em homenagem ao maior teórico do consumo conspícuo, o norte-americano Thorstein Veblen. Os bens de Veblen são desejados porque são caros e aceitos como tal; funcionam, na verdade, como demonstração de riqueza. No mundo empresarial hierárquico, o fato de uma pessoa viajar de primeira classe, executiva ou econômica indica a posição que ela ocupa na empresa. Outro efeito veblenesquiano é o "efeito da ostentação". As marcas preferidas pelas celebridades são reconhecidamente caras, e em grande parte é esse o apelo que possuem: quanto mais alto o preço, mais exclusiva é a marca. Se o preço cai, a demanda também cai. Uma piada russa ilustra bem isso. Dois novos-ricos russos se encontram. "Quanto custou essa gravata?", um deles pergunta. "Mil dólares", responde o outro. "Azar o seu", retruca o primeiro, "porque a minha custou dois mil." O consumo conspícuo é uma característica típica dos novos-ricos de todas as idades e em todos os lugares.

O sucesso da competição costuma ser assinalado por mais consumo de luxo, mas não necessariamente, nem precisa ser esse o motivo da competição. Ter dinheiro já é motivo suficiente para ter sucesso, sem que haja necessidade de exibir objetos caros. No passado, gastar dinheiro era como se sinalizava ao mundo que alguém tinha posses, mas com a maior divulgação das rendas e das fortunas pessoais por rankings de milionários como o da revista *Forbes*, a competição por dinheiro destacou-se da competição por bens. Nos escalões superiores do mundo empresarial, o dinheiro é visto não só como meio de consumo, mas também de realização. Como dizia o falecido H. L. Hunt, em sua época um dos homens mais ricos do mundo, o dinheiro "é só um meio de saber quem está ganhando".

Não se pode negar que certas formas de consumo relacional tiveram efeitos benéficos. Boa parte da filantropia foi gerada pelo consumo conspícuo. O desejo de impressionar o outro com riqueza, poder e bom gosto adornou nossas cidades com belos edifícios e financiou a maior parte das obras de arte exibidas em nossos museus. Hoje, o mesmo impulso pode ser visto na competição entre os bilionários norte-americanos para dar um destino ao seu dinheiro. No entanto, como observou um amigo de Keynes, o crítico de arte Roger Fry, só nos períodos de civilização superior o esnobismo produziu uma massa crítica de objetos que são desejáveis em si.[33] As atuais benemerências precisam ser justificadas por intenções utilitárias.

É evidente que as origens individual e social da insaciabilidade se confundem. Muitos bens descritos como "socialmente escassos" estão nessa condição principalmente devido a seu apelo esnobe ou por dar oportunidade ao consumo conspícuo: o diploma de uma universidade de ponta tem valor esnobe independentemente da acessibilidade aos "melhores cargos". Pessoas de gostos refinados podem gostar das "melhores coisas da vida" pelo que elas são; mas, ao adquiri-las, também demonstram ter bom gosto – e que são ricas. O lazer de Linder, entulhado de equipamentos, não reflete apenas o apetite individualista por uma "renda" equivalente ao trabalho, mas uma comparação com o que os outros têm. O fato de não sabermos identificar onde as origens individual e social de insaciabilidade se sobrepõem deve-se em grande parte ao modo como as nossas disciplinas estão divididas, criando limites agressivos para a compreensão do comportamento humano.

Mas não é preciso escolher apenas uma das várias explicações da insaciabilidade nem classificá-las por ordem de importância. Basta entender que, ultrapassado certo ponto, a insaciabilidade nos afasta da vida boa.

O ERRO DE KEYNES

É possível fugir dessa lógica? A tendência à insaciabilidade há muito tempo é reconhecida e condenada por filósofos e moralistas, como veremos no Capítulo 3. Tem raízes na natureza humana e no caráter social do homem, e não (como querem os marxistas) na dinâmica de um determinado sistema econômico, que é o capitalismo. Mas os marxistas têm alguma razão: o capitalismo inflamou a nossa tendência inata para a insaciabilidade ao libertá-la dos grilhões dos costumes e da religião que a confinavam. Isso se deu de quatro maneiras distintas, porém relacionadas.

Em primeiro lugar, a lógica competitiva do capitalismo obriga a indústria a conquistar novos mercados (entre outras coisas) por meio da manipulação dos desejos. A publicidade talvez não crie a insaciabilidade, mas a explora descaradamente, sussurrando em nosso ouvido que a vida é monótona e ruim para quem não consome "mais". A publicidade consiste na "criação organizada de insatisfação", como bem definiu um ex-diretor da General Motors Research Lab.[34]

Em segundo lugar, o capitalismo amplia imensamente o âmbito da competição por status. Em seu clássico do século XIX, *Democracia na América,* Alexis de Tocqueville observou que a "condição de igualdade generalizada" nos Estados Unidos é solo fértil para o desenvolvimento da ética no trabalho e do instinto aquisitivo.[35] Na Europa, declarou Tocqueville, ninguém se preocupa em ganhar dinheiro, porque as classes baixas perderam a esperança de ganhar mais e as classes altas consideram vulgar pensar nisso. Só nos Estados Unidos os trabalhadores podem acreditar que, por intermédio do trabalho, conquistarão a fortuna necessária para ter os mesmos luxos dos ricos. Desde então a combinação entre igualdade social e desigualdade de renda tornou-se a norma do capitalismo, criando uma situação em que cada membro da sociedade está, de alguma maneira, competindo com o outro. E quanto maior é a desigualdade, maior é a pressão competitiva. "Quando a renda é tão variada", escreve o economista Richard B. Freeman, "há um considerável incentivo para fazer o que for preciso para ascender na distribuição de renda, até mesmo trabalhar muito mais horas." Em países onde a desigualdade é maior trabalha-se mais horas; aqueles que exercem funções com grandes variações salariais tendem a trabalhar mais do que indivíduos em outras funções.[36] Essa é uma explicação bastante plausível para o fato de norte-americanos e ingleses trabalharem muito mais horas que os demais europeus.

Em terceiro lugar, a ideologia de livre mercado tem sido consistentemente hostil à ideia de que uma determinada quantia em dinheiro é "suficiente". Essa ideia é considerada estéril e paternalista, porque frustra um desejo natural de melhorar a própria condição. "São poucos os momentos, talvez um único instante", escreveu Adam Smith, "em que o homem está tão completa e perfeitamente satisfeito com a situação em que se encontra que não almeja nenhuma alteração ou melhora."[37] O batalhador Smith foi privado durante muito tempo dos padrões habituais de uma vida boa (sempre mais fortes na Europa que nos Estados Unidos), mas superou todos os obstáculos e triunfou. Antigamente, um banqueiro adquiria uma propriedade assim que pudesse e se aposentava; hoje, ele compra a propriedade, mas permanece no mercado para ganhar mais dinheiro. Hoje, seria um despropósito, como não era há oitenta anos, alguém dizer que não trabalha porque "já tenho o suficiente para viver como um rei".

Por fim, o capitalismo faz crescer a insaciabilidade ao aumentar a "monetização" da economia. Isso tem dois aspectos. Em primeiro lugar, como a tendência do capitalismo é colocar no mercado cada vez mais bens e serviços – ou seja, fazer com que possam ser trocados por dinheiro –, ele amplia constantemente a esfera da medida monetária e assim facilita a comparação direta. Antes de a terra ser avaliada em termos monetários, duas propriedades não podiam ser prontamente avaliadas uma em relação à outra. Hoje, a comparação é fácil e automática. Muito mais coisas que valorizamos são "precificadas" para entrar na esfera da competição relacional. A educação, por exemplo, é vista cada vez mais não como uma preparação para a vida boa, mas como meio de aumentar o valor do "capital humano".

De maneira mais insidiosa, ao ampliar a esfera da medição monetária, o capitalismo insufla o amor ao dinheiro em si. Marx nos lembra, ao citar Goethe, que o dinheiro traz "amor em seu corpo".[38] Os corretores de mercados futuros, derivativos e outros produtos financeiros rarefeitos não precisam conhecer os bens reais que estão na outra ponta das suas transações. Por viverem em um mundo onde o dinheiro é tudo, eles não percebem mais o valor das coisas. Se é cinismo saber o preço de tudo e não saber o valor de nada, é nos centros financeiros do planeta que o cinismo prolifera.

O erro de Keynes foi acreditar que o amor ao lucro libertado pelo capitalismo poderia ser saciado com a abundância, permitindo às pessoas saborear uma vida civilizada. Isso porque ele imaginava que o estoque de desejos naturais fosse limitado. Só não entendeu que o capitalismo estabeleceria uma nova dinâmica de criação do desejo que oprimiria as tradicionais restrições de hábito e bom senso. O que significa que, apesar de a abundância ser muito maior, a posição em que nos encontramos para que a vida boa se torne realidade é pior do que na sociedade tradicional em que Keynes vivia. O capitalismo fez um progresso incomparável na criação de riquezas, mas nos tornou incapazes de usar essa riqueza de maneira civilizada.

Como viemos a criar um sistema no qual o amor pelo lucro foi desconectado das suas restrições morais, e por que se tornou tão difícil retomar esse controle? Este é um assunto para o próximo capítulo.

2. A barganha faustiana

> "És um anjo da salvação? Ou me arrastarás para a danação?"
>
> Tatyana, em *Eugene Onegin*

Keynes era profundamente ambivalente em relação à civilização capitalista. Essa civilização que aceitava os maus motivos em nome dos bons resultados. A moralidade foi posta no freezer até que a abundância fosse alcançada, abundância que permitiria a todos ter uma vida boa.

Escreveu Keynes:

> Pelo menos, por mais de cem anos teremos que fingir para nós mesmos e para os outros que o justo é ilícito e o ilícito é justo; porque o ilícito é útil e o justo não é. A avareza, a usura e a precaução nos governarão ainda por algum tempo. Porque só elas podem nos tirar do túnel das necessidades financeiras em direção à luz do dia.[1]

O economista entendia que a civilização capitalista aceitava, em algum nível de consciência, motivações antes condenadas como

QUANTO É SUFICIENTE?

"ilícitas" em nome de recompensas futuras. Fizera um trato com as forças do mal, que em troca lhe prometiam o que em outras épocas não passaria de um sonho – um mundo sem problemas, sem violência e injustiças, como a vida é. Demos a isso o nome de barganha "faustiana", em homenagem ao famoso médico que vendeu a alma ao Demônio em troca de conhecimento, prazer e poder.

A história começa no sonho ancestral da utopia e então se transforma no projeto histórico de criar um paraíso na Terra, que faz parte do imaginário ocidental há mais de trezentos anos e no qual a raça humana continua se envolvendo espasmodicamente. Enquanto isso, a ideia de limites morais para a ambição humana, em que se apoiaram todas as concepções pré-modernas de uma vida boa, perdeu-se, e as energias adormecidas de criatividade e destrutividade foram libertadas na esperança de que conduzissem a humanidade ao pináculo das realizações e ao domínio do mundo natural. Em vários momentos dessa jornada, grandes pensadores tentaram visualizar um ponto final, um estado em que a humanidade dissesse "basta", mas viram que a máquina por ela criada se descontrolara e se transformara em um Frankenstein que passou a fazer o jogo do progresso com sua lógica insana. Foi assim que tudo aconteceu – como nos enredamos tanto nesse sonho de um progresso sem propósito, de riquezas infinitas.

A ideia da utopia: do sonho à história

Homens e mulheres sempre sonharam com um mundo sem sofrimento, injustiças e, sobretudo, sem *trabalho*. Adão e Eva estão em um jardim onde "as árvores agradam à vista e dão bom alimento". Foi só mais tarde, após a Queda, que Deus os condenou a comer o pão com suor e sofrimento. Os poetas gregos falam de uma "era de

A BARGANHA FAUSTIANA

ouro", em que "a terra é fértil, e a colheita, abundante" (Hesíodo) e "nas torrentes de vinho [...] os peixes entram nas casas e se põem para assar, e se servem às mesas" (Telecleides).[2] Os contornos dessa velha fantasia mudam muito ao longo do tempo. A terra medieval de Cockaigne era habitada por porcos assados que circulavam livremente com facões espetados no lombo, e a "Big Rock Candy Mountain", canção popular da década de 1920, fala de um mundo onde as galinhas põem ovos cozidos, o álcool brota das pedras e "o tolo que inventou o trabalho é enforcado".

Essas utopias populares, extravagantes e ingênuas, refletem a perene busca do homem pelo ócio e pelo conforto. Menos atraentes são as utopias cívicas dos filósofos, nas quais os apetites estão sujeitos ao governo do bom senso e não são meramente saciados. O protótipo da *República* de Platão é a cidade ideal governada por uma elite iluminada de guardiões que dividem tudo entre si, inclusive as mulheres, com as quais copulam periodicamente pelo bem do Estado. A *Utopia* de Thomas More, de 1516, é igualmente sombria. Aqui, não só os dirigentes, mas todas as classes possuem propriedades em comum. Todos podem trabalhar pouco – os utópicos trabalham apenas seis horas por dia –, não em virtude dos avanços tecnológicos, mas pela severa diminuição do apetite. As consequências são "pesadas perdas dos pequenos prazeres da vida".[3] A bebida alcoólica é proibida e todos se vestem com as mesmas roupas escuras. O tempo livre é ocupado não com o consumo (não há muito o que consumir), mas com o "prazer de aprender, debater, ler, declamar, escrever, caminhar, exercitar a mente e o corpo, e com jogos".[4] (Foi essa mesma privação do consumo que inspirou o xadrez como lazer na União Soviética.) Percebe-se aqui mais que um mero vestígio do Big Brother. "Porque todos estão vendo, você é obrigado a fazer bem o seu trabalho e usar adequadamente o seu tempo livre." As mulheres estão subordinadas aos homens e quem reincidir no adultério é punido com a morte.[5]

QUANTO É SUFICIENTE?

Todas essas utopias pré-modernas têm a mesma característica: estão fora da história. Ou pertenciam a algum passado mítico, impossível de ser recuperado (o Éden, a era de ouro), ou não estão localizadas no tempo e no espaço. A república de Platão nada mais é que uma ideia que paira sobre o mundo empírico; a utopia de More é, pela própria palavra grega, uma *ou-topia*, um "não lugar". Nem Platão nem More tinham noção do que deveria ser feito para que suas ideias se tornassem realidade, exceto talvez usar o seu poder de persuasão. (Platão tinha esperança de que os filósofos se tornassem reis, mas ninguém sabe se ele falava a sério ou não.) O problema é que a história, como era então concebida, não abria nenhuma brecha para a utopia. Não incorporava nenhum impulso progressivo, apenas uma oscilação cíclica de nascimento, crescimento e morte, semelhante às estações. Aos períodos de vigor e expansão seguiam-se fases de luxo e decadência que se alternavam infinitamente. Nicolau Maquiavel foi quem melhor resumiu a visão clássica:

> O valor engendra a tranquilidade; a tranquilidade, o relaxamento; o relaxamento, a desordem; e a desordem, a ruína. Ou, inversamente, da ruína nasce a ordem, da ordem, o valor, e deste, a glória e a boa fortuna.[6]

Essa tradição é a que sobreviveu. Por volta de 1891, o papa Leão XIII declarou que "os eventos de um século são maravilhosamente iguais aos de outros".[7] E no século XX tivemos as importantes visões cíclicas de Spengler, Toynbee e Sorokin.

Foram os profetas judeus, especialmente Isaías, os primeiros a ter uma visão alternativa da história, como a luta do bem contra o mal, culminando na vitória do bem. A história profética é direcional e não cíclica; ética e não trágica. Em vez do vaivém infinito de Maquiavel, ela busca um ponto final, quando "o lobo viverá ao lado da ovelha e o leopardo se deitará ao lado da criança". Essa compreensão direcional

A BARGANHA FAUSTIANA

da história herdada pelos primeiros cristãos culmina na Segunda Vinda de Cristo. O Livro do Apocalipse, fonte de tanta poesia e loucura, profetiza "um novo paraíso e uma nova terra", onde "não haverá mais morte, nem haverá mais nem pranto, nem lamento, nem dor; porque já as primeiras coisas são passadas".

A semente milenarista criou raízes profundas na consciência cristã, à espera de tempos difíceis e conturbados para desabrochar com todo o seu viço. Mas a corrente principal do cristianismo mantém respeitosa distância disso. O neoplatônico Santo Agostinho posicionou a sua "cidade de Deus" não no final da história, mas fora do tempo, abandonando a "cidade dos homens" ao seu próprio destino cíclico. A história sagrada foi, portanto, brutalmente separada da história mundana, secular. Mas o potencial para que voltem a se interligar continua presente. Joaquim de Fiore, místico do século XII, desenvolveu uma teoria engenhosa da história humana baseada nas três pessoas da Trindade. A era do Pai terminou no nascimento de Cristo; a era do Filho estava por terminar; e a era do Espírito Santo, quando os cristãos se reuniriam em um novo reino espiritual, acima da letra da lei, iria chegar. É claro que o ano previsto passou e nada aconteceu, e os ensinamentos de Joaquim foram declarados heréticos.[8] Mas projetaram uma longa sombra que se estendeu até Hegel e Marx.

Especialmente relevante para o nosso tema faustiano é a ideia que está por trás de muitas teorias cristãs da história: o mal é parte integrante do plano de salvação. Como observam os teólogos, se Adão não tivesse pecado, Cristo não teria vindo ao mundo. O pecado de Adão foi, então, um pecado "feliz", um *felix culpa*. Mas abriu um precedente perigoso. "Podemos continuar pecando que a graça será abundante?", pergunta São Paulo retoricamente. A resposta é rápida e incisiva: "Deus proíbe!" A ortodoxia cristã jamais deu outra resposta. Só a providência divina aceita o mal pelos bens futuros. Nós, humanos, temos que buscar nosso apoio não na providência divina, mas nas suas leis, que proíbem o mal definitivamente.

Entretanto, quando a ortodoxia doutrinária perdeu força na Europa pós-Reforma, a pergunta de São Paulo foi retomada, e desta vez levada a sério. Jacob Boehme, místico luterano do século XVI, destacou uma qualidade dinâmica e obscura de Deus que chamou de *Ungrund*, ou abismo. O Satã de John Milton é uma figura nobre e eloquente, bem diferente do hediondo meio homem, meio bode do imaginário medieval. (Milton, disse William Blake, pertencia "ao partido do demônio e não sabia".) Blake, ainda mais radical que Boehme e Milton, via o Diabo como uma força vibrante, criativa, um complemento necessário para o estático e muitas vezes afetado bem. "Sem contrários não há progresso", ele escreveu em *Matrimônio do céu e do inferno*.

> Atração e Repulsão, Razão e Energia, Amor e Ódio são necessários para a existência humana. Os opostos geram o que a religião chama de Deus & Demônio. Deus é passivo e obedece à Razão. O Mal é ativo e gerado pela Energia.[9]

Provavelmente, os elementos dessa tradição mística estavam presentes na mente de Keynes quando escreveu "Possibilidades econômicas". (Não por acaso ele tinha tanto fascínio pela alquimia que até investiu algum dinheiro na transmutação do metal em ouro.) Mas a razão mais imediata para aceitar o tema faustiano foi a tradição secular da economia.

Os economistas: da avareza ao interesse próprio

O Renascimento inventou – ou redescobriu – a ideia de *usar* o desejo humano para governar a sociedade, em vez de castigá-la porque o desejo era mau. O príncipe sábio, escreveu Maquiavel, trata as pessoas como elas são, e não como gostaria que fossem: explora a volubilidade, a hipocrisia e a avareza delas para alcançar seus objetivos. O teste da virtude em política é o sucesso, e não a bondade. A doutrina de Maquiavel chocou tanto os cristãos moralistas, que o termo *"old Nick"* [velho Nicolau] é sinônimo de Demônio na língua inglesa. Mesmo assim ele chamou a atenção. Thomas Hobbes e John Locke acompanharam Maquiavel ao representar o governo como um instrumento de satisfação pacífica dos desejos humanos, e não de condenação. A louvável intenção por trás dessas doutrinas "realistas" de Estado era minimizar qualquer tipo de violência contra a vida humana – especialmente a violência religiosa. Mais tarde, no século XIX, um período mais pacífico, a ideia de conduzir as paixões humanas para objetivos mais úteis migrou para a economia.

Para o pensamento pré-científico sobre a economia, o amor ao dinheiro era considerado moralmente infame e historicamente destrutivo. Agostinho denunciou-o como o pior dos pecados humanos, pior ainda que o desejo de poder e de sexo. Moralistas políticos tendem a concordar. A experiência mostrou que avareza e luxo debilitaram nações civilizadas, tornando-as presas fáceis de guerreiros bárbaros ainda contaminados por riquezas. Esse antigo padrão permeia a visão cíclica da história de Salústio e outros romanos que estavam vívidos na mente de Maquiavel, Montesquieu e Gibbon.

A ideia de que riqueza em excesso levava à decadência era natural nas aristocracias guerreiras e nas repúblicas com milícias de cidadãos. Mas nos primórdios da Europa moderna, quando ser soldado era uma profissão especial, isso fazia muito menos sentido. Aqui, os monarcas tinham toda razão de encorajar a formação de riquezas, porque era uma fonte de renda que lhes permitia contratar mercenários e financiar exércitos permanentes. Sob essa perspectiva, o acúmulo de riquezas poderia ser considerado um meio de ter poder, e não o vício que provocaria a queda do poder. E quando riqueza e poder caminham de mãos dadas, o velho ciclo de ascensão e queda pode finalmente se romper. E o progresso econômico permanente é uma possibilidade.

QUANTO É SUFICIENTE?

No início do século XVIII, esse novo sistema de ideias tinha se tornado a base efetiva dos governos da Inglaterra e da Holanda, então poderes mercantes líderes na Europa. Mas ambos os países continuavam oficialmente presos a uma moralidade para a qual avareza e luxo eram vícios. Inevitavelmente, o resultado foi a hipocrisia. Coube ao anglo-holandês Bernard Mandeville (1670-1733) aplicar-lhe a agulha da sátira.

Mandeville é o Maquiavel da economia – uma dessas criaturas irritantes que insistem em ver a natureza humana como ela é, e não como os moralistas acham que deve ser. Ele ataca a hipocrisia dos que apreciam os benefícios obtidos pela avareza e pela usura enquanto pregam o contrário. "As virtudes morais", ele escreveu em um texto famoso, "são os frutos políticos engendrados pela união da lisonja e do orgulho."[10] Mandeville, doutor em Medicina, especializado no tratamento das "paixões hipocondríacas e histéricas", também tinha seu lado demoníaco. Nas horas livres escrevia sátiras e panfletos políticos. Seus críticos se chocavam com tanto cinismo. Para eles, seus escritos eram inspirações satânicas.[11]

O trabalho mais conhecido de Mandeville, *A fábula das abelhas ou vícios privados, benefícios públicos,* é um exercício curioso. Uma longa obra satírica cujos versos vêm acompanhados de comentários filosóficos sobre o destino de uma turbulenta colmeia, obviamente a Inglaterra do século XVIII. As abelhas de Mandeville são viciadas em "Fraude, luxo e orgulho", e conseguem, graças à "Astúcia do Estado", transformar seus "vícios privados" em "benefícios públicos" do comércio e da indústria:

> A Raiz do Mal, Avareza,
> Esse maldito vício, mortal, doentio,
> É Escrava da Prodigalidade,
> O Nobre Pecado; enquanto o Luxo
> Emprega um Milhão de Pobres,

A BARGANHA FAUSTIANA

E o odioso Orgulho outro Milhão,
A própria Inveja e a Vaidade
São Ministros da Indústria.[12]

Entra a Virtude: a prosperidade acaba e a colmeia é arruinada. A representação de uma queda brusca da fortuna causada pela chegada da frugalidade encantou Keynes, que citou várias passagens da *Fábula* em sua *Teoria geral*. A moral de Mandeville é simples: você pode ter riquezas e vícios ou pobreza e virtudes, mas não riquezas e virtudes. O que você prefere?

O tratamento desdenhoso dado ao vício por Mandeville serviu ao espírito inglês pós-Restauração, até meados do século seguinte, quando o puritanismo se instalou. Agora é considerado ímpio usar o vício como fundamento de uma nova ciência do progresso, mesmo que ironicamente. Mas os pensadores mais progressistas da época descobriram uma maneira de arrancar o ferrão do paradoxo de Mandeville. A mágica foi *redefinir* virtude e vício, equiparando-os à utilidade e inutilidade econômicas. David Hume, o pioneiro da nova abordagem, escreveu: "Está acima de qualquer sistema de moralidade, pouco menos que uma contradição em termos, falar em vício, que é em geral benéfico à sociedade."[13] O velho termo "avareza" aos poucos foi dando lugar ao desbotado "interesse próprio". Mas foi mantido para designar formas patológicas e criminosas de ganho, como acúmulo e fraude. Enquanto isso, a atividade comercial ordinária era descrita em linguagem sugestiva como um passatempo bem-intencionado, embora não heroico. "Raramente a atividade de um homem é tão inocente como quando ele se ocupa em ganhar dinheiro", é a famosa frase do Dr. Johnson. Seu contemporâneo francês, Montesquieu, falou em *douceur* do comércio.[14]

Quando ganhar dinheiro despiu-se desse opróbrio ético, passou a ser tratado como causa e efeito. O amigo de Hume, o escocês Adam Smith, tomou a liderança. Em sua obra-prima *A riqueza das nações,* de 1776, ele diz que os humanos são movidos pelo desejo natural de autoaperfeiçoamento e que em condições de livre concorrência são induzidos, "como que por uma mão invisível", a promover o bem--estar público. A ciência da natureza mecânica de Newton é, então, estendida às relações econômicas, com o interesse próprio no papel de força da gravidade. Foi uma invenção revolucionária. A moralidade tradicional concebia a sociedade como uma empreitada voltada para o bem comum. Para Smith, é um mero nexo causal entre indivíduos voltados para si mesmo. Deus, a quem Smith chama curiosamente de "O Grande Ditador do Universo", liga a máquina e deixa o interesse próprio cuidar do resto. Como disse o poeta Alexander Pope: "E assim Deus e Natureza formaram o quadro/ E ordenaram que o amor-próprio e o amor social fossem um só."[15]

A doutrina do interesse próprio de Smith fez mais do que transformar a avareza em virtude; transformou em vício a virtude clássica. A ostentação extravagante foi rejeitada em favor do "comedimento", da "sobriedade". Na economia política de Smith, o ascetismo passa a ser uma forma virtuosa de interesse próprio e um bom motivo para o acúmulo de capital.* A esmola é desencorajada porque promove a preguiça. Somente a luxúria conserva seu status mortal, porque tira a atenção do ganhar-dinheiro e da constituição de uma fortuna estável. Quer seja por extravagância, por generosidade ou por mero prazer sexual, espalhar a própria semente de maneira irresponsável ganha conotações pecaminosas. O progresso da riqueza requer, como Freud diria mais tarde, a repressão dos instintos.

A teoria econômica de Smith foi um triunfo do *economizar* intelectual – a aplicação genial da Navalha de Occam [a Lei da Parcimônia] ao comportamento social do homem. As paixões turbulentas foram

---

* A importância econômica do protestantismo foi bastante explorada em textos clássicos como o de Max Weber, *A ética protestante e o espírito do capitalismo*, 2004; e de Richard Tawnay, *A religião e o surgimento do capitalismo*, 1971.

A BARGANHA FAUSTIANA

reduzidas à única motivação do interesse próprio. Isso conferiu à economia uma capacidade de análise ímpar: ela não teria mais que se preocupar, como a ciência política legada por Maquiavel, em entender e administrar as várias paixões contraditórias. Uma motivação maior, a busca de riquezas em interesse próprio, englobava todas as demais. Smith foi menos parcimonioso que seus seguidores; ele reconheceu, paralelamente ao interesse próprio, um motivo independente da "simpatia", que ele desenvolveu em sua *Teoria dos sentimentos morais*. Mas na medida em que a economia ganhava forma, essas complexidades foram deixadas de lado. O estudo do homem como ele "realmente é", e não como "deveria ser", era uma fortaleza matemática inexpugnável que fascinava seus acólitos e reduzia todo o resto a um protesto inútil.

O interesse próprio defendido por Smith não convenceu a todos. A economia ganha fama de roubar da virtude o esplendor e do vício, seu ferrão. O crítico Thomas Reid vê a teoria ética de Smith como um truque para misturar egoísmo com imparcialidade. Edmund Burke recorre ao clássico lamento conservador: "Mas a era dos nobres passou; sucedeu-se a ela a era dos sofistas, dos economistas e dos calculistas, e a glória da Europa extinguiu-se para sempre."[16] A resistência ao comercialismo ganha a adesão dos revolucionários norte-americanos e franceses, que retomam as "virtudes republicanas" agrárias da Roma pré-César.

Smith pensou ter refutado "o sistema egoísta" de Mandeville, mas na verdade não o abandonou tanto assim.[17] O mecanismo central de Mandeville – o vício usado em benefício público – sobrevive em sua mão invisível, purgado de seu sabor malévolo graças a um expediente muito simples, que é redefinir "vício" como uma qualidade natural inócua. Com poucas exceções, essa tem sido a estratégia da economia desde então. A linguagem neutra "utilidade" e "preferências" torna a barganha faustiana do capitalismo necessariamente invisível.

Somente em algumas poucas passagens Smith revela o tamanho de sua dívida com Mandeville. Um dos trechos mais conhecidos está em *A teoria dos sentimentos morais*, quando ele descreve como os vícios da riqueza redundam em benefícios para a sociedade como um todo. (Por acaso, essa é a primeira vez que Smith usa a metáfora da "mão invisível".) Enquanto os ricos, escreve ele,

> visam somente à própria conveniência, embora o único objetivo que proponham [...] seja a gratificação da vaidade e desejos insaciáveis, eles dividem com o pobre o produto de todos os seus progressos. São levados por uma mão invisível a fazer quase a mesma distribuição das necessidades vitais que seria feita se a terra fosse dividida em partes iguais entre os seus habitantes, e assim sem pretender, sem perceber, investem no interesse da sociedade.[18]

Aqui Smith retoma abertamente a velha linguagem moral da ganância, da vaidade e da insaciabilidade. A máscara cai temporariamente.

E não poderia ignorar, apesar dos esforços para disfarçar, os maus efeitos do sistema comercial na vida e na personalidade dos trabalhadores. A descrição que ele faz dos efeitos deformadores da divisão de trabalho prognostica a de Marx:

> O homem que passa a vida realizando algumas operações simples, com resultados que provavelmente serão sempre os mesmos, ou quase os mesmos, não tem chance de externar seu entendimento nem de exercitar sua inventividade na busca de expedientes facilitadores para as dificuldades que jamais ocorrem. É natural que ele perca o hábito de se manifestar, em geral tornando-se tão estúpido e ignorante quanto é possível à criatura humana. O torpor da mente o impede não só de apreciar e participar de uma conversa racional, mas de conceber a generosidade, a nobreza e os sentimentos de ternura, e consequentemente de emitir um julgamento até sobre os muitos deveres ordinários da sua vida privada.[19]

A BARGANHA FAUSTIANA

Smith conclui, com alguma relutância, que a educação se contrapõe a essas tendências estupidificantes. Mas logo em seguida abandona o tema. E diz claramente que o trabalho entorpecedor de uma fábrica de alfinetes é um custo necessário tendo em vista os ganhos decorrentes disso.

Façamos uma pausa para avaliar o que foi ganho e o que se perdeu depois que Smith destruiu o clássico plano de virtudes e vícios. O que se ganhou foi a liberação dos motivos que promoviam o crescimento econômico. A ganância foi liberada sob a condição de servir ao bem social. O que se perdeu foi a ideia de bem social como conquista coletiva. Passa a ser resultado da ação do indivíduo em interesse próprio nos mercados. A lógica do contrato dissociou-se da lógica da reciprocidade que na maioria das culturas e sociedades humanas é parte integral da economia. Na medida em que a economia evolui, torna-se cada vez mais difícil distinguir desejos de necessidades. A esse respeito, Keynes herdou a tradição neoclássica, e é por isso que a sua ideia de "saciedade" parece ultrapassada.

Por seus escritos serem anteriores à fase industrial, Smith não imaginou o progresso da economia como um crescimento sem fim, mas evoluindo tanto quanto as instituições, os hábitos e as políticas de um povo permitissem. De fato, ele e seus contemporâneos não falavam em crescer, mas em "melhorar", termo que engloba condições morais e materiais. Esse caminho termina no "estado estacionário" – o estado em que se esgotaram as possibilidades de melhorar. Os economistas clássicos tinham em mente esse ponto final, com graus variados de prosperidade.

Dois famosos sucessores de Smith, Thomas Malthus e David Ricardo, foram menos otimistas. As duas edições de *Ensaio sobre o princípio da população* (1798, 1826), de Malthus, desafiam a utópica afirmação de William Godwin de que a redistribuição da propriedade traria abundância para todos. Sua lógica era claramente cíclica. Sem rigorosos "controles" morais, a quantidade de terras disponíveis se tornaria insuficiente para comportar a população: variações na pressão populacional determinariam ciclos de aumento e diminuição de renda. Quando *Princípios de economia política*, de Ricardo (1817), incluiu retornos menores da terra ao quadro malthusiano, o máximo que os economistas ofereceram foi uma modesta melhora no passado obtida por vitórias até então não alcançadas da eficiência moral e prática. E a economia ganhou a reputação de "ciência desanimadora".

Um projeto mais utópico de John Stuart Mill foi proposto em meados do século XIX, quando a industrialização já estava em curso. Segundo ele, com um nível de abundância já alcançado e o crescimento da população controlado, a Inglaterra teria condições de dar vida boa para todos os seus habitantes. Ele reconhecia o caráter relacional dos desejos, mas não via razão para a competição ser restringida por uma distribuição de renda mais igualitária:

> Confesso que não me sinto atraído pelo ideal de vida defendido por aqueles que pensam que o estado normal do ser humano é lutar para seguir em frente; que desrespeitar, reprimir, chutar e pisar no outro, que é a vida social que vemos hoje, seja o destino mais desejável para a espécie humana ou um sintoma desagradável de uma fase do progresso industrial. Talvez seja um estágio necessário do progresso da civilização; e as nações europeias que até agora tiveram a sorte de se manter preservadas ainda tenham que passar por ele [...] Mas o melhor estado da natureza humana é aquele em que ninguém é pobre, ninguém deseja ser mais rico e não há razão para temer um empurrão dos que querem passar à frente.[20]

Depois de Mill, a ideia do "estado estacionário", utópico ou desanimador, foi posta de lado pela economia, até ser revivida por Keynes. A tecnologia começava a resistir ao projeto de acúmulo irrestrito de riquezas.

Fausto como metáfora literária

As verdades encobertas pela linguagem racional da ciência secular revelam-se na poesia com uma clareza assustadora. A barganha com o mal em nome do progresso, algo que os economistas não se permitem admitir abertamente, ou tratam somente na forma anestesiada de "custo", encontra uma simbologia perfeita na lenda de Fausto. Fausto é o mito moderno por excelência, o maior mito que não nos foi trazido pela Antiguidade pagã ou pela Bíblia. Ele incorpora o pensamento, alheio às culturas clássica e cristã vigentes, que o Demônio não é só uma força negativa a ser resistida, mas uma força criativa nas questões humanas.

A lenda de Fausto é inspirada na figura do sábio alemão Johann Faust (c. 1480-1540), cujos feitos eram atribuídos pelos crédulos a um pacto com o Diabo. Nas versões mais antigas, Fausto é um autêntico personagem medieval, um alquimista, um mago, que usa seus poderes malignos para os baixos propósitos da sedução e da trapaça. Contudo, na medida em que a lenda se desenvolve, ele disfarça seu passado alquímico e se transforma em um personagem moderno, um cientista que ambiciona a natureza do mestre e merece um destino terrível por sua presunção.

O dramaturgo elizabetano Christopher Marlowe produziu o primeiro grande Fausto literário. Em sua peça *Doctor Faustus,* o pecado do doutor é a busca de conhecimento e poder ilimitados. Faustus sonha não apenas com conquistas sexuais, mas com o poder de realizar grandes feitos – cercar a Alemanha com muralhas de bronze, fazer o Reno contornar Wittenberg, vestir seus alunos de seda e expulsar a Espanha dos Países Baixos. Na verdade, ele desperdiça seus poderes, estimulado pelo Diabo com banalidades, e, tal como o Fausto original, tem um fim terrível quando o Demônio cobra sua parte. Mas suas ambições não foram totalmente desprezadas. "Em cinquenta anos Fausto evoluiu de um vigarista histórico e lendário [...] para um trágico herói renascentista ensandecido pelo poder."[21]

QUANTO É SUFICIENTE?

Quando Marlowe concebeu o seu Faustus, estaria pensando no filósofo e estadista Francis Bacon, seu contemporâneo. Bacon foi o profeta da moderna tecnologia, o primeiro homem que pensou em controlar a natureza para elaborar uma história do progresso humano. No lugar dos métodos especulativos da ciência antiga e medieval, ele propunha uma "investigação das causas verdadeiras das coisas", visando a explorá-las para fins humanos. Ele escreveu: "O conhecimento humano e o poder humano são um só; porque onde a causa não é conhecida, o efeito não é produzido." Marlowe discerniu algo demoníaco nesse plano. Lançou uma sombra faustiana sobre o projeto baconiano, sombra essa que, ao menos na Europa, jamais foi removida.

Quando o século XIX começava, Goethe fez sua clássica versão (1808 e 1832), e Fausto passou a simbolizar a incansável luta do homem moderno, falível, mas merecedor de amor. O *Fausto* de Goethe pode ser visto como a expressão literária da *felix culpa* dos economistas políticos. Deus envia à humanidade (Fausto) o Demônio (Mefistófeles) para tirá-la de seu sono. Com a ajuda de Mefistófeles, Fausto faz coisas terríveis, mas sua alma acaba indo para o céu porque ele "tem se esforçado muito". A promoção de Fausto de pândego perverso a herói histórico é um reflexo da debilidade da ortodoxia cristã e a sua proibição absoluta do mal. O pensamento heterodoxo insinua que, em nossas transações com o Demônio, *nós* podemos sair vitoriosos.

A primeira inovação de Goethe foi abrir sua obra com o "Prólogo do paraíso", em que Deus explica seu problema ao demônio Mefistófeles. A humanidade – criada à imagem de Deus – tem potencial para o progresso, mas é naturalmente preguiçosa e acomodada: "É fácil os homens se cansarem e não quererem fazer mais nada." Então Deus faz uma proposta a Mefistófeles: ele pode ficar no mundo e não mais ser banido ao "pó", ao qual o Deus do Gênesis destinara a serpente, desde que mantivesse o homem em atividade. Mefistófeles vê aí a

A BARGANHA FAUSTIANA

sua chance de arrastar a humanidade para uma vida de prazeres e pecados. "Não temo perder a minha aposta", ele diz a Deus, crente que desviará Fausto, o servo de Deus, do bom caminho. Outra inovação de Goethe foi transformar o tradicional pacto que Fausto faz com Mefistófeles em uma aposta. Em vez do limite de tempo tradicional de 24 anos, Mefistófeles oferece seus serviços a Fausto indefinidamente, mas com direito a cobrá-lo quando estiver plenamente satisfeito. Fausto aceita a aposta, pois sabe que jamais se contentará com os prazeres, o luxo e o poder que Mefistófeles lhe oferece. Ele diz que, caso se declare satisfeito com o que tem, aceitará a danação eterna: "Direi ao momento que foge: Demora eternamente! És tão lindo! O relógio pode parar. Acorrenta-me e faz soar o sino da morte. Eu a receberei e dispensarei teus serviços." Mefistófeles aceita os termos da aposta, e Fausto atira-se na nova vida: "Um turbilhão de devassidões é o que busco, isso e nada mais."[22]

O restante do *Fausto* são as consequências da dupla barganha. O tema da *felix culpa* domina a ação, e cada crime que Fausto comete é uma precondição para melhorar seu caráter. Na primeira parte, Fausto é tentado, pelo amor que sente por Gretchen, uma simples camponesa, a "parar o relógio". Mas Mefistófeles quer prolongar sua estada na Terra e sabota o caso de amor oferecendo a Fausto as mulheres que ele desejar. Quando uma série de acidentes provocados pelo Demônio causa a morte de Gretchen, Fausto quer provar que merece o amor dela: o pecado é necessário para a redenção.

A ideia da *felix culpa* é recorrente em toda a segunda parte, quando Goethe transforma o material mágico e fantástico da peça de Marlowe em uma narrativa incremental. Anos depois da morte de Gretchen, Fausto chega à corte de Carlos V. Mas, em vez de incorporar o espírito de Alexandre, o Grande, para divertir o imperador, tal como em Marlowe, Fausto lança mão da feitiçaria e inunda o reino de dinheiro para que a corte adquira máscaras suntuosas. A moral de Goethe é clara: o dinheiro é apenas um meio para a cultura. A peça termina com Fausto já velho, proprietário de um feudo imperial, onde construiu diques e canais para manter o mar a distância. Mas para viabilizar seu projeto, Fausto precisa antes expulsar um casal de camponeses idosos (que Mefistófeles acaba matando), Philemon e Baucis, que se recusa a sair de seu pequeno lote – uma clara referência ao *enclosure movement* do século XVIII, que expulsou os camponeses de suas terras. Ao imaginar como seu projeto seria complexo sem a ajuda da feitiçaria, Fausto exclama:

> Agora poderia dizer ao momento que foge: Para, és belo. As marcas de meus esforços jamais se apagarão. Não, não em muitos anos, não em muito tempo. Ao sonhar com essa felicidade incomparável, provo e desfruto agora deste momento supremo.[23]

Ao pronunciar as palavras fatais, "provo e desfruto agora deste momento supremo", Fausto cai morto, como disse que faria se não sucumbisse à satisfação. Deveria ser esse o "estado final", a conquista do paraíso terrestre que Fausto acabava de desejar. Mas Goethe foge da conclusão usando o artifício de pôr no condicional a expressão de satisfação de Fausto: o Demônio só poderia levar a humanidade até aqui; a perfeição seria para o céu. E então divide o espólio entre Deus e Mefistófeles: o Demônio fica com o corpo de Fausto, e Deus, com a alma, por ter se esforçado tanto.

O próprio Goethe chama Fausto de "coisa louca"[24] e jamais tentou explicar "o que significa". Como todas as grandes poesias, essa é ao mesmo tempo precisa e fugidia. Em termos filosóficos, seu legado mais importante é a dialética – a ideia de que o progresso depende da constante "negação" ou subversão da moralidade tradicional. Essa noção, que Goethe transmitiu a Hegel e mais tarde a Marx, é um fatídico legado para o pensamento moderno.

Hoje estamos menos dispostos a sancionar a maldade em nome do progresso. Os flertes mefistofelianos de Goethe chegam até nós como irremediavelmente inocentes, de uma época em que a tolerância se esqueceu da realidade do mal. O filósofo alemão Karl Jaspers escreveu em 1948: "Há situações em que não temos nenhuma vontade de ler Goethe e recorremos a Shakespeare, Ésquilo e à Bíblia se quisermos ler alguma coisa."[25] Goethe não acreditava na perfeição do homem, mas também não acreditava no pecado original. Para ele, a Europa tinha deixado para trás a época da selvageria. Ou não teria criado Mefistófeles como um demônio tão amável. Hoje em dia, Goethe não é moralmente tão sério. Essa é a implicação do romance de Thomas Mann, *Doktor Faustus* (1947), que remete ao título original de Marlowe e leva o personagem Fausto à loucura – o equivalente secular da maldição.

O fracasso do apocalipse de Karl Marx

Karl Marx amava Goethe, e ao longo de seu trabalho usou a figura de Mefistófeles para arrancar o véu que os economistas envolviam a barganha faustiana do capitalismo desde Adam Smith. E revelou um capitalismo voraz e instável nas suas verdadeiras cores mandevillianas. E ainda acrescentou algo que não se vê em Mandeville: a convicção de que os custos do capitalismo não incorreram voluntariamente sobre os indivíduos em benefício próprio e de suas famílias, mas foram impostos a eles pelo poder da classe capitalista. Foi necessária a violência para abalar esse poder, para instalar na Terra o reino da correção. Aqui, Marx revelou-se herdeiro das correntes mais terríveis do apocalipse judaico-cristão e suas visões de "banhos de sangue purificadores". Isso deu à sua barganha faustiana um terror que faltava em Goethe e em versões inglesas mais pacíficas.[26]

A crítica feita por Marx ao capitalismo foi fundamentalmente moral. Era, segundo ele, odioso e injusto demais para existir. Afastava forçosamente o trabalhador de suas ferramentas de produção, portanto, da sua substância especificamente humana, deixando-o vulnerável à exploração. Sacrificava a "vida produtiva do homem" em nome do "sistema monetário", substituía o valor do uso pelo valor da troca. Nesse ponto, Marx foi sucessor de Aristóteles e de seus seguidores medievais; foi "o último dos escolásticos", segundo R. H. Tawney.

Mas se o capitalismo foi injusto, também foi um instrumento de libertação da pobreza. Em suma, foi outra *felix culpa*, um pecado feliz, uma parte do trabalho da providência. Em um artigo publicado em jornal em 1853, Marx elogiou o governo britânico na Índia por agitar uma sociedade que se encontrava estagnada: "Quaisquer que tenham sido os crimes cometidos, a Inglaterra foi um instrumento inconsciente da história..."[27] Desde então essa ambivalência moral em relação ao capitalismo passou a incomodar os marxistas. De um lado, era um mal a ser eliminado; de outro, um indispensável instrumento de progresso.

A dialética de Hegel foi o instrumento intelectual perfeito para solucionar a ambivalência de Marx perante o capitalismo. Na filosofia de Hegel – na verdade, uma secularização de Joaquim de Fiore – a história é o relato da evolução da razão. Cada estágio incompleto, parcial, da consciência humana, da compreensão, produz sua negação, ou recusa, que é absorvida em um nível de consciência mais completo e superior até a realização da razão absoluta, em que a realidade toda é determinada pela Mente. E assim a missão histórica é "cumprida inconscientemente, apesar de seus crimes e paixões, por nações e classes individuais".[28]

Marx apropriou-se dessa ideia, mas – influenciado por experiências políticas anteriores, que o fizeram duvidar quando Hegel afirmou que o Estado prussiano era a incorporação da Razão – transformou o confronto de ideias hegeliano em um confronto de classes. A História era a história do conflito de classes: a vida determina a consciência, e não o contrário. Os sucessivos e antagônicos estágios da razão hegeliana eram nada mais que sistemas antagônicos das relações de propriedade. Marx chegou a considerar a religião, a grande inimiga dos pensadores do Iluminismo, um véu espiritual usado pelos proprietários para cegar os sem propriedade para a real situação em que viviam.

Marx só desenvolveu uma fase de seu "materialismo dialético", a transição do feudalismo para o capitalismo.[29] Aqui, os "cidadãos" urbanos, cada dia mais ricos, mas subordinados politicamente, constituem a classe da "burguesia", que derruba o sistema senhorial baseado na terra. A burguesia é a primeira classe que explora o trabalho sistematicamente e usa o excedente extraído para multiplicar o capital, em vez de gastá-lo em luxos, guerras, catedrais etc. Mas o capitalismo, por sua vez, passa a ser um obstáculo para o futuro desenvolvimento das forças produtivas, por isso precisa ser derrubado pelo proletariado que ele próprio criou, inaugurando um comunismo sem classes.

Tecnicamente, Marx teve dificuldade para explicar por que o capitalismo *tinha* que desaparecer. O capitalismo merecia desaparecer; os expropriadores mereciam ser expropriados. A justiça seria desmoralizada se isso não acontecesse. Mas por que e como fazer isso? Marx dedicou grande parte de sua vida a essa questão sem jamais ter chegado a uma conclusão. Não conseguiu provar o apocalipse capitalista que seu senso de justiça bíblico exigia.

A expressão mais coerente da dialética de Marx, antes de ele se tornar economista, está no texto compacto e explosivo do *Manifesto comunista*, de 1848. Ninguém jamais representou o caráter faustiano do capitalismo com mais clareza.* A burguesia criou "as maiores e mais colossais forças produtivas que todas as gerações anteriores juntas".[30]

---

* Marx nunca falou em "capitalismo". Usava a palavra "burguesia" para enfatizar o caráter classista do sistema capitalista. Mas "capitalismo" pode ser substituído sem perda de significado. Didaticamente, capitalismo é o sistema no qual a propriedade do capital está concentrada nas mãos de uma única classe – a burguesia –, que o utiliza para obter lucro.

QUANTO É SUFICIENTE?

Atraiu "até a mais primitiva das nações para a civilização [...] criando um mundo segundo sua própria imagem".[31] Mas o preço foi altíssimo:

> Todas as relações fixadas, congeladas, com sua velha carga de preconceitos e opiniões veneráveis, são dizimadas, e as recém--criadas tornam-se obsoletas antes mesmo de se solidificar. Tudo que é sólido se desmancha no ar, tudo que é sagrado é profanado.[32]

Marx foi o primeiro economista a dar o devido peso moral ao potencial destrutivo do capitalismo. Da mesma maneira que Adam Smith e Goethe, ele via o capitalismo como o "preço" a ser pago pelo progresso. Mas por ter escrito setenta anos após o início da Revolução Industrial, entendeu que tanto o preço quanto o progresso seriam bem maiores do que se imaginava. Nesse sentido, do ponto de vista da dialética marxista, as perturbadoras "relações fixadas, congeladas" do capitalismo são historicamente justificadas porque, ao desencadear o potencial humano de maneira tão brutal, dá vida às armas e à classe que o destruirá.

Mas, nesse ponto, a linha de argumentação do *Manifesto comunista* é interrompida e dá lugar à retórica. Repercutindo o *Frankenstein* de Mary Shelley, Marx compara o capitalismo com "o feiticeiro que não controla mais os poderes do mundo inferior que ele mesmo invoca com sua magia".[33] Ele cria seus próprios "coveiros".[34] Marx jamais abandonou a crença no momento apocalíptico, apesar do repetido fracasso da história em não corresponder às suas expectativas. "O toque de finados da propriedade privada capitalista está soando", ele profetiza ruidosamente em *O capital,* vinte anos após o *Manifesto comunista*. "Os expropriadores são expropriados."[35]

A convicção de que o capitalismo entraria em colapso chegou a Marx antes de Marx chegar à economia. Depois do *Manifesto comunista,* ele passou vinte anos no Museu Britânico tentando provar isso, e nunca conseguiu. Na verdade, não era um economista intuitivo.

Ninguém que começa a ser economista aos 40 anos é intuitivo. Tem muita coisa na cabeça. Os economistas devem ser iniciados antes que alguma ideia preconcebida os distraia. Devem ter a mente vazia para construir e aceitar os modelos axiomáticos de comportamento humano que serão o seu pão de cada dia. O fim da adolescência é o momento ideal para iniciar o treinamento.

Marx criou dois cenários possíveis para o colapso do capitalismo, a "crise de lucratividade" e a "crise de realização". A primeira, mais bem desenvolvida, fundamenta-se na teoria da exploração que teve origem em suas discussões com Ricardo, já na meia-idade. Marx argumenta que, por tirarem tudo dos trabalhadores menos sua capacidade de trabalho, os capitalistas conseguem extrair deles mais valor do que lhes pagam. Essa diferença representa a "mais-valia", a fonte de lucros. Segue-se a isso que, como as máquinas (que não podiam custar menos do que custava para instalá-las) substituíam cada vez mais a mão de obra na produção, a margem de lucro diminuiria. As tentativas de manter a mais-valia aumentando a "taxa de exploração" provocariam uma explosão colérica no proletariado e o sistema seria destruído. No final do século XIX, os marxistas foram pegos de surpresa ao observar uma tendência de aumento real no salário dos trabalhadores. Alguma coisa estava errada na teoria. Marx não levara em consideração ser possível aumentar a produtividade da mão de obra investindo em tecnologia economizadora de mão de obra. Isso permitiu um aumento nos salários reais sem diminuir a margem de lucro. Não havia necessidade de a taxa de lucro cair ao longo do tempo.

O *Manifesto comunista* sugere outra fonte de crise: a crise da realização.

> Nas crises comerciais, uma grande parte não só dos produtos, mas da capacidade produtiva, é periodicamente destruída [...] porque há demasiada civilização, demasiada indústria, demasiado comércio [...]. As condições da sociedade burguesa são extremamente limitadas para abraçar as riquezas que produz.[36]

QUANTO É SUFICIENTE?

Essas frases inexatas, para as quais Marx nunca mais deu importância, apontam para uma teoria do subconsumo, desenvolvida mais tarde pelo liberal inglês J. A. Hobson e pela alemã marxista Rosa Luxemburgo. Ela pergunta como, dada a estagnação dos salários reais, a classe proletária poderia fornecer o mercado adequado para o crescente volume de produtos oferecidos pelas novas máquinas. "Afinal", ela raciocina, "o único propósito do investimento era produzir coisas que pudessem ser vendidas com lucro. E se as coisas não podem ser vendidas, por que os capitalistas devem continuar investindo?"[37] Keynes fez a mesma pergunta na década de 1930; e essa pergunta é pertinente ainda hoje pelo que vimos acontecer na primeira década deste século, quando o salário real nos países ocidentais caiu relativamente às remunerações do capital.

A teoria do imperialismo foi inventada para explicar a inesperada capacidade de sobrevivência do sistema capitalista. Enquanto Lenin via os países pobres como reservatórios para a futura exploração de mão de obra, Luxemburgo os via – juntamente com a produção de armamentos – como abertura para outros mercados absorverem o excedente da produção capitalista sobre o consumo. Independentemente do que se possa pensar sobre a validade das duas explicações, nenhuma delas aponta para o colapso do capitalismo, mas para a sua capacidade de recuperar-se das crises internas, notadamente por meio da globalização. Meghnad Desai, comentarista moderno de Marx, escreveu que "Marx não nos trouxe um único relato sobre a dinâmica do capitalismo que de alguma maneira preveja – mesmo sob condições variadas – sua possível ruína".[38] A constatação de que sua economia não conseguiu estabelecer o momento apocalíptico provavelmente é a razão pela qual Marx não concluiu os dois últimos volumes de O *capital*.

Dadas as imensas incertezas que envolvem a "ruína" do capitalismo, não nos surpreende que Marx não tivesse dado atenção à vida pós-capitalismo. Seu amigo e colaborador Friedrich Engels

A BARGANHA FAUSTIANA

falou em "reino da liberdade" além do "reino da necessidade". Mas Marx não quis se aborrecer com o que chamou de "utilidade para o futuro". Numa passagem célebre do prefácio de *Contribution to the Critique of Political Economy* (Uma contribuição à crítica da economia política), ele escreve:

> Uma ordem social não desaparecerá até que todas as forças produtivas que nela tenham espaço se desenvolvam; e novas relações mais elevadas de produção jamais surgirão até que as condições materiais para que existam tenham amadurecido no ventre da antiga sociedade. É por essa razão que a humanidade só assume as tarefas que consegue resolver.[39]

Foi a maneira que ele encontrou de ignorar as experiências utópicas de seu tempo. Ideias de novas utopias que eram igualmente vagas. Os seres humanos, pensou, podem "caçar pela manhã, pescar à tarde, recolher o rebanho no fim do dia, criticar depois do jantar [...] sem nunca terem sido caçadores, pescadores, pastores ou críticos".[40] Não menos insensata foi a previsão de Leon Trotski de que, sob o regime comunista, o humano médio "subirá à altura de um Aristóteles, um Goethe e um Marx. E acima destes, novos picos se erguerão".[41]

Marx apresentou uma justificativa convincente de por que o capitalismo *deveria* ter um fim, e não por que *teria* um fim. Ele não reconheceu o constante dinamismo do sistema capitalista, sua capacidade de superar obstáculos. Mais seriamente, Marx fechou os olhos para as tentações do raciocínio dialético. Seria falsidade dizer que ele receberia bem o stalinismo, mas seu método não apresenta nenhuma base de princípios que ofereçam resistência a esse sistema e muito menos ao maoismo. Dizem que Mao, sem se importar com os milhões de mortes causadas por seu Grande Salto à Frente, fez o seguinte comentário insensível: "A morte deve ser motivo de júbilo [...] Acreditamos na dialética, por isso não há como não ser a favor da morte."[42]

O fracasso do resultado: de Marx a Marcuse

Nos cem anos que se seguiram à publicação de O *capital* em 1867, o socialismo revolucionário foi banido de países que pareciam estar maduros para implantá-lo, e vitorioso em outros que Marx jamais pensou que isso pudesse acontecer. Mas, no final da década de 1950, foi o capitalismo, e não o socialismo, que abriu uma brecha na problemática economia ocidental: não, obviamente, o capitalismo vermelho, tão cheio de dentes e garras como Marx analisou, mas um capitalismo tão modificado pela interferência do Estado, pela seguridade social e pela organização sindical que muitos duvidaram ser o mesmo animal. Se isso era capitalismo, não havia necessidade de socialismo.[43] Em 1956, John Kenneth Galbraith mudou o foco da atenção para os males da riqueza. Em seu trabalho mais famoso, A *sociedade afluente,* ele argumenta que nós, os cidadãos dos países ocidentais, estávamos tão bem que os problemas econômicos não nos pressionavam mais. Em resumo, estávamos vivendo a era da abundância keynesiana (antes do que se previa!). Chegara a hora de incentivar o crescimento e voltar a atenção para a vida boa. A ideia de Galbraith era bastante austera: uma parcela maior das novas riquezas devia ser canalizada para os serviços públicos. Mas sua mensagem foi absorvida pela juventude radical dos anos 1960, que a transformou em um projeto muito mais emocionante: a liberação sexual. Agora, o deus não era mais Marx, e sim Freud.

Havia algo de inebriante na década de 1960 que marcou de maneira definitiva os que a vivenciaram *conscientemente* na hora certa. Embora existissem textos utópicos e comunidades utópicas no passado, pela primeira vez na história a utopia saiu, brevemente, das sombras, tanto na teoria quanto na prática. O sonho utópico de uma vida despreocupada, sem conflitos e sem guerras, conquistou a mente e o coração de toda uma geração. O amor livre e a abundância foram retratados em todas as utopias populares, e nesta não

A BARGANHA FAUSTIANA

foi exceção. Os hippies eram os lírios do campo possíveis, com suas flores nos cabelos. Eles rejeitaram a ética do trabalho exigida pela escassez porque não precisavam mais trabalhar para viver. Sexo, drogas, música, misticismo, protestos contra a guerra, romantismo revolucionário deram-se as mãos naquele momento orgástico de libertação. A maconha era o "soro da verdade"; "em cada ereção tremula a Bandeira Vermelha".[44]

As bases materiais da utopia sexual se constituíram do "fluxo ininterrupto dos altos salários".[45] Isso livrou a geração de *baby boomers*, nascidos na década de 1940, do medo do desemprego que tanto atormentara seus pais. Nos 25 anos posteriores à Segunda Guerra Mundial, o mundo desenvolvido não só cresceu num ritmo muito mais acelerado, como mais constante. Os países ainda por se desenvolver também foram contagiados. Ninguém mais temia a crise do capitalismo.[46] O problema não eram mais os obstáculos para alcançar a abundância, mas os obstáculos para usufruir a abundância conquistada.

Para os filósofos da utopia sexual, a serpente do paraíso não era mais o capitalismo, mas a tecnologia. Theodore Roszak falou em "totalitarismo tecnocrático".[47] A extravagância específica dessa insanidade era a corrida armamentista nuclear, que ameaçava aniquilar o mundo bem no momento em que estávamos para recuperar o paraíso. O filme *Dr. Fantástico* é o clássico resumo cinematográfico desse pesadelo. A tecnologia tinha, então, dois lados, porque também tirava o homem – ao menos o homem norte-americano – da pobreza. Como coloca Charles Reich:

> O ponto crucial é que a tecnologia tornou possível essa "mudança na natureza humana" que era esperada havia muito tempo, mas que não podia acontecer enquanto a escassez estivesse no caminho. É simples assim: quando há casa e comida para todos, o homem não precisa mais apoiar a sociedade no pressuposto de que os homens são antagônicos entre si. Aquilo que chamamos

de "natureza humana" é obra da necessidade – a necessidade da escassez e do sistema de mercado. A nova natureza humana – amor e respeito – também obedece às leis da necessidade. Ela é necessária porque só colheremos os frutos da era tecnológica se estivermos juntos.[48]

Os protestos estudantis contagiaram todas as escolas do mundo ocidental no fim da década de 1960, mas começaram nos Estados Unidos.* Por inúmeras razões: a tradicional experiência utópica norte-americana, a maior prosperidade de seus cidadãos comparada à dos europeus e a Guerra do Vietnã. Talvez o fator mais importante tenha sido um número muito maior de jovens nas universidades e nas escolas de educação superior. O mundo do trabalho estava bem mais distante dos jovens norte-americanos – cinco ou seis anos à frente – do que dos jovens europeus. Isso criou uma discordância psíquica entre a adolescência e o trabalho que foi suficiente, na opinião de alguns filósofos hegelianos da revolução, para ganhar o status de uma contradição. Os novos marxistas freudianos enxergavam as universidades como fábricas educacionais produtoras de uma nova classe revolucionária. O radicalismo dos anos 1960 foi um fenômeno de campus, teorizado e promovido por professores.

Entre eles, nenhum foi mais influente que o filósofo Herbert Marcuse, radicado nos EUA, que formulou uma nova doutrina de libertação erótica com forte erudição germânica. Os livros de Marcuse *Eros e civilização* e *O homem unidimensional: Estudos sobre a ideologia da sociedade industrial* foram as bíblias do protesto estudantil. O termo "tolerância repressiva" definia para os radicais uma qualidade específica da civilização norte-americana. Como Marx, Marcuse pertencia à tradição do messianismo judaico, para o qual "toda a discussão dos valores humanos reais e autênticos é reduzida

---

* A revolta contra os valores paternos não se restringiu aos estudantes, ao contrário do radicalismo político.

A BARGANHA FAUSTIANA

à escatologia" e que "abre a porta para uma utopia impenitente e otimista que não pode ser descrita em termos de conceitos baseados em um mundo não redimido".[49]

Apesar de uma prosa quase sempre impenetrável, Herbert Marcuse era um demônio brincalhão. A única atitude verdadeiramente progressista, afirma ele, é a negação. "Aquilo que é não pode ser verdade" foi um de seus *motes*. Desde que determinados fatos que ao senso comum soam como verdades são, na verdade, negações da verdade, a verdade só pode ser conhecida pela "negação da negação". A "teoria crítica" foi a sua ferramenta de emancipação da sabedoria convencional. Um aluno que frequentava seus cursos na University of California, em San Diego, escreveu que "Marcuse tinha o dom especial de tornar interessantes Kant, Hegel e Marx para uma turma de alunos que mais parecia o elenco adolescente dos filmes hollywoodianos de férias na praia".[50]

Eros e civilização faz uma interpretação freudiana da civilização ocidental, mas sem o pessimismo de Freud. O que Freud chamou de "instinto de morte" não é mais inerente à natureza humana, e sim à repressão dessa natureza, particularmente a "repressão excessiva" do capitalismo ocidental. Essa repressão tinha agora se tornado redundante graças à automação do trabalho, embora fosse ainda perpetuada pelos poderosos a cujos interesses servia. A ressexualização é, então, a chave para a revolução. A humanidade precisa retornar ao estado infantil de "perversidade polimórfica", quando todo o corpo é fonte de prazer erótico, para derrubar a psicologia repressiva em que o capitalismo se encontra.

Quando Marcuse escreveu *O homem unidimensional,* tinha perdido a esperança de que a revolução acontecesse. "Conter a mudança social talvez seja a mais singular conquista da sociedade industrial avançada", ele escreveu. "O consumismo, a publicidade, a cultura de massa e a ideologia" integraram os indivíduos à ordem capitalista e efetivamente destruíram qualquer perspectiva de uma "filosofia crítica".[51] A sociedade moderna não precisava mais do terror, ela tinha a tecnologia.

O homem unidimensional retrata o terrível mundo da "consciência feliz", que rivaliza com distopias como *Admirável mundo novo,* mas se passa na América contemporânea. A tecnologia permite que cada instinto se expresse de forma limitada, controlada. O pensamento oposicionista não precisa mais ser reprimido porque não acontece. A cultura é assimilada pelo consumo. Os desvios são entregues aos psiquiatras. A única coisa que interessa é que esse universo seja feliz, o que Marcuse chama de "dessublimação repressiva", ou seja, é repressiva "precisamente até o ponto em que promove a satisfação das necessidades, que corre o tempo todo para alcançar os concorrentes e a obsolescência planejada...".[52] A liberação não é mais desejada porque nos foi dada embrulhada em papel de presente. A guerra continua, mas só "lá fora" – nos países subdesenvolvidos.

No universo da consciência feliz as bases sociais da mudança desapareceram. A classe trabalhadora tornou-se o sustentáculo da ordem estabelecida; a recusa absoluta é "politicamente impotente". A automação liberta o homem do trabalho, mas sua mente continua sendo controlada pela tecnologia. Em *Eros e civilização,* Marcuse celebra a função "crítica" das "perversões sexuais", como a homossexualidade. "O desvio sexual representa [...] um protesto contra a tirania genital."[53] Mas no último volume ele abandona esse tema: as "perversões" passam a fazer parte do novo normal. Não há por onde fugir.

Ou será que há? "Sob a base popular conservadora há um substrato de marginais e proscritos, de explorados e perseguidos por suas raças e cores, de desempregados e desempregáveis."[54] É o novo espectro da revolução. Mas muito mais frágil do que aquele que Marx invocou para assustar os leitores burgueses. Marcuse conclui: "Nada mais é que uma oportunidade."

A BARGANHA FAUSTIANA

Sabemos, é claro, que nenhuma utopia sexual se estabeleceu. Isso não é surpresa. As utopias são sociedades perfeitas; jamais existirão neste mundo. É mais interessante considerar por que não houve mais progresso para realizar os sonhos dos utopistas sexuais.

O motivo mais óbvio é que as economias ocidentais não cumpriram a promessa de abundância para todos. Na prática, aos movimentos de protesto da década 1960 seguiu-se rapidamente o colapso do Estado keynesiano, no qual eram criadas as expectativas de abundância iminente. Isso aniquilou o utopismo. Marcuse tornou-se peça de museu no Ocidente (menos na América Latina) muito antes de sua morte. A insegurança no trabalho retornou; a tendência de distribuição de renda mais igualitária foi revertida; a destruição criativa estava de volta. Sob Reagan e Thatcher, o capitalismo recupera grande parte de seu antigo espírito bucaneiro e desfaz o sonho da liberação instintiva a partir de um trampolim da afluência administrada.

Mas mesmo que o crescimento continuasse no ritmo anterior, o utopismo da década de 1960 não teria dado certo. O próprio Marcuse reconheceu que o capitalismo "engole" as mudanças sociais. A cultura do sexo, das drogas e do rock and roll provou ser totalmente compatível com as relações de dominância existentes, embora de outra maneira. O capitalismo, como vimos, foi muito bem-sucedido na comercialização da revolução sexual, absorvendo-a e transformando-a num produto vendável e confiável. A violência, criminal e revolucionária, tornou-se o padrão na indústria do entretenimento. O sistema capitalista mostrou uma capacidade imensa de absorver a punição sem ser derrubado. Tal como um saco de pancadas, que por mais que se soque ele sempre volta, não necessariamente com o mesmo formato, mas sempre com o mesmo recheio.

Ainda assim, a palavra escolhida por Marcuse, "contenção", faz um prejulgamento do caso. Contenção envolve também pluralismo. As sociedades democráticas liberais dão abrigo a muitos atores que são contra o amor pelo ganho. Para Marcuse (e para os marxistas

QUANTO É SUFICIENTE?

mais intransigentes), os governos social-democratas e os sindicatos fazem parte de um mesmo sistema repressivo que deveria ser negado *in toto*. De maneira similar, Marcuse não oferece mais nada que tenha o mesmo peso das diferenças qualitativas entre fascismo e democracia, e a escalada de seus respectivos horrores. A ênfase exagerada no "desejo de morrer" sem dúvida é influenciada pelo Holocausto nazista e a ameaça de um holocausto nuclear. As passagens mais irônicas sobre a "consciência feliz" falam em abrigos nucleares atapetados e equipados com todo o lixo da sociedade de consumo.

O erro básico de Marcuse é o mesmo dos demais utopistas: ele fecha os olhos para a realidade evidente do "pecado original". É o que lhe permite enxergar todos os males que servem ao sexo – ciúme, pornografia, sadismo e outros – como produtos da repressão capitalista. Afaste a repressão e o sexo voltaria automaticamente à condição de inocência infantil. Era uma filosofia simples que o próprio Freud jamais abraçou. O desejo sexual é indissociável em sua origem do poder e da vulnerabilidade, o que significa que sua regulação não é um fenômeno transitório, mas uma condição básica de qualquer existência civilizada.

Marcuse desconsiderou a profundidade não só da luxúria, como da ganância. Como outros marxistas, pensou que a multiplicação dos desejos nos foi imposta por um aparato produtivo maligno. Bastaria nos libertarmos desse aparato para que nossos desejos voltassem ao nível "natural". Ele só não percebeu que os desejos se multiplicariam por conta própria se não fossem contidos pela disciplina moral. O hedonismo da década de 1960 evoluiu naturalmente para o consumismo da década de 1980.

O capitalismo, já dissemos, tem fundamentos no pacto faustiano. Os demônios da ganância e da usura corriam com rédea solta, porque se entendia que, quando a humanidade se livrasse da pobreza, eles sairiam de cena. A isso se seguiria o paraíso da abundância, onde todos os homens seriam livres para viver como viviam alguns poucos felizes. Há outras versões do mito em Marx, Mill, Marcuse e outros. As épocas e os mecanismos variam, mas todos concordam que, mais cedo ou mais tarde, de uma maneira ou de outra, a felicidade chegará. Para que, então, tanto trabalho, tanta miséria e deformação do sentimento? O capitalismo precisava dessas visões radiantes; sem elas, as humilhações seriam intoleráveis.

Entretanto, como nos contos de fada, o Demônio só promete da boca para fora. É verdade que estamos mais ricos que nunca e também é verdade que trabalhamos menos horas, mesmo que não tanto quanto previu Keynes. Mas a abundância não chegou. A busca incansável de vantagens materiais – o "desprezar, reprimir, chutar e pisar no outro" de Mill – continuará entre nós ainda por muito tempo. Não se vê o fim do túnel das necessidades financeiras que nos levará à felicidade econômica.

O erro de Keynes, sugerimos no Capítulo 1, foi assumir que os desejos materiais são naturalmente finitos. Por essa razão, e só por isso, ele tolerou o espetáculo das extravagâncias; ele acreditou que um dia os desejos se dariam por satisfeitos e nos deixariam em paz para buscar as "coisas superiores". Hoje sabemos que não. Sabemos, por experiência, que os desejos materiais desconhecem os limites naturais e se expandirão infinitamente se não forem conscientemente refreados. O capitalismo se apoia sobre a infinita expansão dos desejos. E é por isso que, apesar do sucesso, ninguém consegue amá-lo. O capitalismo nos deu riquezas além da medida, mas afastou delas o seu principal benefício: a consciência de ter o suficiente.

Os pensadores do mundo pré-moderno não tinham essa ilusão. Tal como Keynes, eles viam a ganância com um fim inerente, um objetivo, mas, diferentemente de Keynes, não a viam puxar o freio quando a meta fosse atingida. Sabiam que o impulso acumulativo sempre tende ao excesso, que para mantê-lo sob controle é preciso ter força de vontade. Não pensaram em libertá-lo das restrições morais porque não conheciam nenhuma "dialética" que o voltasse para um bom efeito. A sabedoria antiga era unânime nesse ponto. Até Epicuro, o arqui-hedonista, pensou que a melhor maneira de alcançar o prazer era reprimir desejos desnecessários, como o de obter riquezas. Esse é um conselho ignorado pelos hedonistas modernos, herdeiros do culto ao excesso romano.

A economia pré-iluminista costuma ser desprezada como um misto de fanatismo e ignorância. Mas o fato de a era moderna não ter aproveitado melhor suas promessas utópicas a envolve numa luz mais suave. O capitalismo, agora está claro, não tende espontaneamente a evoluir para algo mais nobre. Se deixado à vontade, a máquina da geração do desejo continuará trepidando, interminavelmente e inutilmente. Revisitemos, então, essas personagens pós-modernas quase esquecidas, que talvez tenham a solução para os nossos apuros contemporâneos.

3. Os usos das riquezas

"Quem é rico? Quem nada deseja. Quem é pobre? O miserável."

Ausonius

Antes de o projeto faustiano alçar voo, o pensamento sobre a riqueza era governado pela ideia de limites. A localização exata desses limites é variável, mas ninguém jamais duvidou de que eles existam. Virgílio, Maquiavel e São Francisco concordavam quanto a isso, apesar das divergências. E, como veremos adiante, o mesmo acontece com autores de lugares tão distantes quanto Índia e China.

Aristóteles é considerado a origem clássica do pensamento econômico pré-moderno por duas razões. A primeira é que, diferentemente de Platão, seu antecessor mais radical, ele não precisou apelar para o ideal social extraído da razão pura. Apenas organizou opiniões de seus contemporâneos e as reuniu em um sistema. Joseph Schumpeter descreve esses escritos econômicos como um "senso comum decente, banal, um tanto medíocre e pouco mais que levemente pomposo"; é uma caricatura, embora não chegue a ser uma distorção completa.[1]

QUANTO É SUFICIENTE?

Em segundo lugar, e também relacionado a isso, Aristóteles foi a influência dominante nas teorizações econômicas do século XII ao século XVII. Criou um arcabouço de ideias que perdurou, com várias modificações, até ser substituído pela estrutura igualmente imponente de Adam Smith.

Não há dúvida de que "Os escritos de Aristóteles sobre economia" são um anacronismo. Aristóteles não conhecia nada que se assemelhasse à economia. Conhecia *oikonomike*, que deu origem à palavra "economia", mas era a arte de administrar a casa e incluía, por exemplo, viticultura e punição de escravos. O que hoje conhecemos sobre a economia de Aristóteles foi extraído de duas seções da sua *Política* e da *Ética a Nicômaco*, que tratam, respectivamente, da aquisição e da troca. O enfoque dessas discussões é, sobretudo, ético e político; o comércio se apresenta como um aspecto da nossa vida em comum e está subordinado, como todos os outros aspectos, à justiça e às suas irmãs, as virtudes. Não existe economia para Aristóteles porque não havia nada que se assemelhasse à *economia* – uma esfera social distinta com leis de movimento autônomas.

Não nos surpreende que Aristóteles fosse inocente em relação ao "econômico" como categoria. A Atenas do século IV a.C. era uma sociedade predominantemente agrícola. A unidade básica de produção era a casa da família, que consistia em um chefe, sua família e seus dependentes, os escravos e um ocasional auxílio contratado. As moradias eram, em sua maioria, autossuficientes. A produção destinada à troca era pequena e limitava-se a um determinado tipo de produto. Usava-se dinheiro, mas havia pouco capital ou crédito. Os proprietários de moedas simplesmente as enterravam no chão. Em uma sociedade desse tipo, negociar e emprestar eram atos naturalmente entendidos em termos pessoais, como situações de conduta amigável ou não amigável. Desconhecia-se a motivação especificamente comercial, mas era considerada uma anomalia

OS USOS DAS RIQUEZAS

sinistra, e não uma parte normal da ação social. A perspectiva ética abrangia tudo.*

O primeiro princípio do pensamento ético de Aristóteles é que o homem, como as demais espécies, tem um *telos,* um estado de satisfação, de completamento. Aristóteles identifica esse *telos* com a vida boa, *euzēn,* porque é a única coisa sobre a qual não faz sentido perguntar: "Para que serve?" A vida não tem nenhum outro objetivo senão a própria perfeição; sacrificar essa perfeição por um objeto distante – pela revolução, por exemplo, ou pelo sucesso de uma marca – é tolice, ou ainda pior. Mas não é desculpa para se acomodar. O mendigo da canção que sonha com um mundo em que as galinhas põem ovos cozidos e o álcool jorra das pedras não aspira a uma vida boa no sentido aristotélico. A vida boa não é simplesmente aquela em que os desejos foram satisfeitos; é a que aponta para o *objeto* adequado do desejo. O desejo deve ser cultivado, voltado para o que é verdadeiramente desejável. A educação moral é uma educação dos sentimentos.

Hoje, com o debate ético dominado pelos defensores do dever de um lado e da expressão da própria subjetividade de outro, a ideia de vida boa de Aristóteles tem poucos defensores. Para os partidários do dever, parece autocentrada e presunçosa. "Não tenho obrigação de levar uma vida boa", diria o ativista ambiental, "e sim de salvar o planeta." E para os partidários da expressão individual, é paternalista ao extremo, para não dizer sem sentido. Certamente a "vida boa" deve ser buscada por cada pessoa, de acordo com os próprios gostos e convicções. "Eu fiz do meu jeito", canta Frank Sinatra em "My Way", e nós aplaudimos. Esses dois princípios, dever e expressão subjetiva, moldaram a moral moderna, um deles governando os

---

* É uma interpretação polêmica. Estamos seguindo aqui a escola "primitivista", para a qual há um abismo intransponível entre a antiga economia e o capitalismo moderno. Veja Scott Meikle, *Aristotle's Economic Thought,* 1995, trabalho que muito nos ajudou.

QUANTO É SUFICIENTE?

nossos relacionamentos, o outro, as nossas explorações particulares. Não sobrou nenhum espaço para a vida boa.

No mundo antigo, por outro lado, no próprio centro do debate ético estava a pergunta de como viver o melhor possível. As respostas iam do ativismo político de Péricles ao quietismo filosófico de Epicuro e seus seguidores. A contribuição de Aristóteles ao debate é tipicamente conciliatória – uma vida repleta de prazeres, "que encanta por sua pureza e estabilidade".[2] (Aristóteles desconhecia a moderna filosofia acadêmica.) A nós interessa, porém, não tanto os detalhes desse debate quanto dois pressupostos compartilhados por todos os participantes. São eles: a) o estilo de vida de uns *é* melhor que de outros, independentemente de gostos e convicções; e b) o melhor estilo de vida é o lazer. O trabalho, para os gregos antigos, era estritamente um meio para se chegar a um fim, portanto, não era nem mesmo um concorrente ao título de vida boa. Só as atividades sem qualquer propósito extrínseco – sobretudo a filosofia e a política, ambas concebidas de maneira não instrumental – poderiam entrar nessa lista restrita. Essas atitudes deixariam um longo legado, como veremos a seguir.

A vida boa, Aristóteles argumenta, requer não apenas as várias qualidades de caráter e intelecto (coragem, moderação, generosidade, sabedoria e outros), mas os "recursos externos" necessários para que essas qualidades se materializem. "Nenhum homem pode viver bem, ou mesmo viver, a menos que tenha o que for necessário."[3] Aristóteles está pensando em coisas como terra para cultivar, escravos para trabalhar, casa para morar, roupas, móveis e outros – os valores de uso para os marxistas. A natureza e a quantidade desses valores de uso dependem do tipo de vida que irão prover. A vida política necessita mais, a vida filosófica necessita menos. Mas, diriam os mais austeros seguidores de Sócrates, nenhuma versão de vida boa pode dispensá-los inteiramente; e nenhuma de suas versões, austera ou luxuosa, implica um limite apropriado para que sejam obtidos. As

OS USOS DAS RIQUEZAS

pessoas precisam de tantos casacos, camas, casas etc.; acumular além desse ponto, como Imelda Marcos e seus 2.700 pares de sapatos, é pura loucura. A pessoa justa e equilibrada acumula só o necessário para levar uma vida boa, e então para de acumular.

Paralelamente aos valores de uso, as posses têm outro tipo de valor, o valor de troca, ou a capacidade que possuem de serem trocadas. A relação entre valor de uso e valor de troca – como passaremos a usar, novamente seguindo Marx – provoca muita dor de cabeça em Aristóteles.* Os valores de uso são heterogêneos e incomensuráveis. Uma cama e um porco contribuem para a vida boa de várias maneiras: uma serve para dormir, o outro, para comer. Uma cama pode ser melhor que outra, mas não faz sentido dizer que a cama é melhor que um porco, e menos ainda que seja cinco vezes melhor. Por outro lado, se trocarmos a cama pelo porco ou se atribuirmos valores aos dois em termos monetários, só estaremos propondo uma medida comum. Essa transformação do "desigual" em "igual" é um mistério que Aristóteles jamais conseguiu desvendar e, na verdade, nem poderia fazê-lo, dadas as suas premissas. A troca permanece um escândalo metafísico, uma violação da singularidade qualitativa das coisas. Pensadores que vieram depois sentiram inquietação similar. O sociólogo alemão Georg Simmel lamentou que "os valores concretos da vida se reduzissem ao valor mediador do dinheiro".[4] Keynes também foi um aristotélico autêntico na sua preferência por "lojas que sejam lojas reais e não meramente sucursais da tábua de multiplicação".[5]

Aristóteles não é tão radical a ponto de condenar abertamente a troca por sua impropriedade metafísica. Ele aceita o que chama de a "arte natural de obter riqueza" – a arte de abastecer o lar e o estado com as coisas boas da vida. Os problemas surgem, porém, quando essa busca natural por riquezas confunde-se com a outra, a

---

* Não por acidente a terminologia de Marx se adapta tanto às considerações de Aristóteles. Marx foi profundamente influenciado por ele.

não natural. O dinheiro é a serpente no Jardim do Éden, pois sugere a possibilidade, desconhecida pela troca, de comprar não para usar, mas para vender por *mais*. Original e adequadamente um meio de troca, o dinheiro logo se torna um fim em si mesmo, com os valores de uso reduzidos a meios. Casas, terras e utensílios são despojados de suas verdadeiras funções e convertidos em inúmeros repositórios indiferentes de valores monetários. Essa inversão dos meios em fins e dos fins em meios tem seu ponto máximo na usura, "que obtém lucro do próprio dinheiro, e não do seu objeto natural".[6]

Dois aspectos desse processo incomodavam particularmente Aristóteles. O primeiro é o poder de subordinar o fim específico de cada atividade humana ao fim secundário de ganhar dinheiro. "Alguns homens transformam toda qualidade e toda arte em meios de enriquecer."[7] Os resultados dessa corrupção são evidentes em toda parte: os médicos só pensam nos seus honorários; os soldados só lutam por pagamento; os sofistas ganham vendendo sabedoria. O artesanato também sofre. Aristóteles destaca a "faca de Delfos", que tanto pode cortar quanto martelar, mas não faz bem nem uma coisa nem outra. O que Aristóteles quer dizer é que, quando se faz uma coisa visando principalmente ao lucro, corre-se o risco de fazê-la mal ou tão mal quanto é possível para não perder o cliente. Se o negócio da General Motors fosse fazer dinheiro e não carros, observou certa vez seu presidente Thomas Murphy, quem gostasse mesmo de carros deveria comprá-los em outro lugar.

A segunda preocupação de Aristóteles é com a insaciabilidade. Os valores de uso têm, como se vê, um fim controlador: a vida boa. Buscá-los além desse ponto é bobagem. O dinheiro, por outro lado, não tem fim controlador. Como um instrumento novo, que serve para qualquer coisa, seus usos serão tão diversos quanto a própria vontade humana e igualmente ilimitados. Se há uma boa razão para progredir de mil para 10 mil libras, haverá também uma boa razão para progredir de 10 mil para 100 mil libras. É claro que os bens

OS USOS DAS RIQUEZAS

concretos também podem ser acumulados infinitamente, mas é também um comportamento claramente irracional (veja a Sra. Marcos) ou um sinal de que os bens em questão estão sendo tratados como depósitos de valor monetário. O dinheiro é a única coisa que nunca é suficiente simplesmente porque, no caso, o conceito de "suficiente" não tem nenhuma aplicação lógica. Existem saúde e felicidade perfeitas, mas não existe riqueza perfeita.

As preocupações de Aristóteles com a insaciabilidade eram comuns na Grécia antiga. "Nenhum limite para a riqueza foi estabelecido pelo homem", disse o poeta e legislador Sólon. O lendário rei Midas tinha o poder de transformar em ouro tudo o que tocava e acabou morrendo de fome em meio ao luxo – uma imagem chocante do valor de uso sacrificado pelo valor de troca. A peça de Aristófanes *Um deus chamado dinheiro* trata de maneira espirituosa o mesmo tema. "Ninguém jamais se farta de ti", diz Cremilus a Plutão, o deus do dinheiro.

> Qualquer outra coisa se pode ter a mais – por exemplo, amor, pão, cultura, frutas secas, honra, doces, valor, figos, ambição, pão de cevada, poder ou sopa. Mas ninguém jamais terá o suficiente de ti. Se um homem tem 8 mil dracmas, ele quererá 100 mil; e se tiver 100 mil, dirá que não vale a pena viver se não tiver um quarto de milhão.[8]

Desconfiar do ilimitado e do infinito era uma característica do antigo pensamento grego, incluídas aí a matemática e a astronomia. Aristóteles afirmava que as estrelas, como corpos perfeitos, tinham que seguir um movimento circular, finito. Pitágoras odiava tanto os números irracionais que, segundo dizem, assassinou suas pobres descobertas. Os gregos ainda teriam que conhecer os prazeres das infinitas tarefas e dos ilimitados anseios, dos quais o capitalismo moderno é uma impressionante manifestação. Os gregos eram um povo "não faustiano" por excelência.

QUANTO É SUFICIENTE?

Todos os filósofos gregos da Antiguidade partilharam a insistência de Aristóteles em limitar os desejos às necessidades, embora as interpretações dessas necessidades variassem muito. Num dos extremos estava Diógenes de Sinope, um Cínico do século IV a.C., que vivia em um barril e se desfez de sua única cuia ao ver uma criança bebendo água com as mãos em concha. (Quando Alexandre, o Grande, perguntou a Diógenes o que poderia fazer para ajudá-lo, ele respondeu: "Afaste-se da minha luz do sol.") Epicuro, contemporâneo de Diógenes, era um asceta mais moderado. Vegetariano e abstêmio, e não o "epicurista" da lenda popular, ensinava que o prazer não está somente na satisfação do desejo, mas em reduzir o desejo ao mínimo indispensável. Seus seguidores se reuniam em campos floridos, distante do burburinho dos mercados, e ali passavam o tempo conversando e aprendendo.

O desprezo filosófico pela riqueza migrou da Grécia Antiga para Roma, e ali se fundiu com a tradição republicana de austeridade mencionada no capítulo anterior. Denúncias de *avaritia* (avareza) e *luxuria* (luxo) passaram a fazer parte do arsenal da sátira juntamente com os excessos sexuais. "Nem o calor escaldante, o inverno, o fogo, o mar ou a espada, nada o afastará do ganho", Horácio diz ao avarento. "Nada o fará parar, até que homem nenhum seja tão rico quanto és."[9] Os filósofos romanos de todas as escolas exaltaram a *parcimônia*, o comedimento; enquanto isso, o não filosófico era controlado por leis suntuárias. O modelo de governo era dietético: assim como aprendemos a parar de comer quando estamos saciados, temos que aprender, individual e coletivamente, a parar de acumular quando tivermos o suficiente.

O que fariam Aristóteles e outros filósofos da Antiguidade com os nossos dilemas modernos? Casos individuais de usura e extravagância não os surpreenderiam; o mundo antigo também tinha seus Midas e seus Cresos. Também não os surpreenderia a dinâmica da criação do desejo que vimos no Capítulo 1; isso também existia no mundo

OS USOS DAS RIQUEZAS

antigo, embora em menor escala. Mas ficariam atônitos se soubessem que vemos essas coisas não como vis deformações, mas como uma parte normal e indispensável do mecanismo social, e até como um sinal de vitalidade. Aristóteles só conhecia a insaciabilidade tal e qual um vício pessoal; ele não fazia ideia da insaciabilidade coletiva, politicamente orquestrada, a que chamamos de crescimento. A civilização do *toujours plus*, como o filósofo francês Bertrand de Jouvenel denominou, o teria surpreendido do mesmo modo que uma loucura moral e política.

Atitudes econômicas na Europa e na Ásia

Costumava-se desprezar Aristóteles, com alguma razão, por considerá-lo um ideólogo da oligarquia escravocrata. Sua visão de uma vida boa tem muito a ver com a época e o lugar onde ele vivia. Não tem espaço para os prazeres da natureza, a solidão, a criação artística e o êxtase religioso que o cristianismo e o romantismo nos ensinaram a apreciar. E, é claro, era reservada aos nobres: mulheres, bárbaros e escravos eram excluídos. Por que essa apologia à ordem social na Atenas do século IV a.C. teria qualquer interesse para nós?

As críticas a Aristóteles são todas boas, mas deixam de lado o que há de mais profundo e duradouro em seu pensamento. A sua visão de uma vida boa é um tanto provinciana, mas pressupor que a vida boa *exista* e que o dinheiro é meramente um meio para alcançá-la foi compartilhado por todas as grandes civilizações, exceto a nossa. Ao articular esse pressuposto rigorosamente, Aristóteles criou uma estrutura intelectual adaptável a ideais éticos muito diferentes. Seguidores do judaísmo, do cristianismo e do islã, todos podem usar essa estrutura; outros paralelos também são encontrados em civilizações tão distantes do Ocidente como a Índia e a China. Em face de uma concordância tão maciça, é a nossa devoção à acumulação

QUANTO É SUFICIENTE?

como um fim em si mesma que se apresenta como anomalia, como algo que precisa ser explicado.

A chegada do cristianismo assinalou uma mudança, não uma revolução, nas atitudes econômicas. O apelo de Cristo para considerarmos os lírios do campo poderia ser facilmente assimilado pelas clássicas denúncias de avareza e luxo. Os cristãos diferiam de seus antepassados pagãos somente na medida em que viam a rejeição ao mundo como um projeto coletivo, não como expressão de independência pessoal. *Agapē*, o amor fraternal, substituiu a *autarquia*, a autossuficiência, como motivo para a renúncia. Os cristãos também tinham um carinho especial pelos pobres, os "herdeiros da terra", e um desprezo quase ritualístico pelo dinheiro, pelo lucro sujo.[10] Afinal, foi por dinheiro que Cristo foi traído por Judas. Mas esse anticomercialismo se encaixa perfeitamente dentro do âmbito normal do sentimento clássico e judaico. A verdadeira novidade do cristianismo é outra.

Sua dívida com o passado clássico em nenhum outro lugar é tão evidente como no famoso dualismo *vita activa* e *vita contemplativa*: vida ativa e vida contemplativa. O contraste entre esses dois ideais era, como vimos, o ponto central do antigo debate, mas foi o cristianismo medieval que o definiu com precisão tipológica. Passou-se a dar preferência à *vida contemplativa*, identificada com o monasticismo, enquanto a *vita activa*, mais mundana, caiu automaticamente para segundo plano. O trabalho, enquanto isso, permanecia na esfera do "terceiro estamento" servil. A Idade Média herda, então, os dois pressupostos clássicos acima descritos, ou seja, que um determinado jeito de viver é bom em si mesmo, e que não é o do trabalho. Diferia do mundo antigo apenas na certeza dogmática do que é realmente a vida boa.

Essas similitudes entre a Antiguidade e o mundo medieval garantiram que os trabalhos de Aristóteles, quando retornaram à Europa pela Espanha muçulmana no início do século XIII, encontrassem mentes prontas para recebê-los. "O desejo por coisas materiais é na-

OS USOS DAS RIQUEZAS

tural ao homem quando é conducente a um fim", diz uma passagem intrinsecamente aristotélica da *Suma teológica* de Santo Tomás de Aquino. "Portanto, é livre de culpa até o ponto em que está confinado às normas estabelecidas pela natureza desse fim. A avareza extrapola esses limites, portanto, é pecado."[11] Desnecessário dizer que o Dr. Angélico tinha uma concepção de "fim" que era muito diferente da de Aristóteles, por isso precisou de outra concepção de bens (mais modesta) para sustentá-la. Mas, estruturalmente falando, as duas concepções são idênticas. Ambas concordam que o *telos* da vida humana impõe limites à busca da riqueza e reconhecem forças poderosas na natureza humana que tendem a ultrapassar esses limites.

Foi, sobretudo, a condenação aristotélica da usura que sequestrou a mentalidade medieval. No centro de seu argumento há um jogo de palavras: o juro (*tokos*) é assim chamado por ser uma cria (*tokos*) do dinheiro. Mas como o dinheiro é, por natureza, estéril, é detestável e não natural obrigá-lo a procriar. Essa visão do juro como uma cria monstruosa provou ser irresistível à imaginação teológica. "Repetidamente, pela mais vil e ardilosa usura, o ouro brota do próprio ouro", diz uma típica passagem do direito canônico de Graciano, do século XII. "A satisfação jamais estará presente; não existe fim para a ganância."[12] Como uma perversão do instinto de procriação, a usura sempre veio acoplada à sodomia. Dante reuniu pecadores de ambos os tipos no sétimo círculo de seu inferno. Enquanto isso, figuras representando a avareza e a usura – homens sombrios, recurvados, agarrados às suas bolsas de dinheiro, sempre com narizes aduncos, às vezes defecando moedas – se espalham por manuscritos e catedrais de toda a Europa. Tudo era muito grotesco, evidentemente, mas com um fundo de verdade. Em todas as épocas, artistas e escritores compararam a produtividade artificial do dinheiro com a fertilidade natural do útero. É poeticamente pertinente que Midas, na lendária versão de Nathaniel Hawthore, transforme sua própria filha em ouro. Doravante, sua única "cria" será o dinheiro.

QUANTO É SUFICIENTE?

Retórica à parte, a tendência básica do cristianismo no fim da Idade Média era reconciliar-se com o comércio. A Igreja não conseguiu reprimir a primeira grande expansão capitalista. As doutrinas da usura e do preço justo aos poucos foram se tornando mais amenas e diluídas, até finalmente caírem em desuso. Mas, diferentemente do protestantismo, a Igreja Católica jamais abandonou o projeto de subordinar a atividade econômica a um propósito maior. Max Weber escreve: "Nunca foi totalmente superada a sensação de que a atividade dirigida à aquisição em si estivesse na base de um *pudendum* que tinha que ser tolerado só por causa das necessidades inalteráveis da vida neste mundo."[13] Uma ordem econômica subserviente aos fins humanos – em que as riquezas existem para o homem, e não o homem para as riquezas, segundo Santo Antonino de Florença – continua sendo objetivo da economia católica até hoje.

Não se conhece nenhuma discussão puramente secular sobre a vida boa na antiga Índia, cultura onde as questões éticas não eram claramente distintas dos rituais e das questões religiosas.* Entretanto, um conjunto de atitudes referentes à riqueza e ao comércio surge nos Dharmasutras, os antigos códigos de leis do bramanismo – atitudes não diferentes daquelas encontradas em Aristóteles e nos escolásticos. Os Dharmasutras falam em três objetivos de vida: *dharma* (lei e correção), *artha* (riqueza) e *kama* (prazer). Os três são bons, mas não da mesma maneira: o *dharma* tem prevalência sobre o *artha*, e o *artha* sobre o *kama*. Severas penitências são impostas ao homem "que, quando a Lei (*dharma*) e o lucro (*artha*) entram em conflito, escolhe o lucro". Quase tão ruim é explorar o *dharma* para se ter *artha*.

Não permita que ele cumpra as Leis em troca de benefícios mundanos,

---

* A antiga Índia não carecia de uma vida intelectual secular, como nos lembrou recentemente Amartya Sen (*The Argumentative Indian*, 2005). Havia importantes descobertas em matemática, astronomia, metafísica e lógica, bem como tratados de administração escritos do ponto de vista secular. Por outro lado, o pensamento ético, diferentemente do pensamento teórico e político, continua fortemente entrelaçado ao mito e ao ritual.

o texto continua,

> as Leis não frutificarão na época da colheita. Assim é. Um homem planta uma mangueira para dar frutos, e, além dos frutos, recebe sombra e fragrância. Da mesma maneira, o homem que segue a Lei recebe também outros benefícios. Mesmo que não os receba, ao menos nenhum prejuízo é causado à Lei.[14]

Isso nos faz lembrar o desprezo de Aristóteles por homens que "transformam toda qualidade ou arte em meios de obter riqueza". Como Aristóteles, os dharmasutras fazem questão de proteger a integridade dos fins superiores contra o poder relativizador do dinheiro – a capacidade de tornar tudo negociável com tudo.

Essa concepção de uma hierarquia dos fins, com a riqueza em posição subordinada, também está implícita na estrutura de casta da antiga Índia. Os dharmasutras enumeram quatro castas em ordem de precedência: a primeira são os brâmanes ou sacerdotes; depois vêm os *kshitritas*, guerreiros e reis; em seguida, os *vaishyas*, fazendeiros e mercadores; e por fim, os *sudhras*, operários e artesãos. É discutível se essa hierarquia correspondia exatamente à realidade social, mas, como ideal de autoimagem da tradicional civilização hindu, sempre exerceu uma influência normativa importante.

O sistema de castas indiano incorpora uma visão social muito similar às três classes da Europa medieval. Em ambos os casos, as classes seguem uma ordem classificatória, com os sacerdotes em primeiro lugar, os guerreiros em segundo e os trabalhadores em terceiro. A principal diferença entre os dois sistemas é a posição ocupada pelos mercadores: na Índia, eles vêm antes dos camponeses; na Europa, não têm status determinado.[15] Mas há uma concordância perfeita quanto à inferioridade do trabalho *em geral* se comparada à contemplação religiosa e também à ação política. Os brâmanes têm permissão para plantar e vender, mas só em épocas de necessidade,

QUANTO É SUFICIENTE?

e são totalmente proibidos de emprestar dinheiro a juros.* Eles se sustentam ministrando ensinamentos e celebrando sacrifícios, ou sendo eremitas e ascetas errantes. Mas esse é o ideal; na prática, o monopólio do poder ritual permitiu que os brâmanes, assim como suas contrapartidas monásticas na Europa, ficassem imensamente ricos. Mas um ideal negligenciado não é absolutamente ideal. A presença, no vértice do sistema de casta, de uma classe contemplativa e teoricamente ascética evitou o surgimento de uma visão de mundo explicitamente comercial ao longo das linhas ocidentais. O dinheiro jamais poderia ser o supremo árbitro do valor na Índia, por mais que pesasse na prática.

Por fim, os dharmasutras repercutem a velha preocupação ocidental com a insaciabilidade. O desejo de enriquecer é tão resistente quanto o próprio desejo de viver, e tão inútil quanto:

> Quando o homem envelhece, seus cabelos e seus dentes exibem os sinais da idade. A ânsia de viver e de obter riquezas, porém, não exibe as marcas do tempo, mesmo que o homem envelheça. Ansiedade! Os tolos acham difícil jogar a toalha. Isso não diminui com a idade. É uma doença para a vida toda. O homem livre de desejos encontra a felicidade.[16]

Aqui termina o paralelo entre Oriente e Ocidente. Para a tradição ocidental, a avareza é uma perversão, a má condução do desejo; para os brâmanes, é a expressão da escravidão inerente ao próprio desejo. Portanto, enquanto Aristóteles e Aquino nos aconselham a proporcionar o desejo de acordo com o objeto, as escrituras hindus nos incitam a extingui-lo. "Aquele que não tem desejo, que está livre de desejo [...] busca Brahma."[17] Esse ideal, que conhecemos sob a palavra budista *nirvana*, tem alguma semelhança com o conceito

---

* Os dharmasutras se dividem quanto à questão dos juros. Os dharmasutras de Apastamba, Baudhayana e Vasistha os proíbem. Os de Gautama permitem.

OS USOS DAS RIQUEZAS

estoico de *apatheia*, ou tranquilidade; fora esse, não há nenhum outro paralelo no Ocidente.

Índia e China sempre se apresentaram, aos preguiçosos olhares europeus, como sustentáculos de uma "sabedoria oriental" comum. Na realidade, as duas civilizações eram quase tão desconhecidas entre si quanto eram do Ocidente. A alta cultura da antiga China, bem como a da Grécia e de Roma, e diferentemente da Índia bramânica, era unificada e mundana. Capaz, portanto, de produzir algo semelhante a uma "ética" no sentido ocidental – uma investigação racional do bem-estar humano. Mas os pensadores chineses diferiam de suas contrapartidas ocidentais *e* indianas na indiferença nutrida pela lógica. Os epigramas, fragmentários e poéticos, eram seu modo de expressão preferido. Eles não tinham paciência para longas e envolventes cadeias de raciocínio, tão apreciadas por metafísicos escolásticos e indianos.[18]

A China também era diferente do Ocidente e da Índia por não ter um impulso ascético – na verdade, desconfiava muito dele. Nesse caso não havia nenhum estigma atrelado ao comércio e à usura, nenhum desprezo religioso pela busca de riquezas. Pelo contrário, o dinheiro era (aos nossos olhos residualmente cristãos) cultuado sem vergonha alguma. Esse abismo entre as duas atitudes é palpável ainda hoje. As lojas e restaurantes na China são decorados com imagens do deus da riqueza e da alegria, um Buda risonho e barrigudo, muito diferente do seu austero protótipo indiano. O dinheiro é oferecido como presente às crianças em vistosos envelopes vermelhos que são pendurados em santuários e imagens. Mais estranho ainda, do ponto de vista ocidental, é o hábito chinês de queimar o "espírito do dinheiro" para que as almas que estão no paraíso possam usá-lo. Tenha certeza de que nenhum lucro sujo troca de mãos na paradisíaca Jerusalém.

Apesar da sua plutomania, a antiga China não era uma civilização que acumulava por acumular. Aqui também, a busca de riquezas, embora menos explícita que na Europa e na Índia, era subordinada aos fins ideais. Para os literatos confucianos, a riqueza era um meio para a educação e o serviço público; para os taoistas, de inclinação mais filosófica, comprava lazer para cultivar a experiência.* Os dois ideais correspondem grosseiramente aos ocidentais *vita activa* e *vita contemplativa*, não como rivais hierárquicos, mas pertencentes a esferas de vida independentes e complementares. "No trabalho, um confuciano, na aposentadoria, um taoista", diz o ditado chinês. A contradição lógica é então transformada em harmonia estética, uma solução tipicamente chinesa.

O ideal de Confúcio era o oficial erudito. O "cavalheiro", como o termo costuma ser traduzido, estudava caligrafia, música, poesia e, sobretudo, *li,* as regras da propriedade ritual, de modo a poder servir ao Estado com integridade e sabedoria. Sua meta é cultura geral, e não expertise técnica. "Um cavalheiro", diz a famosa frase de Confúcio, "não é um instrumento."[19] O ideal confuciano de dile-tantismo erudito consagrou-se mais tarde no exame imperial, o único meio de ingressar no serviço público, de 605 a 1905. Esse monumento ao centralismo burocrático garantiu que, ao longo de mil anos, os altos postos do Estado fossem ocupados por homens impregnados de poesia e filosofia antiga e pouco além disso – fator importante para o colapso da China nos anos finais da dinastia Qing.

A formação do oficial erudito confuciano não era uma tarefa simples. Eram necessárias décadas para memorizar os clássicos e dominar as complexidades dos ensaios "de oito pernas", e mesmo assim poucos conseguiam. Entretanto, ter um filho aprovado nesse exame era o sonho de toda família de aristocratas e comerciantes, porque o serviço público era considerado incomensuravelmente superior a qualquer outra situação privada, por melhor que fosse a remuneração. "As dez mil carreiras são todas triviais, somente o

---

* O budismo costuma ser classificado como o terceiro ensinamento tradicional da China, mas, em termos de influência cultural, equipara-se ao taoismo.

OS USOS DAS RIQUEZAS

estudo é superior", diz um conhecido provérbio. Eis novamente a noção, já encontrada no Ocidente e na Índia, de um abismo qualitativo entre estilos de vida "superior" e "inferior", abismo que não há dinheiro que consiga transpor. Não é preciso dizer que, na verdade, o serviço público era menos procurado por seu brilho intrínseco do que pelas oportunidades de corrupção, enquanto a educação nada mais era que uma despesa tediosa. Mesmo assim, o *ideal* do oficial erudito e desinteressado ganhou brilho perpétuo, impedindo que os valores comerciais jamais dominassem inteiramente a sociedade chinesa.

Quando um mandarim era destituído de seu posto, o que acontecia com frequência, ele buscava consolo na tradição taoista alternativa. Se o confucionismo era sóbrio e realista, o taoismo era poético e idealista. Diz um verso do poeta Li Bai: "Ah, esta vida incerta, como um sonho. É rara a verdadeira felicidade!"[20] O sentimento taoista não é trágico, mas melancólico, porque, se nada perdura, os momentos belos podem ser resgatados. Saborear esses bons momentos é a arte de viver taoista. Esse espírito está presente nos "trinta e três instantes felizes" registrados pelo crítico Jin Shengtan, que se retirou por alguns dias, com um amigo, em um templo. Eis cinco deles:

> Sem ter o que fazer após a refeição, vou revirar uns velhos baús. Encontro dezenas, centenas de confissões de dívida de pessoas que pegaram dinheiro emprestado da minha família. Algumas estão mortas, outras ainda vivem, mas, em ambos os casos, não há nenhuma esperança de que o dinheiro seja devolvido. Sem que outros saibam, faço uma pilha de papéis e acendo o fogo; olho para o alto e vejo o último traço de fumaça desaparecer. Ah, isso não é felicidade?
>
> Acordo pela manhã e ouço alguém suspirar e dizer que na noite anterior uma pessoa morreu. Pergunto quem foi e me dizem que foi o homem mais inescrupuloso, o mais manipulador da cidade. Ah, isso não é felicidade?

Com uma faca afiada corto a melancia verde e suculenta sobre uma travessa escarlate numa tarde de verão. Isso não é felicidade?

Abro a janela e deixo uma vespa sair. Ah, isso não é felicidade?

Vejo que a linha de uma pipa se partiu. Ah, isso não é felicidade?[21]

É uma visão de vida boa bem diferente das que vimos até agora. A lista de Jin não reflete nenhum ideal filosófico ou religioso, nenhum esforço de autoperfeição, de autossacrifício. São somente registros de alguns momentos de felicidade inconsequente – alguns generosos, outros caprichosos e outros simplesmente *schadenfreude* [sentir prazer pela infelicidade alheia]. Levaria ainda duzentos anos para que o romantismo ensinasse aos leitores ocidentais permitir que a mente vagueie a esmo livremente.

As experiências descritas por Jin custam muito pouco ou não custam nada, e por essa razão são encantadoras. Se Jin tivesse escrito sobre as delícias de uma sopa de pata de urso ou de um presunto de carneiro, ele nos impressionaria pelo exotismo. Escrevendo sobre coisas básicas, universais, ele revela sua humanidade. O taoísmo, como o epicurismo, é uma filosofia dos prazeres simples. Seu ideal é o *yinshi*, o eremita, o homem que se afasta da sociedade para escrever e pintar ou simplesmente beber chá com velhos amigos. O *yinshi* não é um asceta. O pescador e pastor estão presentes em suas pinturas, mas em hipótese alguma ele próprio assumiria ocupações tão servis. Na China, como em qualquer outro lugar, a pobreza rústica é para ser meditada, não para ser vivida.

Na antiga literatura chinesa não há nada tão preciso quanto a discussão de Aristóteles sobre os efeitos corruptíveis do dinheiro, mas uma ideia foi expressa anteriormente e com muita propriedade pelo historiador do século I a.C. Sima Qian:

OS USOS DAS RIQUEZAS

O desejo de riqueza não precisa ser aprendido; faz parte da natureza humana. Por conseguinte, se os jovens soldados atacam cidades e escalam muralhas, invadem as linhas inimigas e obrigam o inimigo a recuar [...] é porque são movidos pela perspectiva de ricas recompensas [...] Da mesma maneira, quando as mulheres de Chao e as donzelas de Cheng pintam o rosto e tocam o alaúde, agitam suas longas mangas e arrastam seus chinelos pontudos, convidando com os olhos e acenando com o coração, e sem medir distâncias viajam quilômetros para encontrar um patrocinador, não importa se velho ou jovem, é porque estão atrás de riquezas [...] Se autoridades do governo manipulam frases e deturpam a letra da lei, esculpem selos falsos e forjam documentos, indiferentes às punições mutiladoras da faca e da serra que os aguardam se forem descobertos, é porque se afogaram em propinas e presentes [...] E assim os homens aplicam o seu conhecimento e usam a sua habilidade para acumular dinheiro. Não lhes sobram forças para pensar em distribuir.[22]

Assim como Aristóteles e os dharmasutras, Sima também fica horrorizado com a capacidade que o dinheiro tem de deturpar a ação humana. E, como bom confuciano, incomoda-o ver que o serviço público rendeu-se à prostituição e à guerra. Ao mesmo tempo, ele sabe que não há nada que possa ser feito, pois é assim que o mundo é. Seu tom é de ironia resignada, e não de zelo reformista.

As antigas civilizações da Europa, Índia e China compartilhavam uma visão com bases aristotélicas, embora não viesse de Aristóteles. Viam o comércio adequadamente subordinado à política e à contemplação, e, ao mesmo tempo, reconheciam e temiam sua capacidade de usar essas outras atividades em benefício próprio. O amor ao dinheiro em si era considerado uma aberração. Essa concordância entre culturas tão importantes e independentes dá o que pensar. Em questões que concernem ao bem humano, a opinião geral não pode errar inteiramente. Nós também somos mais aristotélicos do que o nosso pensamento oficial nos permite admitir. Sabemos que, implicitamente, apesar do que dizem os adeptos do crescimento, o dinheiro é, essencialmente, um meio para aproveitar as coisas boas da vida, e não um fim em si mesmo. Afinal, sacrificar a saúde, o amor e o lazer por um simples maço de papel ou por impulsos eletrônicos – o que há de mais estúpido do que *isso*?

O eclipse da vida boa

Apesar de toda a ressonância residual, a ideia de vida boa deixou de fazer parte da discussão pública no mundo ocidental. Os políticos se justificam argumentando em termos de escolha, de eficiência ou de proteção dos direitos. Mas não dizem: "Eu acredito que esta política ajude as pessoas a terem uma vida mais fecunda e civilizada." A discussão privada tende a ir pelo mesmo caminho. Quantos professores não tentaram despertar o interesse de seus alunos para determinadas questões éticas e estéticas e ouviram como resposta, em tom condescendente, que é apenas uma questão de opinião?

O efeito dessa evolução foi libertar o instinto aquisitivo de todos os limites. Se não existe nada parecido com uma vida boa, então adquirir não tem objetivos absolutos, só relativos: ter "tanto quanto" ou "mais que" o outro – um objetivo que, por ser compartilhado com o outro, precisa ficar cada vez mais distante. Imaginemos que, analogamente, dois homens estejam seguindo para um lugar determinado. Eles se perdem no caminho, mas continuam andando, agora com o único objetivo de passar à frente de outros caminhantes. Essa é a nossa situação. Quando os fins intrínsecos não existem mais, restam-nos apenas duas opções: passar à frente ou ficar para trás. Disputar posição é o nosso destino. Se não há onde ficar, melhor que seja na frente.

Como se explica o eclipse da vida boa? No capítulo anterior, acompanhamos a trajetória da ideia segundo a qual os maus motivos

OS USOS DAS RIQUEZAS

podem ser aceitos em nome dos bons resultados. Mas os autores que examinamos – Mandeville, Goethe, Marx, Marcuse e Keynes – não tinham ilusões de que os maus motivos fossem realmente maus. Eles próprios não acreditavam que o justo fosse detestável e que o detestável fosse justo, embora quisessem que acreditássemos nisso. As últimas décadas, entretanto, têm assistido ao sucesso de dois movimentos de pensamento que tendem a erodir a própria linguagem de "justo" e "detestável" – um deles é a moderna teoria liberal; o outro, a economia neoclássica. Entre um e outro, esses dois momentos monopolizaram o discurso público e empurraram as tradições éticas mais antigas para uma posição marginal, contracultural.

Desde a publicação de *A Theory of Justice* (Uma teoria da justiça), de John Rawls, em 1971, os pensadores liberais passaram a insistir na neutralidade pública entre concepções rivais de bem-estar.* O Estado, dizem eles, não deve escolher este ou aquele ponto de vista ético, mas deixar os cidadãos livres para seguir suas próprias luzes morais, desde que sejam compatíveis com as liberdades dos demais. Não é preciso dizer que esse ideal filosófico jamais se realizou plenamente na prática. O Estado francês não é neutro na maneira de tratar as usuárias do *hijab,* o lenço muçulmano, e nenhum Estado liberal é neutro em relação à heroína. Mas em nível de argumentação, o ideal rawlsiano triunfa. Hoje, mesmo as políticas explicitamente paternalistas são defendidas por privilegiarem a escolha a fim de evitar danos a terceiros. Por exemplo, a condenação da pornografia apoia-se no argumento dúbio de que explora mulheres e incita os homens ao estupro, enquanto a ofensa real, que é a violência e o sentimento degradante, nem sequer é mencionada. Aqui ou em qualquer outro lugar, o princípio da neutralidade tem provocado calafrios no

---

* Entre os neutralistas destacam-se, além de Rawls, Ronald Dworkin e Robert Nozick. Outros filósofos liberais, notadamente Joseph Raz, criticam a ideia. Mas na esfera política mais ampla, são os neutralistas, e não os críticos, os mais influentes.

QUANTO É SUFICIENTE?

debate público, desviando o que poderiam ser argumentos éticos para temas técnicos e estéreis.[23]

O princípio da neutralidade do Estado foi tão bem aceito, que às vezes nos esquecemos do quão revolucionário foi. Até a década de 1960, o liberalismo era principalmente uma doutrina de tolerância, e não de neutralidade. É uma diferença importante. Tolerância não é a mera ausência de preconceitos, mas uma virtude ética positiva: implica paciência, serenidade, bom humor e respeito à privacidade. Tolerância não exclui a preferência pública por uma doutrina religiosa ou moral, mas exige que as rivais sejam consideradas e respeitadas. Por fim, a tolerância não precisa abranger o intolerável, mas a neutralidade tem que ser consistentemente universal. O Estado tolerante não enfrenta o dilema do Estado neutro ao lidar com necrófilos, neonazistas e outros.

A troca da tolerância pela neutralidade deu-se por dois motivos principais. O primeiro foi o declínio do protestantismo liberal, esteio da antiga cultura da tolerância. O segundo foi o aumento da diversidade étnica e cultural. De 1950 para cá, os países europeus abriram as portas para um grande número de imigrantes não brancos e não cristãos, e nos Estados Unidos, a ascendência WASP (sigla em inglês para "branco anglo-saxão protestante") foi alvo de ataque dos negros, católicos e judeus. O resultado dessa evolução é que a preferência pública por uma única tradição religiosa ou cultural em detrimento de outras, por menor ou simbólica que seja, passou a ser considerada humilhante. Ironicamente, a demanda por neutralidade foi tanto das elites tradicionais quanto das próprias minorias, que muitas vezes preferiam viver à sombra de uma doutrina rival mais tolerante do que de um secularismo imparcial, porém despótico.[24]

Ainda mais importante para a desmoralização da vida pública é a disciplina da economia, principalmente como é ensinada hoje nas universidades e nas escolas de administração de todo o mundo.

OS USOS DAS RIQUEZAS

Os economistas – aqui generalizados, mas não grosseiramente – se abstêm conscientemente de emitir julgamentos sobre o desejo. J. K. Galbraith escreveu:

> Nada em economia identifica mais um indivíduo mal treinado que a disposição para fazer observações sobre a legitimidade do desejo por comida e a frivolidade do desejo por um carro mais sofisticado.[25]

Todos os economistas são a favor da *satisfação* dos desejos, mas dentro de certos limites. Quanto aos desejos propriamente ditos, eles são fastidiosamente indiferentes.

Essa peculiaridade da economia resulta do fato de a disciplina ter suas raízes na revolta empirista contra Aristóteles. John Locke, um dos líderes dessa revolta, escreveu:

> Os filósofos do passado indagaram em vão se *summum bonum* consistia em riquezas, prazeres físicos, virtude ou contemplação, da mesma maneira que discutiam racionalmente se o melhor sabor era o das maçãs, das ameixas ou das castanhas.[26]

Locke aceita, com alguma prudência, que acreditar em céu e inferno desperte em nós o interesse de agir virtuosamente, mas acrescenta que, não fosse por isso, nenhum estilo de vida seria melhor que outro. Essa perspectiva cética entrou para a economia vigente sob o mote "a inquestionabilidade do desejo". O desejo não é mais, como era para os nossos ancestrais, uma flecha que atinge ou se desvia do alvo; é um fato psicológico essencial, livre de culpa e de erro. Não existe uma vida intrinsecamente desejável, e sim *estilos de vida desejáveis*.

Quando essa pedra fundamental do pensamento econômico pré--moderno foi removida, as outras ruíram rapidamente. A primeira a cair foi a distinção entre necessidades e desejos. As necessidades, na concepção clássica, são objetivas; referem-se às exigências próprias da vida e da vida boa. Os desejos, por sua vez, são um fenômeno psicológico; só existem "na mente" de quem deseja. Desejos e necessidades são independentes entre si. A criança necessita, mas não quer tomar remédio; o bibliófilo deseja, mas não necessita da primeira edição de Blake. A necessidade por x determina um clamor moral por x, o que não acontece quando se deseja x. Os mendigos falam de necessidades, jamais de desejos.[27]

Ao descartar o conceito de vida boa, a moderna economia não vê mais sentido na diferença entre necessidade e desejo. "Arthur precisa de um casaco", é uma forma sucinta de dizer "Arthur precisa de um casaco *para...*", em que as reticências exprimem algum desejo de Arthur. Os economistas admitem, com certa dificuldade, as necessidades de subsistência, mas acrescentam que mesmo elas podem estar condicionadas ao desejo (normalmente confiável) de continuar vivo. Outra estratégia comum é interpretar as necessidades como uma classe especial de desejo – ou seja, um desejo relativamente impermeável às alterações de preço, ou no jargão, com preço inelástico. Mas isso equivale a uma revisão, e não a um esclarecimento, do conceito de necessidade que estamos adotando. Apesar do preço inelástico da heroína, os viciados não *necessitam* dela. Talvez digam "necessito de uma dose", mas se não correrem risco de vida, não será uma verdade literal; eles apenas desejam uma dose.

Paralelamente à distinção entre necessidade e desejo há outra distinção intimamente relacionada, que é entre necessidade e luxo. Necessidade, no sentido clássico, é tudo que alguém precisa para viver e levar uma vida boa. "Nenhum homem vive bem, ou talvez nem viva, se suas necessidades não forem satisfeitas."[28] Os luxos, por outro lado, são coisas que alguém almeja, mas não precisa. Novamente, os dois termos têm carga moral: as necessidades são artigos que realmente fazem falta à pessoa. Os luxos, em contraste,

OS USOS DAS RIQUEZAS

são aquele algo a mais opcional e provavelmente corruptível. O que é necessário jamais deve ser sacrificado pelo luxo. Mas se a vida boa não existir, as "necessidades" podem, então, referir-se tanto a bens de subsistência, como casa e comida, quanto às exigências de um determinado papel social. E neste último sentido diferem dos luxos apenas convencionalmente, mas não naturalmente. Viajar na primeira classe é uma necessidade para o executivo, mas não para o mochileiro. O toalete no interior da casa é uma necessidade na Inglaterra atual, mas não o era há cinquenta anos.

O próximo a cair será o conceito de "ter o suficiente", ou de suficiência. Se a "suficiência" aristotélica significa ter "o suficiente para uma vida boa", para o economista moderno talvez signifique "o suficiente para satisfazer os desejos". (É com esse espírito que Billy Bunter declara, ao olhar gulosamente para os pedaços de presunto em sua despensa, que "não tem o suficiente".) Entendida no sentido relativizado do desejo, a nossa pergunta "quanto é suficiente?" pode ser respondida com um desinteressado "quanto você quer?" E, é claro, se ser suficiente significa "o suficiente para satisfazer os desejos", é impossível querer mais do que o suficiente. E a avareza como vício desaparece.

E por último, mas não menos importante, a economia moderna dispensou o conceito de valor de uso. Já vimos que, para Aristóteles, o valor de uso de um objeto é a sua contribuição particular à vida boa. Por exemplo, o vinho melhora a comida e os amigos, ambos bens humanos indispensáveis. Tem, portanto, valor de uso; já o crack (que não melhora a comida nem os amigos nem nada que seja bom) não tem. Se eu preferir o crack ao vinho, nada se altera; apenas demonstra que o meu gosto se corrompeu.

O conceito aristotélico de valor de uso foi adotado por Smith, Ricardo e também por Marx, que o incluiu em sua obra crítica. Mas no fim do século XIX, e em parte reagindo a Marx, os economistas começaram a desmontar o conceito. Carl Menger, pioneiro da nova abordagem, escreveu:

> O valor não é inerente aos bens, não pertence a eles, nem é algo independente que exista por si mesmo. É um julgamento que os homens da economia fazem sobre a importância dos bens que estão à disposição.[29]

Esse novo conceito de valor, conhecido pela palavra em inglês *utility* (utilidade), passou a se tornar um padrão disciplinar. Utilidade é um conceito puramente descritivo; expressa o que eu quero, não o que deveria querer. Se eu quero gastar meu dinheiro em crack, em vez de vinho, é porque, nesse caso, o crack é mais útil para mim.

A utilidade foi recebida como um grande avanço da análise econômica, notadamente porque parecia solucionar o velho problema de Aristóteles da relação entre valor de uso e valor de troca. Aristóteles quebrou a cabeça para descobrir como um porco e uma cama, cada um contribuindo para a vida boa à sua maneira, podiam ser avaliados numa mesma escala monetária. Mas dessa nova perspectiva, o problema desaparece. Se o valor de uso é só "utilidade para o consumo" e o valor de troca, "utilidade para a troca", os dois se apresentam, nas palavras de Menger, como "diferentes formas de um único fenômeno geral de valor".[30] Não existe mais o problema metafísico de transformar um tipo de valor em outro, apenas um problema técnico que é determinar em que momento os bens de consumo serão trocados, em vez de usados. Entretanto, como é comum na história das ideias, o problema de Aristóteles não é exatamente resolvido, mas substituído por outro mais manejável. Entendido no seu sentido original, como *utilidade* real mais do que mera utilidade para consumo, o valor de uso não pode ser transformado em valor de troca mais do que a cor pode se tornar comprimento de onda.

OS USOS DAS RIQUEZAS

A dissolução da distinção entre valor de uso e valor de troca provocou muitas consequências. De Aristóteles a Keynes, o valor de troca – ou o dinheiro, na sua forma materializada – era visto como um objeto de busca distinto e questionável. Virgílio falou em *auri sacra fames*, a amaldiçoada cobiça por ouro. Para Keynes, o amor pelo dinheiro "como propriedade" e não como "um meio para desfrutar os prazeres e as realidades da vida", era "uma dessas propensões semicriminosas, semipatológicas, que são levadas aos especialistas como doença mental".[31] Mas se a ortodoxia moderna estiver correta, a distinção feita por Keynes não tem nenhuma substância. O dinheiro em si, isolado dos bens que comanda, não pode ser objeto especial de amor. A paixão de Midas e Shylock deixa de ser uma paixão positiva para ser simplesmente uma preferência pelo consumo futuro sobre o atual, um determinado grau de aversão ao risco. Alguns veem isso como um sinal de progresso intelectual. Tendemos a ver como uma regressão do pensamento econômico.

Façamos uma pausa para balanço. As várias distinções feitas pelo pensamento econômico pré-moderno – entre necessidade e desejo, entre necessidade e luxo, entre valor de uso e valor de troca – baseiam-se todas no pressuposto de que alguns estilos de vida são intrinsecamente superiores a outros. A moderna economia abriu mão disso. Não aspira mais a efetivar o bem-estar, mas a dar condições para que as pessoas o tornem real da maneira como o conceberem. O economista Robert Frank resume a visão ortodoxa quando escreve:

> Diante das muitas concepções concorrentes de vida boa, o máximo que podemos esperar das nossas instituições sociais é a garantia de um espaço o mais amplo possível para inventarmos uma vida que sirva para nós.[32]

Os economistas não ambicionam refazer a natureza humana, mas querem que as pessoas sejam como são. Apesar de todos os horrores

QUANTO É SUFICIENTE?

cometidos em nome do paraíso e da utopia, essa lhes parece uma postura adequadamente modesta.

Mas para que, perguntariam os críticos, privilegiar o que dizem os economistas? Afinal, eles são apenas um entre os inúmeros grupos acadêmicos, e nem mesmo o mais popular. É um desprezo tolo. A economia não é apenas uma disciplina acadêmica. É a teologia da nossa época, a linguagem que todos os envolvidos, superiores ou inferiores, querem conhecer para serem ouvidos nas cortes do poder. A economia deve sua posição de destaque em parte às outras disciplinas que não puderam imprimir seu selo no debate político. A filosofia foi uma força poderosa na vida pública até o início do século XX, quando se recolheu em ninharias linguísticas. A sociologia teve alguma influência com Weber e Talcot Parsons, mas não foi capaz de desenvolver um corpo teórico sistemático que se equiparasse ao da economia. A história sucumbiu aos encantos do poder. Poetas e críticos chegaram a se declarar "legisladores universais não reconhecidos", ambição que foi brevemente retomada por T. S. Eliot e F. R. Leavis, mas logo abandonada. E a economia ocupou exclusivamente o campo.

O triunfo da economia sobre outras disciplinas acadêmicas reflete uma mudança social mais ampla identificada com o colapso da autoridade institucional. Os ideais de vida boa, consagrados pela Igreja e pela aristocracia fundiária, e promovidos por um "clero" de escritores, artistas e patrões, eram uma força poderosa na Inglaterra até o início do século XX. Nas cidades industriais, a padronização do trabalho deu origem a estilos de vida que, se não eram exatamente "bons" no sentido aristotélico, eram pouco mais do que meramente maximizadores. Hoje nada disso existe mais. A aristocracia, destituída de seu papel político, misturou-se aos ricos; o clero é um grupo que perdeu influência; a antiga Igreja é uma sombra do que era; e a classe operária se dispersou e perdeu a força. A economia neoclássica, atomista e subjetivista, ganhou corpo e ocupou o espaço vazio.

OS USOS DAS RIQUEZAS

As duas tradições de pensamento aqui examinadas, o liberalismo pós-rawlsiano e a economia neoclássica, não admitem nenhuma preferência *pública* por este ou aquele estilo de vida. Nenhuma delas faz objeção a que o indivíduo decida por si mesmo se um determinado estilo de vida é "bom", ou se não vai querer trabalhar mais do que precisa para sustentá-lo. (Se a "função de utilidade" está assim configurada, quem somos nós para contradizê-la?) Mas é uma concessão menos generosa do que parece. Para uma espécie social à qual pertencemos, a vida boa é essencialmente uma vida em comum com outros. Ela não está na cabeça do indivíduo, mas nos grupos de pessoas que fazem coisas juntas. Eu gostaria de jogar boliche o dia todo, mas se ninguém quiser jogar, ou se não houver pistas, eu não jogarei. A participação coletiva é essencial a todos, exceto às visões mais solitárias da satisfação humana.

Obviamente, não há nada que impeça os indivíduos de se unirem para ter uma vida boa em uma sociedade liberal. Utopistas e sectários normalmente fazem isso. Entretanto – e isso reforça a profunda acepção de que a vida boa é essencialmente pública –, esses grupos dependem do reconhecimento da cultura na qual se inserem para manter a vitalidade e não acabar implodindo em desconfianças e ressentimentos. (Compare o destino das comunidades modernas com as dos mosteiros medievais, que eram mantidos por toda a sociedade, moral e materialmente.) No mundo voltado para a satisfação dos desejos privados, a vida boa pode ser, no máximo, uma preocupação marginal, um assunto para excêntricos e entusiastas. É provável que seus adeptos sejam atormentados por pensamentos de não estar "à altura" das pressões competitivas, de que seus ideais são meras máscaras para esconder o fracasso. Então, embora a sociedade liberal aceite as várias visões de vida boa, justamente por isso não acolherá nenhuma delas.

A ideia de vida boa é universal ao pensamento humano, está presente em todo o mundo. Somente nós estamos aptos a eliminá-la. Não a vida boa, mas a vida em si – seu conforto, conveniência e pro-

QUANTO É SUFICIENTE?

longamento – é o nosso objetivo primordial. Vivemos numa época prevista por Nietzsche em que "o homem não atira mais a flecha de seus anseios para além do homem, e em que a corda de seu arco não lembra mais como vibrar!".[33]

O eclipse da vida boa explica a infinita expansão dos desejos discutida no Capítulo 1. A tendência à insaciabilidade sempre existiu, mas as proibições e os ideais compensatórios a controlaram. Hoje não existem mais proibições nem ideais. Distantes de qualquer visão de bem-estar humano, e fomentados pela inveja e pelo tédio, os desejos se multiplicam como as cabeças da mítica Hidra.

Mas o pessimismo não diminuiu. As visões de vida boa descritas neste capítulo estão confinadas em pequenas elites que vivem do trabalho de outros, geralmente escravos. As economias tradicionais não puderam sustentar o consumo acima do nível de subsistência. Hoje, pela primeira vez na história, temos condições de corrigir essa injustiça secular. Temos capacidade material de expandir a vida boa, ao menos a possibilidade de uma vida boa, para todos. As necessidades do progresso humano não entram mais em conflito com as exigências da justiça humana.

E se a vida boa não for apenas contingencial, mas em princípio não estiver disponível aos membros da sociedade como um todo, assim como não estão os epítetos "melhor" e "superior"? E se for um conceito inerentemente esnobe e contrastante, postulado sobre estilos de vida que *não* são bons? Essa é uma suspeita plausível e incômoda. Grande parte da ética clássica transpira desprezo pelos que estão na base e os malnascidos, e até a virtude cristã da caridade parece estar envolta no pressuposto de que sempre haverá pobres entre nós (como disse Jesus). Se a ideia de vida boa baseia-se no que Nietzsche chama de "o *pathos* da distância", talvez seja irreconciliável com a democracia que a maioria de nós preza tanto.

Uma resposta mais completa a essa objeção terá que aguardar até o Capítulo 6. Mas permita-nos observar, para nos tranquilizar, que a

OS USOS DAS RIQUEZAS

nossa visão de vida boa não se opõe, por uma questão de princípio, aos estilos de vida inferiores. Os prazeres do domínio e da condescendência não fazem parte dela. Essa restrição exclui boa parte da ética pré-moderna. Não queremos ressuscitar o ideal aristotélico do homem "de alma grande", consciente da própria superioridade. Mas nem toda a ética pré-moderna merece suspeita. Só porque uma ideia de vida boa tem sido relacionada historicamente a privilégios, isso não significa que, pela lógica, implique privilégios. Os nobres são uma pequena elite, mas a nobreza, em princípio, é para todos. O pessimismo nietzschiano precisa ser combatido.

Nossa tarefa, então, é recuperar esses fragmentos de sabedoria que sobreviveram de tradições passadas ou das nossas intuições profundamente internalizadas, e a partir deles construir uma imagem de vida boa. Se formos bem-sucedidos nessa tarefa, talvez possamos reviver, de forma democrática, a *douceur* das grandes civilizações do passado, e até mesmo seu vigor criativo. Mefistófeles não sairá mais vitorioso.

Antes de apresentarmos a nossa visão de vida boa, veremos outras tentativas importantes de interromper o crescimento a qualquer custo. A primeira delas revê o conceito de felicidade, a segunda, o de sustentabilidade. Simpatizamos com os objetivos de ambos os movimentos, mas acreditamos que relacionam equivocadamente os fundamentos reais da nossa objeção – que são éticos, e não utilitários – ao crescimento infinito.

4. Felicidade, uma miragem

> "É estranho pensar que a finalidade seja o prazer, que o trabalho e o sofrimento de toda uma vida sejam pura diversão."
>
> Aristóteles

Não é de hoje que os intelectuais responsabilizam o crescimento econômico por nossa infelicidade. "O progresso das ciências e das artes nada acrescentou à nossa felicidade genuína", escreveu Jean--Jacques Rousseau em 1751.[1] Pelo contrário, despertou inveja, ambição e curiosidade desnecessárias – paixões que não podem, pela própria natureza, ser recompensadas completa e universalmente. A verdadeira felicidade é fruto de gostos simples e virtudes consistentes. É símbolo de Esparta, e não da moderna Paris.

O grito de Rousseau foi ouvido recentemente, agora equipado com as armas da ciência estatística. A "economia da felicidade", como o novo campo é denominado, quer demonstrar que os cidadãos do mundo desenvolvido, embora sejam geralmente felizes, não estão sendo mais felizes. Os índices de felicidade dos ingleses pouco se alteraram desde 1974, enquanto o PIB *per capita* praticamente dobrou. Outros países desenvolvidos exibem padrões similares. Ao que tudo indica, além de um determinado nível, renda absoluta e felicidade não estão inter-relacionadas. Os economistas da felicidade estimularam as nações mais adiantadas a trocar o PIB pela FIP (Felicidade Interna Bruta). Suas críticas não passaram despercebidas. Em 2010, David Cameron lançou um novo "índice de bem-estar" como complemento aos índices macroeconômicos tradicionais.

Os economistas da felicidade são pessoas bem-intencionadas. Estão assustados com a dissociação do crescimento econômico de qualquer fim humanamente inteligível; querem nos lembrar da verdade universal de que as riquezas existem para o homem, e não o homem para as riquezas. Infelizmente, a emancipação desses profissionais da ortodoxia está longe de ser perfeita. Como seus colegas mais convencionais, eles também veem a questão econômica como um problema essencialmente de maximização; afastam-se da convenção apenas na escolha do que maximizar. As falhas dessa abordagem são inúmeras. Para começar, confia demais na precisão dos dados de pesquisa. Pior ainda, trata a felicidade como um bem simples, incondicional, medido ao longo de uma única dimensão. As origens e os objetos da felicidade não são sequer considerados. Só o que importa é se você tem mais ou menos da tal felicidade. São ideias falsas e perigosas. Falando de um modo geral, a felicidade só será boa se for apropriada; se a tristeza for mais apropriada, é melhor ser triste. A fim de proporcionar a felicidade por si só, independentemente de seus objetos, a principal meta do governo é uma receita de infantilização – a perspectiva memoravelmente romanceada por Aldous Huxley em *Admirável mundo novo*. Não queremos banir os engenheiros do crescimento só para substituí-los pelos engenheiros da felicidade.

Uma breve história da felicidade

Todos sabemos a que se refere a palavra "felicidade" – àquele algo amoroso, familiar, que os pais desejam aos filhos e as heroínas românticas esperam encontrar no casamento. Mas quando chega a hora de enunciar o seu significado, vemo-nos diante de uma imensa gama de definições conflitantes. A felicidade é um desses "conceitos controversos" cujo debate não pode ser solucionado nem abandonado. É, em suma, um conceito filosófico.

A primeira longa discussão sobre a felicidade no mundo ocidental aparece no início das *Histórias* de Heródoto, quando Sólon de Atenas visita Creso, o rei da Lídia, fabulosamente rico. Creso pergunta a Sólon se em suas viagens teria encontrado alguém "mais feliz que qualquer outro". Obviamente ignorando o convite para fazer um elogio ao seu anfitrião, Sólon nomeia um certo Telus como o mais feliz dos homens. Insultado, Creso exige uma explicação. E assim Sólon responde:

> Em primeiro lugar [...] enquanto vivia num estado próspero, Telus teve filhos bons e íntegros, e viveu para ver que todos eles tiveram filhos, que também sobreviveram. Em segundo lugar, sua morte chegou num momento em que ele tinha uma boa renda, pelos nossos padrões, e foi uma morte gloriosa. Na batalha de Elêusis entre Atenas e seus vizinhos, ele foi chamado a intervir e expulsou os inimigos; Telus morreu, mas sua morte foi esplêndida, e os atenienses o recompensaram com um funeral público no lugar exato onde ele caiu, e o homenagearam imensamente.[2]

O conceito de felicidade revelado nessa passagem nos é ao mesmo tempo familiar e estranho. É fácil entender por que Sólon menciona a riqueza de Telus, seus bons filhos e seus netos. É natural que isso faça qualquer homem feliz! Porém, é mais difícil entender a ênfase

QUANTO É SUFICIENTE?

na morte e no funeral glorioso. Certamente, nada disso serviu ao próprio Telus, embora tenha sido motivo de orgulho para seus descendentes. (Telus pode ter tido alguns momentos finais de felicidade contemplando sua nobre morte; e sua alma, se sobreviveu, pode ter apreciado o espetáculo da homenagem póstuma; mas não era nisso que Sólon estava pensando.) O *x* do mistério é que *eudaimonia,* a palavra grega convencionalmente traduzida por "felicidade", não se refere absolutamente a um estado *mental,* e sim a um admirável e desejável estado de *ser.* É uma questão de reconhecimento público, e não de consciência individual. Se esse conceito repercute em nós como estranhamente anfíbio – em parte felicidade, em parte sucesso, em parte virtude –, é porque somos herdeiros da revolução conceitual que descreveremos em detalhes mais adiante. Essa revolução pôs fora do nosso alcance uma noção que, durante grande parte da história ocidental e ainda hoje em muitas outras partes do mundo não ocidental, era perfeitamente transparente.

A história de Sólon revela outra característica desse conceito pré--socrático de felicidade: a dependência do destino. A morte de Telus é crucial para a sua felicidade não só por ter sido gloriosa, mas por poupá-lo de perdas futuras. "Não diga que um homem é feliz até que ele morra" é a famosa frase de Sólon – e que foi lembrada por Creso ao ser queimado vivo pelos vitoriosos persas. A moral de Heródoto é clara: num mundo incerto, governado por deuses ciumentos, ostentar felicidade é arrogância e estupidez.

A visão de Sólon da felicidade como um dom do destino, precário e errático, foi tema central da antiga literatura grega, mais memoravelmente das tragédias. Do fim do século V a.C. em diante, passou a ser alvo de ataques dessa elite por meio de um movimento contracultural que recebeu o nome de filosofia. A felicidade, proclamam os filósofos, é uma realização da sabedoria e da virtude, ambas dentro da nossa capacidade. Sócrates e Platão vão mais longe e dizem que nada, nem mesmo a tortura, pode afastar a felicidade de um homem de bem.

FELICIDADE, UMA MIRAGEM

Aristóteles, tipicamente, foi mais razoável. Mesmo que a felicidade esteja na virtude, ainda assim é vulnerável ao acaso, porque a virtude em si, ou pelo menos o exercício dela, precisa de circunstâncias favoráveis. Certamente ninguém diria que Príamo é feliz depois de perder seus dois filhos e o reino, e descrever como feliz um homem quebrado na roda da tortura é "falar bobagem".[3]

Todas as antigas noções de felicidade, com a importante exceção do epicurismo, são objetivas quanto ao caráter. Elas fazem a seguinte pergunta: "O que é para o homem uma vida boa, a mais completa e humanamente a mais plena?" Nenhuma das noções está preocupada em alcançar certos estados mentais. O cristianismo conservou essa estrutura forçando um limite paradoxal. A felicidade continua sendo o objetivo do homem, mas não é encontrada nos bens mundanos nem nos bens morais e intelectuais exaltados pelos filósofos. Pelo contrário, ela está naquelas condições que o senso comum identifica como *infelizes:* a pobreza, a solidão, a perseguição e a morte. "Bem--aventurados sois vós", diz Jesus Cristo, "quando vos injuriarem e perseguirem, e mentindo, disserem todo mal contra vós." Isso ainda é *eudaimonia* no sentido antigo, embora esteja muito distante da concepção doméstica de Sólon.

A palavra inglesa *happiness* (felicidade), bem como seus cognatos europeus, originalmente é sinônimo de *eudaimonia.* Em inglês, ser *feliz* era ter *good hap* (boa fortuna), estar numa condição abençoada, invejável. "Nós poucos, felizes poucos", diz o Henrique V de Shakespeare ao seu exército estacionado diante de Angicourt, mesmo sabendo que seriam todos mutilados ou mortos. Esse antigo uso ainda sobrevive em expressões como "feliz retorno" e "boa fortuna", por exemplo, mas tem sido mais ou menos substituído nos idiomas modernos pelo novo significado, que data do século XVI, de um estado mental agradável, satisfeito. Os desenvolvimentos filosóficos também tiveram seu papel nessas alterações linguísticas. Se a consciência é a essência da individualidade, como sustentam Descartes e Locke, então a felicidade é algo intrínseco a ela. Os bens outrora almejados para *constituir* a felicidade – riqueza, honra, fama e outros –, hoje figuram apenas como as muitas *causas* da felicidade, variando de pessoa para pessoa. Argumentar sobre qual deles "é de fato" felicidade seria absurdo; é o mesmo que perguntar, como na frase de Locke citada no Capítulo 3, "se o melhor sabor era o das maçãs, das ameixas ou das castanhas".[4]

As consequências dessa transformação são profundas. Se a felicidade é um Bem, como nos ensina a tradição, ou se é um estado mental agradável, como dita a filosofia, então *o Bem é, em si, um estado mental agradável*. Essa foi a ideia que floresceu no utilitarismo, a tradição predominante na ética pública britânica a partir do século XIX. Na sua clássica forma benthamista, o utilitarismo define a ação correta como aquela que otimiza a felicidade e o prazer, estados considerados equivalentes. Os objetos da felicidade e do prazer não importam; só o que importa é a *quantidade*. "Se o prazer for o mesmo, um alfinete é tão bom quanto a poesia"[5] é a famosa frase de Bentham. Essa doutrina sombria caiu no agrado da imaginação tecnocrata. No lugar da anarquia de opiniões, promete uma regra mecânica para solucionar conflitos morais e legais, um *felicific calculus*, como foi chamado por Bentham. Como esse *"calculus"* funciona na prática, nunca foi bem explicado. A formulação de Bentham com seus sete vetores – intensidade, duração, certeza, afinidade, fecundidade, pureza e extensão – é uma pantomima do raciocínio científico. O problema da medição atormenta o utilitarismo até hoje, como veremos a seguir.

O utilitarismo germina no mesmo solo da clássica economia política. Bentham era bem relacionado com Ricardo e James Mill; suas ideias foram adotadas com modificações importantes pelo filho de James, John Stuart. A revolução marginalista no final do século XIX fortaleceu ainda mais essa ligação. Se os economistas anteriores se concentravam na expansão da produção, os marginalistas enfatizavam os prazeres do consumo. "Satisfazer ao máximo os nossos desejos com o mínimo esforço", escreveu William Stanley Jevons, pioneiro da nova abordagem, "buscar o máximo do que é desejável à custa do mínimo do que é indesejável – em outras palavras, *maximizar o prazer* – é o problema da economia."[6] F. Y. Edgeworth, brilhante e excêntrico autor de *Mathematical Psychics,* foi ainda mais longe. Para que o projeto econômico faça sentido, ele argumenta, temos que postular um "hedonímetro", um "instrumento idealmente perfeito" para medir quantidades de prazer:

> De tempos em tempos o hedonímetro varia; o delicado índice que ora tremula com a vibração das paixões logo se estabiliza se a atividade for intelectual; cai por horas inteiras próximo de zero e então salta ao infinito. O pico constantemente indicado é registrado por aparelhos fotográficos ou outros que sejam livres de atrito sobre um plano vertical de maneira uniforme que se movimenta [...] Temos que acrescentar só mais uma dimensão que expresse o número de sencientes, e integrar o tempo todo esses sencientes, a fim de constituir o fim do utilitarismo puro.[7]

Já percorremos um longo caminho desde a Grécia Antiga. É provável que Telus não se saísse muito bem com um hedonímetro.

Nas décadas iniciais do século XX, os economistas começaram a se preocupar com os suportes psicológicos da sua disciplina. O behaviorismo estava na moda; a especulação sobre os estados mentais era um tabu não científico. Felizmente, o bojo da teoria econômica pode ser reconstruído sem fazer referência a esses estados. Bastava, como se viu, o pressuposto de que os consumidores tinham um conjunto coerente de preferências que era revelado em seu comportamento. Se satisfeitas, dizia-se que essas preferências tinham "utilidade". Por exemplo, se me oferecessem uma maçã e uma pera e eu escolhesse a pera, supostamente a pera seria mais útil para mim do que a maçã. Mas isso não dizia nada sobre os meus estados mentais, e sim sobre

QUANTO É SUFICIENTE?

as minhas propensões comportamentais. E os hedonímetros e todo o resto foram postos de lado como irrelevantes.

A reconstrução teórica – trabalho realizado por vários economistas importantes de 1900 a 1930 – permitiu que a disciplina adotasse uma atitude de indiferença diante dos fatos da psicologia humana. Tanto faz, do ponto de vista econômico, que as pessoas sejam altruístas, egoistas, hedonistas, masoquistas ou qualquer outra coisa; o que importa é que elas tenham suas preferências e ajam de acordo com elas. Esse formalismo, porém, cobrou seu preço. A ideia de que quanto maior a riqueza, maior seria a felicidade, no sentido benthamista mais pleno, ganhou força no século XIX. Mas o que os economistas modernos podem dizer é que isso otimiza a utilidade, ou seja, "a satisfação das preferências do consumidor". Se a satisfação em si das preferências do consumidor se traduz em *felicidade*, é uma questão sobre a qual eles se calam necessariamente. O projeto do crescimento econômico se assemelha ao Pernalonga correndo sobre a beira do abismo – seus pés se movem, mas não têm onde se apoiar.

Nas décadas de 1930-1940, em meio à recessão mundial e à guerra, essas inquietações são postas de lado por serem consideradas acadêmicas. Duas décadas mais tarde, porém, elas se tornam mais e mais urgentes. Várias obras importantes – *A sociedade afluente*, de J. K. Galbraith, *O homem unidimensional*, de Herbert Marcuse, e *The Joyless Economy*, de Tibor Scitovsky – questionam a equação "utilidade" *versus* felicidade. As ansiedades de Rousseau são reavivadas. E se o progresso tecnológico criasse novos desejos com a mesma rapidez com que satisfez os velhos? E se os seres humanos preferissem as vantagens relativas às absolutas, zerando o jogo da concorrência de mercado? Essas questões afastaram os economistas do âmbito de sua disciplina e os aproximaram da psicologia, um território até então proibido.

Enquanto isso, a própria psicologia passava por uma revolução. O veto behaviorista à introspecção é retirado e o autorrelato passa a ser

FELICIDADE, UMA MIRAGEM

admitido como evidência. Pela primeira vez são realizadas pesquisas de felicidade nos Estados Unidos, na década de 1940, e desde então elas vêm se repetindo, em volume e sofisticação crescentes, em cada década. Esses dados são recebidos como um presente dos deuses pelos economistas insatisfeitos com o conceito puramente formal de utilidade, porque promete uma medida de bem-estar que independe da preferência do consumidor, um padrão sólido que dê acesso aos benefícios do crescimento. E a economia volta a ser o que era originalmente: a ciência de como alcançar mais felicidade para o maior número de pessoas.

A economia da felicidade

Em 1974, o economista Richard Easterlin publica seu famoso trabalho "Does Economic Growth Improve the Human Lot?" (O crescimento econômico melhoraria a condição humana?). A resposta, ele conclui após uma profunda pesquisa sobre felicidade e PNB em vários países, provavelmente é "não". Desde então a economia da felicidade difundiu-se rapidamente, mas a principal descoberta de Easterlin, o chamado Paradoxo de Easterlin, não foi contestada em sua maior parte. O Paradoxo de Easterlin é ilustrado em três gráficos simples (Gráficos 6 e 7, e Tabela). O Gráfico 6 traça o PIB e os níveis de satisfação de vida nos países do Reino Unido, de 1973 a 2009. Nota-se um aumento quase constante do PIB, mas nada muda em termos de satisfação de vida. Os índices de outros países industrializados seguem padrão similar. É uma descoberta surpreendente. É como se a imensa melhora da qualidade de vida nos últimos trinta anos não tivesse proporcionado mais felicidade. Talvez Rousseau tivesse razão: ter mais dinheiro não nos faz mais felizes.

A Tabela 1 é resultado de uma pesquisa feita em 2005-2008. Mostra a porcentagem de pessoas no Reino Unido, tanto no decil da base quanto no topo da distribuição de renda, que se avaliam

QUANTO É SUFICIENTE?

como "muito feliz", "razoavelmente feliz", "pouco feliz" e "nada feliz". Nota-se que há mais pessoas "muito felizes" entre os ricos e mais pessoas "nada felizes" entre os pobres. Resultados similares se repetem em outros países, desenvolvidos e em desenvolvimento.

Gráfico 6 – PIB *per capita* e satisfação de vida

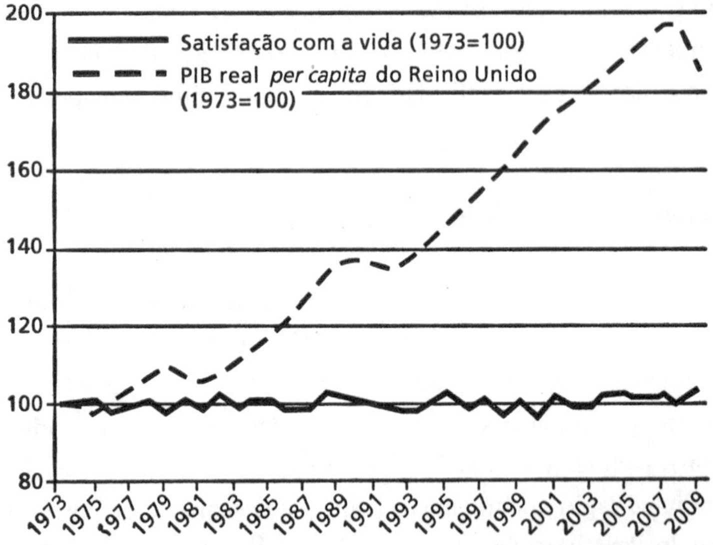

Fonte: Eurobarometer; World Database of Happiness <http://worlddatabaseofhappiness.eur.nl/index.html>; NOS.

Tabela 1 – Felicidade de acordo
com a posição da renda no Reino Unido

	Decil inferior	Decil superior
Muito feliz	43,9%	55,0%
Razoavelmente feliz	44,0%	43,1%
Pouco feliz	7,1%	1,8%
Nada feliz	5,0%	0,0%

Fonte: World Values Survey, 2005-2008.

Gráfico 7 – Felicidade e renda por país

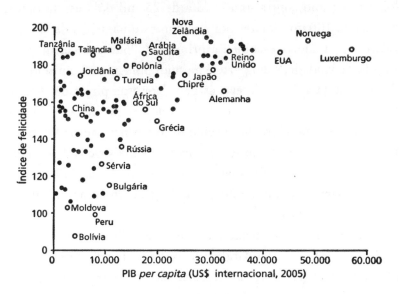

Fonte: World Values Survey, 2005-2009.

À primeira vista, os dois conjuntos de dados parecem contraditórios. O segundo sugere que mais dinheiro nos faz mais felizes, e o primeiro, que não nos faz mais felizes. Mas não é uma contradição. Para que os dados façam sentido, temos que partir do princípio de que a felicidade é influenciada pela riqueza relativa, e não pela riqueza absoluta. Em outras palavras, a felicidade do rico se expressa na sua satisfação por estar no topo, e a infelicidade do pobre, na sua frustração por estar na base. Se o rico continuar no topo e o pobre na base, seja qual for a renda da sociedade como um todo, os níveis médios de felicidade não se alterarão. (Imagine, a título de analogia, uma fila diante de um elevador; a mulher que está no fim da fila permanece nessa posição mesmo que a fila ande.)

Os experimentos psicológicos parecem confirmar que a renda relativa, e não a absoluta, é o que mais importa para as pessoas. Quando pediram aos alunos de Harvard que escolhessem uma de duas situações imaginárias – em uma delas, ganhariam 50 mil dólares por ano contra uma média de 25 mil dólares; na outra, ganhariam 100 mil dólares por ano contra uma média de 200 mil dólares – a maioria escolheu a primeira.[8] Pode parecer uma expressão de vaidade, e em parte é mesmo, pois não há outra razão, além da vaidade, para desejar estar no topo da pirâmide. Muitas das boas coisas da vida – belas casas de campo, resorts em ambientes preservados, escolas de elite – são essencialmente limitadas quanto à oferta e por isso só acessíveis aos mais ricos. Esses bens posicionais ou oligárquicos são, como vimos no Capítulo 1, a única razão para que a sede de ganho permaneça tão intensa também nas sociedades mais ricas.

E mesmo que sejam feitas todas as concessões à renda relativa, a insistente linha reta no Gráfico 6 continua inexplicável. A renda absoluta seria *irrelevante* para a felicidade? Ter notebooks, Kindles, spas para os pés, férias no exterior, sushi delivery e todo o restante não acrescentou *nada* ao bem-estar coletivo? Os economistas da felicidade gostam de nos lembrar da capacidade de adaptação. A maior parte dos ganhos materiais só tem um efeito passageiro sobre o humor, que em seguida retorna ao seu estado original. A renda pode aumentar consistentemente e a felicidade continuar onde está. Outra explicação popular para que felicidade e riqueza não evoluam concomitantemente é a desigualdade. Como vimos no Capítulo 1, a renda média dobrou na Inglaterra nos últimos trinta anos, mas a renda *mediana* – ou seja, a renda de uma pessoa situada no meio da distribuição – aumentou bem menos. Os ganhos concentram-se predominantemente no topo. Então, embora a renda absoluta influencie a felicidade, os dados talvez reflitam os sentimentos da maioria cuja renda absoluta ficou estagnada.

O Gráfico 7 mostra o PIB e a felicidade de vários países em momentos diferentes da década de 1990. Como se vê, os países mais infelizes têm renda média inferior a 15 mil dólares anuais; fora isso, parece

FELICIDADE, UMA MIRAGEM

haver pouca correlação.[9] Esses dados sugerem uma modificação na tese original de Easterlin. Sugere que abaixo de um determinado patamar, a renda absoluta não importa para a felicidade. Mas isso não é novidade. A falta de nutrição adequada, de saneamento, de educação e de moradia também causam um efeito depressivo. O Gráfico 7 sugere que o padrão segundo o qual as pessoas julgam seu relativo bem-estar material é nacional, e não global. Caso contrário, os países com renda média estariam consistentemente abaixo dos países com renda alta, o que não acontece. Costuma-se lembrar, nessa relação, que os trabalhadores da Alemanha Oriental se sentiam menos felizes depois da reunificação do que antes, embora os salários reais tenham aumentado. Talvez eles se comparassem com seus compatriotas muito mais ricos.[10]

O que os economistas da felicidade propõem para melhorar os nossos frágeis níveis de felicidade? Existem, segundo eles, dois problemas: um é a irracionalidade individual, o outro é a irracionalidade coletiva. O primeiro problema é que as pessoas superestimam a felicidade no longo prazo decorrente do consumo de bens e subestimam a satisfação proporcionada pelo lazer, pela educação, pelos amigos e por outros bens intangíveis. O segundo problema é que, mesmo que as pessoas tenham razão de querer estar no topo da pirâmide, a lógica da competição posicional determina que nem todas podem estar lá. O sucesso de A depende do fracasso de B para que a felicidade de A seja constante. Aliás, pode até ser menor, pois a disputa posicional é, em si, desagradável. Analogamente, quando alguém começa a falar muito alto em uma festa, os demais também precisam falar alto, embora fosse muito melhor que todos murmurassem. Estamos diante do conhecido dilema da Teoria dos Jogos.

Os economistas da felicidade solucionam os dois problemas de maneira previsível. Se alguns bens não proporcionam melhorias duradouras na felicidade, seja para quem os possui, seja para a sociedade como um todo, por que não tributá-los? Isso geraria recursos para os bens que produzem tais melhorias, como o lazer, e também aumentaria a receita para projetos públicos fomentadores de felicidade. Por exemplo, o economista Robert Frank defendeu um imposto progressivo sobre o consumo a fim de restringir os gastos com objetos de luxo e incentivar a poupança.[11] No Capítulo 7, vamos propor algo semelhante, mas sem fazer referência à felicidade. Outras medidas que costumam ser propostas incluem restrições às horas trabalhadas e a certas formas de publicidade. De um modo geral, os economistas da felicidade dão preferência ao estilo de vida europeu em detrimento do norte-americano, embora Will Wilkinson, do Cato Institute, lembre que os Estados Unidos apresentam resultados melhores nos índices de felicidade que a maioria das social-democracias europeias.[12] Com poucas evidências consistentes de um lado e de outro, esse argumento deve prevalecer por algum tempo.

O que há de errado na economia da felicidade?

A economia da felicidade, num certo sentido, não é nada nova. Tem um tom moralista, pois Salomão e Sólon disseram muitas vezes que a felicidade está no amor e na virtude, não na riqueza. "Melhor é um prato de hortaliça onde há amor", diz o Livro dos Provérbios, "do que o boi cevado, e com ele o ódio." A novidade foi atrelar essa antiga sabedoria às estatísticas complementadas por gráficos e fórmulas. Ao que parece, não podemos admitir que sabemos o que sabemos sem o carimbo e o selo da ciência. Esse exercício de autoconfiança é perigoso por duas razões: exagera na utilidade das pesquisas de felicidade e nos obriga a atribuir um valor incondicional à felicidade, independentemente do que nos faz felizes. Examinaremos esses dois erros, um de cada vez.

FELICIDADE, UMA MIRAGEM

Problemas com as medições

Observe novamente o Gráfico 6. A linha resolutamente reta deveria incomodar muito mais os economistas da felicidade. Porque implica não só que aquele aumento de renda não teve efeito nenhum sobre a felicidade, mas também que nenhuma grande mudança social ocorrida no Reino Unido nos últimos trinta anos teria afetado a felicidade positivamente. Os dados dos outros países da série cronológica, como EUA e Japão, exibem padrões idênticos. Uma das duas possibilidades é verdadeira: ou a felicidade é extremamente insensível a alterações no ambiente social ou as medidas de felicidade são extremamente insensíveis a alterações na felicidade. Nenhuma das conclusões é particularmente confortável para os economistas da felicidade.

Existem razões para se pensar que o problema é como a felicidade é medida. O Gráfico 6 foi compilado usando os dados de uma pesquisa em que os interrogados tinham que se identificar como (4) "muito satisfeito", (3) "razoavelmente satisfeito", (2) pouco satisfeito" e (1) "nada satisfeito". Como a média inicial em 1973 era 3,15 de um máximo de 4, a felicidade teria aumentado 28%, no máximo, durante esse período, três a quatro vezes menos que o PIB. Até para esse modesto aumento seria preciso que 100% da população se declarasse "muito satisfeita". De fato, mesmo um aumento de 10% precisaria que 31,5% da população tivesse avançado uma categoria, *i. e.*, de "pouco" para "razoavelmente" ou de "razoavelmente" para "muito" satisfeita – um crescimento significativo na felicidade nacional. Além disso, sondagens "fechadas" como essa não registram mudanças nas duas pontas do espectro. Por isso não representam uma situação em que, digamos, os 10% mais felizes possam ser ainda mais felizes, pois essas pessoas já estão enquadradas na categoria superior, "muito feliz". Por outro lado, se os 10% mais ricos ficassem ainda mais ricos, o efeito sobre a renda nacional seria profundo. Em suma, o apregoado contraste entre felicidade estática e o aumento do PIB provavelmente não é mais que uma manipulação de como duas coisas são medidas.[13]

Outras pesquisas de felicidade utilizam escalas numéricas de 10 ou 11 pontos. Os participantes respondem a perguntas tais como: "Reunindo todas as coisas em uma escala de 1 a 10, quanto você diria que é feliz?" Essas sondagens são um pouco mais sensíveis que a sondagem verbal anteriormente descrita, mas apresentam outros problemas. As categorias "muito feliz", "razoavelmente feliz" e "pouco feliz", embora imprecisas, são, pelo menos, significativas. O que significa pontuar 7 numa escala de 10 para a felicidade? Mesmo que, generosamente, partíssemos do princípio de que faz sentido atribuir valores numéricos a estados sentimentais, ainda assim nos faltariam informações necessárias para uma tarefa dessas. Para início de conversa, o que determinam os dois extremos? Seria 0 ser cozido vivo em óleo fervente com toda a família? E 10 um estado de graça absoluto? – "Deus tendo orgasmo no seu cérebro", como diria certo traficante, referindo-se aos efeitos da sua mercadoria. E o que seria 5? Um estado intermediário entre dois extremos? Ou um estado de indiferença emocional? (Que não são exatamente a mesma coisa: o sofrimento absoluto é muito mais doloroso do que o prazer absoluto pode ser agradável.) Ou 5 se refere à média de felicidade? Muitos planejadores de pesquisa entendem nesse sentido, por isso se espantam que a maioria esteja concentrada em 6 ou acima de 6. E no caso de 5 referir-se à média de felicidade, qual seria a população de referência? O país? O mundo? Os participantes das pesquisas de felicidade não respondem a nenhuma dessas perguntas.

E quando se trata de comparações internacionais, os problemas se multiplicam. Um deles é que as expressões de felicidade são todas convencionais e seus protocolos variam de país para país. Pergunte a um norte-americano "como vai?", e é grande a chance de ele responder "bem, obrigado". Faça a mesma pergunta a um russo e provavelmente ele erguerá os ombros e dirá *normalno*, sugerindo que poderia estar

FELICIDADE, UMA MIRAGEM

pior. Se houvesse diferença apenas na forma de *expressar* a felicidade, um questionário específico resolveria; mas se há diferenças na *percepção* que cada um tem da felicidade, então não existe pesquisa, por mais bem conduzida que seja, que possa detectar o que a pessoa realmente sente. Os pesquisadores da felicidade se esquecem disso. Eles partem do princípio de que as pessoas sabem quanto são felizes, ou pelo menos que os erros de otimismo e pessimismo estão igualmente distribuídos por todo o planeta. Por que eles pensam assim? Quando se aprende a ver a felicidade como sinal de sucesso, talvez seja difícil admitir, até para si mesmo, que se está triste. Será que os altos níveis de felicidade nos países ocidentais apenas revelariam a prevalência de um "pensamento positivo", a forte determinação de só enxergar o lado bom da vida? Não se pode esquecer que a maioria dos países ocidentais abriga minorias não ocidentais, quase sempre concentradas em determinadas faixas socioeconômicas. Os vieses culturais comprometem a precisão não só das sondagens internacionais, como também das nacionais.

Outro problema é a tradução. Os pesquisadores da felicidade costumam aceitar que a palavra em inglês *happy* (feliz) tem sinônimos, ou termos muito próximos, em outros idiomas; senão, as comparações não fariam sentido. Mas nem sempre isso é verdade. Tomemos *xingfu*, a palavra que foi usada na versão chinesa da World Values Survey (Pesquisa de Valores Mundiais). *Xingfu* implica uma condição de vida favorável, com forte ênfase nas relações familiares. Ninguém é *xingfu* jogando tênis ou chupando uma laranja. Seria um insulto, e não um mero equívoco psicológico, dizer que uma prostituta ou um gigolô seja *xingfu*.* Resumindo, o significado de *xingfu* aproxima-se mais de *eudaimon* do grego antigo do que de *happy* do inglês moderno.[14] Há dificuldades similares também em outros idiomas. De um

---

* As instituições linguísticas divergem neste ponto: alguns falantes chineses nativos aceitam que prostituta e gigolô sejam *xingfu,* outros, não. Talvez por diferenças regionais e geracionais. Mas como um número significativo de falantes chineses nativos usa x*ingfu* em um sentido objetivo, não se pode presumir qualquer equivalência com *happy*.

modo geral, *happy* é um termo muito mais leve, menos imperioso, que seus equivalentes estrangeiros – talvez seja reflexo da influência do utilitarismo nas culturas anglo-saxônicas. Anna Werzbicka, autoridade máxima em semântica dos sentimentos, lamentou "a frieza com que as diferenças linguísticas costumam ser ignoradas pela atual literatura da felicidade".[15]

Os pesquisadores da felicidade, de um modo geral, não se preocupam com a precisão das palavras usadas em seus questionários ou com a expressividade de suas escalas. Eles se satisfazem em observar que, seja o que for que esteja sendo medido, estará fortemente correlacionado a outras coisas associadas à felicidade: baixa pressão sanguínea, alto nível de atividade cerebral no hemisfério esquerdo, boa saúde e bom humor. E que os resultados obtidos serão, no jargão, "válidos". Mas isso provoca uma perplexidade de uma espécie mais filosófica. Se as pesquisas de felicidade precisam ser checadas quanto à sua validade com o que já conhecemos sobre felicidade, que novas informações poderiam trazer? Ou elas correspondem ao conhecimento que já existe, e nesse caso serão redundantes, ou não correspondem, e nesse caso serão infundadas. As pesquisas de felicidade podem, no máximo, incorporar mais detalhes ao que já conhecemos. Mas não dirão nada que seja absolutamente novo; se o fizerem, não acreditaremos nelas.

Os correlatos da felicidade autorrelatada são de dois tipos: filosóficos e circunstanciais. Do lado filosófico, foi mostrado que as pessoas que se consideram felizes tendem a apresentar altos níveis de atividade elétrica no lobo frontal esquerdo do cérebro e sistemas imunológicos mais robustos.[16] Como podemos saber se isso reflete a felicidade? (É claro que a resposta não pode ser que reflete a felicidade autorrelatada, pois é o próprio item pesquisado.) Outros estudos mostram uma correlação entre a felicidade autorrelatada de um lado e ações e circunstâncias associadas à felicidade de outro. Mostrou-se, por exemplo, que as pessoas que se consideram felizes também são

FELICIDADE, UMA MIRAGEM

consideradas felizes por parentes e amigos, e que elas riem mais.[17] Andrew Oswald e Stephen Wu estabeleceram uma correlação entre qualidade de vida em estados norte-americanos – medida no período diurno, no tempo gasto com deslocamentos, nos índices de criminalidade etc. – e a felicidade de seus habitantes. (Nova York fica nas últimas colocações em ambas as contagens.)[18]

Se confiáveis, esses estudos comprovam que aqueles que se dizem felizes são, em média, realmente felizes. Porém, esse resultado não justifica o que a princípio parecia ser, porque pressupõe que já temos uma medida de quanto as pessoas são felizes, independentemente do que elas digam, ou seja, temos uma compreensão do senso comum do que motiva o comportamento humano, o que é bom para cada um. Os autorrelatos não podem ser um critério definitivo de felicidade, por mais úteis que sejam como evidências suplementares. Vejamos um exemplo simples. Imagine uma mulher que perdeu os filhos num acidente violento; seus atos refletem sofrimento e ainda assim ela se diz uma pessoa feliz. Entendemos, então, que ela está mentindo, que tenta enganar a si mesma ou que não está se expressando bem. (Talvez ela seja filósofa e tenha uma compreensão idiossincrática do que é ser "feliz".) Não insistiremos, apesar das aparências, que ela seja uma pessoa feliz. Em resumo, a felicidade não é um objeto da imaginação, que só é visto por quem a sente; é algo que se manifesta essencialmente em atos e fatos. Não fosse assim, não poderíamos sequer falar em felicidade. E o pressuposto que permeia o método de pesquisa – que somos juízes da nossa própria felicidade – é falso.

Essas confusões são claramente visíveis no artigo, já mencionado, de Oswald e Wu. "Embora nos guiemos naturalmente pelos dados formais de pesquisa", escrevem eles,

> não era usual que a Louisiana – um estado afetado pelo furacão Katrina – figurasse tão alto na tabela estadual de satisfação de vida. Várias checagens foram feitas. Descobriu-se que, antes

QUANTO É SUFICIENTE?

do Katrina, a Louisiana estava bem situada num levantamento de saúde mental realizado pelo Mental Health America, pelo Office Applied Studies of the U. S. Substance Abuse e pelo Mental Health Services Administration [...] Apesar disso, é provável que o Katrina tenha alterado a posição do estado – ou seja, os que restaram não constituíam uma amostra ao acaso da população –, portanto, um cuidado é necessário ao interpretar a posição da classificação desse estado, que demanda uma nova investigação estatística no futuro.[19]

É um reconhecimento revelador. Embora admitam, com firmeza, que são "guiados por dados formais da pesquisa", Oswald e Wu deixam-se influenciar pelo que sabem intuitivamente sobre os efeitos que os furacões causam à felicidade. Quando o desastre acontece, eles questionam os dados; não revisam suas opiniões do que faz as pessoas felizes. De maneira similar (embora aqui com intenção crítica), Helen John e Paul Ormerod apontam para uma relação *positiva* entre felicidade e crimes violentos nos EUA. Corretamente, tomam isso como evidência da inconfiabilidade das estatísticas; e não consideram a possibilidade de o crime violento deixar as pessoas mais felizes.[20] Mesmo que os dados sejam consistentes em ambos os casos, ou seja, extraídos de amostragens suficientemente grandes e representativas, ainda assim devem ser questionados. É preciso suspeitar que os entrevistados podem não ter sido sinceros em suas respostas ou que não entenderam a pergunta. E não se deve deixar de lado o que todos sabem que é necessário para ser feliz.

Então, esse é o ponto. As pesquisas de felicidade são duvidosas não só porque seus enunciados e medições não são claros, como já mencionamos, mas, fundamentalmente, porque não temos autoridade sobre a nossa própria felicidade. Os dados de pesquisas requerem, portanto, validação externa, seja na forma de correlações formais, seja do nosso próprio senso intuitivo de quão felizes as pessoas são. No entanto, na medida em que são validados, os dados são descartados como redundantes. A função deles, ao que parece, é essencialmente cerimonial: conceder as bênçãos da ciência às liberalidades do senso comum.

As pesquisas de felicidade seriam então inúteis? Não é bem assim. Mesmo que elas não possam fazer uma revisão radical na compreensão do senso comum acerca do que faz as pessoas felizes, podem dar maior consistência onde essa compreensão for incerta ou vaga. Já ouvimos dizer, por exemplo, que os homossexuais são menos felizes que os heterossexuais. As pesquisas, por sua vez, indicam que não há diferenças entre os dois grupos.[21] Por mais que pareça ser uma informação genuína, só a aceitamos porque não há nada na nossa experiência que a contradiga. (Se os gays estivessem sempre tristes e bebessem muito, tenderíamos a duvidar.) De maneira similar, as pesquisas nos ajudam a classificar por ordem de importância as várias causas da felicidade e da infelicidade em que elas ainda não forem evidentes. Todos nós sabemos que sofremos ao perdermos o emprego, por exemplo, mas não sabemos que o impacto disso é ainda maior que o do divórcio.[22] Enfim, as pesquisas de felicidade são úteis quando as informações sobre as condições de vida são difíceis de se obter ou custam muito caro. Mas quando os dados sobre saúde, emprego, educação, casamento e outros são facilmente disponibilizados, como na Inglaterra e na maioria dos países desenvolvidos, não há nenhuma razão para não apelarmos para elas diretamente em vez de tomarmos o desvio pela felicidade. Essa será a nossa abordagem no Capítulo 6.

Quando se trata de comparações internacionais, as diferenças culturais e linguísticas anteriormente mencionadas tornam as conclusões mais incertas. O próprio campeão da economia da felicidade, o notável Derek Bok, admite que "os esforços para se compararam os níveis médios de bem-estar em diferentes países deveriam ser tratados com cuidado considerável".[23] Sem dúvida, não por acaso, os zimbabuanos e os haitianos se consideram menos felizes que os ingleses; qualquer um teria previsto isso. Mas não deveríamos dar tanta importância à grande felicidade dos dinamarqueses nem perder o sono pelo segredo do sucesso deles. A tentativa de criar "resultados nacionais de bem-estar" para complementar ou comparar PIBs é um exercício inútil.[24] Não se pode esquecer que esses resultados medem apenas o que as pessoas dizem sobre a própria felicidade; não medem, nem podem medir, a própria felicidade.

Problemas éticos

Digamos que os problemas metodológicos anteriormente descritos tenham sido superados. Digamos que dispomos de um instrumento infalível para medir a felicidade, um super-hedonímetro. Podemos, então, dar prosseguimento ao nosso projeto de maximizar a felicidade? Não, não podemos. A felicidade, como é entendida pelos economistas da felicidade, não é um objetivo político adequado, independentemente de seus problemas de medição, pela simples razão de que não é necessariamente um bem. Transformá-la em objetivo político é revelar a perspectiva perturbadora que o guru do LSD, Timothy Leary, chamou de "engenharia hedônica".

Como os economistas da felicidade entendem a felicidade? São poucos os que se dispõem a pensar nisso mais profundamente. Yew-Kwang Ng, um líder nesse campo, contentou-se em repetir a clássica definição benthamista de Henry Sidgwick: a felicidade é o "excedente do prazer sobre a dor; os dois termos sendo usados, com significados igualmente abrangentes, de modo a incluir, respectivamente, sentimentos agradáveis e desagradáveis de todo tipo".[25] Em outras palavras, felicidade é um estado mental subjetivamente agradável, e não uma condição do ser objetivamente desejável. Outros economistas da felicidade são menos diretos, mas admitiremos que eles aceitam essa compreensão psicológica da felicidade ou a confiança que depositam no autorrelato seria um mistério. Sólon não precisou perguntar a Telus para saber que ele não era o homem mais feliz do mundo.

A concepção de Sidgwick de felicidade psicológica é o padrão no Ocidente moderno. Para muitos, é a que mais se aproxima do senso comum. Por outro lado, numa análise mais profunda, o que entendemos por ser feliz contém muitos resíduos da antiga ideia de *eudaimonia*, a "boa fortuna". Ao menos é a nossa sugestão. Mas não insistiremos nesse ponto. Insistimos, sim, em que a felicidade tomada no sentido psicológico não pode ser o bem supremo. Não é possível que todo o nosso sofrimento e trabalho termine em algo tão banal como um zumbido, um formigamento. Nosso argumento, então, tem a forma de um dilema. *Ou* a felicidade é entendida no sentido pré-moderno, como uma condição do ser, e nesse caso não é o tipo de coisa que possa ser medida por pesquisas de felicidade, *ou* é entendida no sentido moderno, como um estado mental, e nesse caso não é o bem supremo. Em ambos os casos, o projeto da economia da felicidade é falho.

A compreensão de felicidade implícita na moderna pesquisa da felicidade tem dois elementos principais. Ambos são questionáveis, no sentido de que estão em tensão com o que realmente pensamos sobre felicidade, o oposto do que, à primeira vista, podemos *pensar* que pensamos. Vejamos um de cada vez.

A felicidade é agregadora. Em outras palavras, a felicidade de toda uma vida é a soma (ou possivelmente a média, o que nos leva a conclusões bem diferentes) das felicidades de seus momentos individuais. Isso se contrapõe ao que seria chamado de visão "holística", segundo a qual a felicidade de toda uma vida é irredutível às felicidades momentâneas dessa mesma vida. Os pesquisadores discordam quanto à melhor maneira de se medir a felicidade agregada. O psicólogo Daniel Kahneman argumentou, muito no espírito de Edgeworth, que deveríamos medir a felicidade momento a momento e, em seguida, integrar os resultados.[26] A maioria dos pesquisadores, porém, se satisfaz em confiar na própria avaliação dos sujeitos de seu nível geral de felicidade. Mas essas são diferenças apenas de método. Todos os pesquisadores da felicidade devem concordar que ela é agregadora, e não holística, quanto ao caráter, caso contrário teríamos que obedecer à injunção de Sólon de que nenhum homem é feliz até que esteja morto.

A compreensão agregadora da felicidade é sustentada pela cultura circundante. O inglês moderno (em contraste com muitos outros idiomas) nos permite conversar sobre ser feliz por algumas horas ou mesmo alguns minutos; o que nos permite entender que uma vida feliz é uma sequência de momentos felizes. Mas acreditamos realmente nisso? Compare a vida de um homem que passa pelos maiores sofrimentos para obter grandes coisas com a de outro que foi muito rico quando jovem e perde tudo. É natural que o primeiro seja feliz, e o segundo, infeliz. Ainda assim, as duas vidas talvez tenham um mesmo número de momentos felizes. Por que, então, a distinção? A resposta, obviamente, é que o sofrimento no início da vida é considerado bom para as futuras realizações. Pode ser visto em retrospectiva como um ensaio ou aprendizado para uma história maior de sucesso. Por outro lado, o sofrimento no fim da vida não pode ser redimido – a menos que acreditemos em vida após a morte. Essa é a verdade permanente na frase de Sólon. É somente com a morte que a configuração geral da vida ou o sentido da vida pode ser conhecido. Dizer que uma vida é feliz ou infeliz antes que ela termine é o mesmo que dizer que uma peça é trágica ou cômica antes do final.

O sofrimento não redimido não é a única coisa que pode prejudicar a qualidade de uma vida. Mesmo uma vida repleta de momentos felizes do início ao fim pode ser infeliz se esses momentos não forem aglutinados em um todo maior.[27] Isso nos lembra o conquistador que vai de um porto ao outro, de uma namorada à outra. Lorde Glenconner, que morreu em 2010 depois de gastar toda a sua fortuna com luxos e prazeres, era alguém desse tipo. "Nada demais aconteceu comigo", teria dito no fim da vida. "Foi como uma festa que acabou no dia seguinte."[28] Não se pode afirmar que Glenconner tenha sido feliz, embora tenha tido muitos momentos felizes ao longo da vida. Mesmo que morresse sem arrependimentos, é possível que não tenha sido feliz. De qualquer maneira, é um ponto discutível.

Um exemplo mais flagrante dessa mesma situação nos foi oferecido pelo filósofo Fred Feldman. Imaginemos, sugere ele, uma situação como a que foi descrita por Oliver Sacks em *O homem que confundiu sua mulher com um chapéu*. Jamie, vítima da síndrome de Korsakov, não retém nada na memória por mais de alguns minutos. Sua vida é toda fragmentada – "uma sequência incoerente de episódios fugazes e não relacionados", escreve Feldman.[29] Mas Jamie não tem consciência da sua condição. Ele sente prazer a cada momento, admirando borboletas, jogando damas e assim por diante. Ele é feliz? Feldman, fiel à sua teoria hedonista da felicidade, precisa afirmar que é. Nós preferimos dizer que não é. Quando os pais desejam felicidade aos filhos, não é em uma vida como a de Jamie que eles estão pensando. Pensamentos como esse nos empurram na direção de uma teoria mais objetivista da felicidade. A infelicidade de Jamie, embora presente no modo como seus estados conscientes estão organizados, não é consciente. É necessariamente visível apenas aos outros.

A felicidade é unidimensional. Os economistas da felicidade sustentam, ao lado de Bentham e Sidgwick e contra Mill, que os estados conscientes podem ser classificados conforme a quantidade de felicidade que proporcionam. (Além disso, alguns defendem que é possível atribuir valores cardinais para expressar o *nível* de felicidade, mas isso é controverso.)[30] Existe, no jargão, uma "moeda" única de felicidade. As distinções feitas pela linguagem ordinária entre felicidade, alegria, prazer, contentamento e todas as suas contrapartidas negativas não são levadas em conta. Richard Layard faz uma analogia genial: da mesma maneira que os sons podem ser classificados em mais ou menos ruidosos, sejam quais forem as diferenças de timbre, tonalidade etc., os estados mentais também podem ser classificados em mais ou menos felizes.[31] Não fosse isso, o projeto da medição da felicidade ruiria desde o começo.

Esses pressupostos são necessários por uma questão de conveniência metodológica, embora sejam profundamente falhos. Os sentimentos positivos são dos mais variados tipos e a felicidade é só um deles. E dentro da própria felicidade existem distinções de qualidade irredutíveis às diferenças de quantidade. Vejamos, como ilustração, as diferenças entre *prazer, felicidade* e *alegria,* lembrando sempre que existem outras distinções igualmente fundamentais.

Comecemos pelo prazer. Os economistas da tradição benthamista identificam imediatamente a felicidade com prazer e esperam assim eliminar seus pontos obscuros. O prazer, de acordo com esse pensamento, é um tipo especial de sentimento que só varia em quantidade. Portanto, se felicidade é prazer, também pode ser tratada quantitativamente. Mas o prazer não é um sentimento especial, como nos mostrou Aristóteles há muitos anos. Imaginemos, ele sugere, que dois amigos estão conversando e escutam uma flauta soar ao longe. Se o prazer fosse um sentimento especial, o prazer de ouvir a música se agregaria ao prazer da conversa de forma direta e adicional, como o calor de dois fogos. Mas não é o que acontece. A música desvia a atenção da conversa e os amigos não conseguem falar e ouvir ao mesmo tempo.[32] Os leitores devem se lembrar de uma campanha da Häagen-Dazs em que um casal de amantes nus se lambuza sensualmente com sorvete. Nunca experimentamos, mas suspeitamos que isso comprova a tese de Aristóteles: o prazer proporcionado pelo sexo desvia a atenção do prazer proporcionado pelo sorvete, e vice-versa. Em suma, o prazer não é um sentimento distinto, gerado ora de um jeito, ora de outro; está profundamente ligado aos seus objetos. Reduzir a felicidade ao prazer com o objetivo de revelá-la unidimensional é fazer a coisa errada desde o começo.

FELICIDADE, UMA MIRAGEM

Em todo caso, felicidade não é prazer. A lógica gramatical dos dois conceitos é bem diferente. O prazer localiza-se frequentemente (mas não sempre) no corpo; pense numa massagem nos pés ou na cabeça. A felicidade, por sua vez, não tem localização física. Ninguém é feliz nos dedos dos pés ou em qualquer outra parte do corpo. O prazer dura um tempo determinado, digamos, de meio-dia à uma da tarde. A palavra *happy* (felicidade), no inglês moderno, também pode ser "situável" no tempo, embora com limites não tão precisos. (*I woke up happy this morning, but it soon faded.* [Acordei feliz esta manhã, mas logo passou.]) Existe também, como vimos, um tipo de felicidade sem dimensões temporais. Dizer que John é feliz não é o mesmo que dizer que ele é feliz em determinados momentos ou durante um tempo. O prazer jamais é assim atemporal. Uma "vida de prazer" é uma vida com muitos episódios prazerosos. O prazer dá ênfase à vida, mas não caracteriza a vida como um todo.

A distância entre felicidade e prazer tem raízes em uma diferença mais fundamental, fenomenológica, entre os dois estados. A felicidade não é só um sentimento, mas uma postura, uma maneira de enxergar a realidade. É a sensação de que algo é prazeroso: minha filha ingressou na universidade, meu país foi libertado. Mas essa regra tem exceções. Bebês e animais são felizes sem nenhum motivo aparente; adultos também podem ser felizes "por nada em particular". Mesmo nesses casos a felicidade é tipicamente uma postura perante o mundo. O animal feliz está à vontade em seu ambiente; a criança feliz é aberta e comunicativa; o homem feliz vê o mundo colorido, com otimismo, repleto de novidades. "O mundo de quem é feliz é completamente diferente do mundo de quem é infeliz", diz Wittgenstein.[33] A droga conhecida como ecstasy tem o efeito de transformar temporariamente o mundo em um lugar mais agradável e gentil. Por isso seus efeitos posteriores são tão deprimentes. A pessoa não se sente apenas nauseada, mas se dá conta de que seus sentimentos foram ludibriados.

O prazer também tem objetos, como reconheceu Aristóteles, embora diferentes dos objetos da felicidade porque são principalmente experimentais. Não se pode sentir prazer pelo que acontecerá após a morte, no outro mundo, mas é possível sentir prazer imaginando como será. Diferentemente da felicidade, o prazer não é limitado pelas crenças que se tem do mundo; é capaz de perdurar nas fantasias e ilusões. (Uma mulher virtual pode dar prazer ao homem, mas só uma mulher real o faz feliz.) E mesmo quando o prazer é proporcionado por situações reais, ele as traz sutilmente para a órbita da experiência. Compare "fico feliz que meu time seja o líder do campeonato" com "me dá prazer o fato de meu time ser o líder do campeonato". A primeira frase sugere um estado de satisfação consciente; a segunda, uma boa notícia lida no jornal ou ouvida na televisão. Isso explica a dúbia reputação do prazer. "Viver por prazer" implica o deliberado cultivo da experiência, uma atitude de fruição perante o mundo. Isso continua válido se os prazeres em questão forem do tipo "superior" ou "inferior".

Temos então a alegria. É um estado mais exaltado que o prazer e a felicidade, mas também mais esquivo. Prazer e felicidade podem ser buscados, mas seria muito difícil alguém buscar a alegria. Paradoxalmente, a alegria é congruente com o sofrimento, por isso é tão frequente nos textos cristãos. Philippa Foot cita uma mulher quacre que, depois de muitas dificuldades e perseguições, fala em "alegria de viver" ao pregar a Palavra. "Mas ela não disse que sua vida foi feliz", acrescenta Foot; "seria embaraçoso se dissesse."[34] E se a alegria é compatível com a falta de felicidade e de prazer, felicidade e prazer são igualmente compatíveis com a falta de alegria. Em seu poema "The Desert Village" (A aldeia deserta), Oliver Goldsmith ridiculariza os prazeres dos ricos devassos e ociosos:

Mas a grande pompa, o baile de máscaras da meia-noite,/ Com todas as aberrações e os libertinos reunidos –/ Antes levianos, alguns deles desejam conquistar,/ O prazer exaustivo se transforma

FELICIDADE, UMA MIRAGEM

em dor;/ E, mesmo enquanto o brilho das roupas chama a atenção/
O coração desconfiado pergunta se isso é alegria.*

Goldsmith não nega que eles se divirtam, ao menos até o ponto em
que "o exaustivo prazer se transforma em dor". Eles se "divertem"
– essa palavra surge, não por acaso, mais ou menos na época em
que o poema foi escrito. Mas é uma diversão distinta da alegria. E
presume-se que mais diversão também não equivaleria à alegria;
a diferença é de qualidade, e não de quantidade.

A felicidade, portanto, é distinta tanto do prazer quanto da alegria. Mas até no campo da felicidade há diferenciações a serem feitas.
Dissemos que a felicidade tem objetos, que ela é por algum motivo.
Agora podemos acrescentar que a felicidade *extrai seu caráter* daquilo
que a causa. A profunda felicidade, por exemplo, é caracterizada
como tal não por palpitações ou tremores – erro cometido em tantas
redações de adolescentes –, mas por sua relação com alguns bens
humanos fundamentais: o amor, o nascimento de uma criança, a
finalização de um trabalho importante. "Não faz sentido", escreve
Philippa Foot ao discutir brilhantemente o assunto,

> sugerir que alguém se sinta profundamente feliz por, digamos, ven-
> cer uma disputa com o vizinho pelo jornal matinal ou por um litro
> de leite, por mais que pensemos em entusiasmos e comportamentos
> "efervescentes". E a profunda felicidade e alegria pelo nascimento de
> uma criança? Isso é muito diferente! [...] Somos tentados a pensar a
> profunda felicidade como algo explicável psicologicamente, *de tal
> forma que seja possível separar a felicidade de seus objetos*. E por
> que isso seria possível? Por que a comunicabilidade do significado
> não dependeria de uma reação compartilhada entre seres humanos
> a certas coisas que são gerais à vida humana?[35]

---

* "But the long pomp, the midnight masquerade,/ With all the freaks of wanton wealth
array'd, / In these, ere triflers half their wish obtain,/ The toiling pleasure sickens into pain;/
And, e'en while fashion's brightest arts decoy,/ The heart distrusting asks if this be joy."

Se os estados da felicidade extraem seu caráter dos objetos, como escreve Foot, não há nenhuma razão para supor que todos eles possam ser classificados por ordem de intensidade. Mas é possível, se quisermos, isolar a "efervescência" e tomá-la como medida de felicidade, como também é possível, segundo a analogia de Layard, isolar o volume de um som de seus vários outros atributos. E por que faríamos isso? O que torna a "efervescência" tão importante? É como se voltássemos contra Layard a sua própria analogia e avaliássemos um discurso apenas pelo volume da voz, desprezando o conteúdo. Esse erro se compara ao de certas pessoas que avaliam o ato sexual pela intensidade ou pela frequência do orgasmo, desprezando todas as outras formas de se ter uma boa relação, e até mesmo de falhar.

Ainda ilustrando esse mesmo ponto, lembremos do general Wynne-Candy, o personagem Blimp do excelente filme de 1943, *Coronel Blimp, vida e morte*, de Powell e Pressburger. Ainda jovem, Candy se apaixona pela moça que vai se casar com seu melhor amigo. Ele não a esqueceu, e todas as suas outras namoradas (interpretadas pela mesma atriz, Deborah Kerr) se parecem muito com ela. Porém, nada nos faz supor que o general perca muito tempo lamentando sua decepção amorosa; porque não é, como ele mesmo diz, "do tipo poeta". Tem uma carreira militar de sucesso, é excelente caçador e está sempre de bem com a vida. Mas Candy é feliz? Pelos testes de "efervescência", é. Ele seria muito bem classificado em um hedonímetro. Mas podemos pensar que ele não é feliz, pelo menos não profundamente, se acreditarmos no papel central do amor, em oposição a caçar tigres, no plano dos propósitos humanos. Mas, provavelmente, essa não é a mesma percepção de Candy. E mais uma vez seríamos empurrados para uma compreensão mais objetivista da felicidade.

Procuramos mostrar que uma vida feliz, como é entendida pela maioria, não é só uma fieira de estados mentais agradáveis, mas também aquela que incorpora certos bens humanos básicos. É a *eudaimonia* espreitando por trás da compreensão moderna, psicológica, de felicidade; não se trata apenas de "plagiar sorrateiramente a ideia de um filósofo em particular sobre uma vida que valha a pena", como disseram Samuel Brittan e outros.[36] E para quem ainda não está convencido (e serão muitos), eis o outro lado da questão: se a felicidade é só um estado mental, como ela pode ser ao mesmo tempo o bem supremo, o principal objetivo de toda a nossa luta? Dedicar-se durante anos à execução de uma obra de arte, à educação de um filho, só para curtir a agitação mental resultante, é ser desleal com uma atitude muito peculiar perante a vida. Porém, é precisamente essa atitude que está por trás do atual culto da felicidade.

O problema pode ser enunciado com um pouco mais de precisão. Os economistas da felicidade acreditam que os estados mentais sejam bons na mesma proporção em que são felizes. Quanto mais feliz, melhor; quanto mais triste, pior. Os objetos ou as ocasiões de felicidade e tristeza não têm significado moral. "Nenhum sentimento bom é mau em si", escreve Layard; "só será mau por suas consequências."[37] Outros economistas da felicidade são menos categóricos, mas precisam acreditar em algo similar se o projeto fizer sentido moral. Se a felicidade não é intrinsecamente boa, por que tanta insistência em maximizá-la?*

Na realidade, a felicidade, concebida psicologicamente, não é boa em si, mas só até onde é *conveniente* ou, ao menos, não inconveniente. Ser feliz num momento x quando x não justifica ser feliz não é necessariamente bom. Imagine alguém rir desbragadamente diante de um desastre em que centenas de pessoas morrem. "Por que você

---

* É preciso acrescentar, por uma questão de justiça, que a maior parte dos economistas da felicidade não propõe maximizar a felicidade de qualquer maneira, inclusive pela lobotimização compulsória. Eles são, no jargão, "maximizadores com restrições": procuram maximizar a felicidade, mas dentro de uma estrutura de direitos básicos e justiça. Como essas restrições se justificam em suas próprias premissas utilitárias, em geral, não é explorado.

QUANTO É SUFICIENTE?

está tão feliz?", perguntaríamos. "O que o deixa tão feliz?" Imagine um estudante que, graças a uma dose dupla de Prozac, mostra-se serenamente indiferente diante da reprovação iminente – como se diz, no paraíso dos tolos. Podemos pensar que seria melhor esse aluno *não* estar feliz porque ao menos ele não perderia o contato com a realidade da situação. (Um aristotélico concordaria e acrescentaria que o aluno não é verdadeiramente feliz, mas essa não é uma opção aceita pelos economistas da felicidade.) Nem toda felicidade injustificada é ruim; não vamos desprezar a alegria inocente de uma criança nem as ilusões de um moribundo. Mas é evidente que o valor de um estado mental feliz depende, ao menos em parte, do mérito do objeto ou da falta dele. E se tomarmos isso como certo, então o projeto de maximizar a felicidade, independentemente de seus objetos, assumiria um aspecto sinistro.

Assim como existe felicidade injustificada, existe tristeza justificada. A tristeza é mais frequentemente injustificada porque tem suas raízes em falsas crenças, em mecanismos mentais irracionais; mas nos outros casos é simplesmente a percepção lúcida dos motivos que nos entristecem. Desde que esses motivos existam – e certamente existirão sempre –, não haverá mais tristeza se a) eles forem tirados da nossa frente; e se b) alterarmos a nossa sensibilidade para que não nos entristeçam mais. Não é difícil imaginar como fazer isso. Os cientistas poderiam desenvolver uma droga – uma aspirina psíquica – que apagasse todas as lembranças de perdas ou de dores. Ou o jornal e a televisão deixariam de noticiar fome, terremotos e outros. Essas medidas talvez funcionem. Mas nenhuma delas é remotamente desejável.

Muitas tradições religiosas e filosóficas veem a tristeza como uma resposta apropriada não só à tragédia individual, mas à própria tragédia humana. Essa ideia desapareceu do cristianismo ocidental, mas continua presente na ortodoxia oriental. "Se você tem consciência das coisas, de quão trágica é a vida, haverá uma coibição da

FELICIDADE, UMA MIRAGEM

sua alegria", disse o arcebispo Bloom, ex-chefe da Igreja Ortodoxa Russa na Inglaterra.

> Alegria é outra coisa. É possível ter uma forte sensação de alegria e júbilo internamente; mas sentir prazer pelos aspectos externos da vida com a consciência de que tantos estão sofrendo [...] eu acho muito difícil.[38]

Pensamentos similares são encontrados em outras tradições religiosas. Até Nietzsche, o pagão afirmador da vida, teve pouco tempo para que a felicidade não brotasse do sofrimento. "Nenhum homem luta pela felicidade, só o inglês faz isso",[39] é uma de suas frases famosas.

Os economistas da felicidade certamente desprezariam tudo isso como excesso de misticismo. Mas não é preciso ser um monge russo ou um filósofo alemão para perceber que existe algo de perturbador no projeto de maximização da felicidade em si, independentemente de seus objetos. Porque a conclusão lógica de um projeto como esse é descartar todos os objetos externos e agir diretamente no cérebro. Alguns economistas da felicidade já chegaram a essa conclusão. Yew--Kwang Ng chamou atenção para a estimulação cerebral elétrica, uma cirurgia capaz de gerar "intenso prazer sem reduzir a utilidade marginal". O único método potencialmente mais efetivo, segundo Ng, é a engenharia genética.[40] Richard Layard entusiasmou-se com as drogas modificadoras do humor, não só os medicamentos contra a depressão, como também os intensificadores do bem-estar. E só rejeitou a euforia perpétua porque "vamos precisar da mente uma parte do tempo para organizar a nossa vida".[41] Não fosse por isso, provavelmente viveríamos muito melhor num estado permanente de idiotismo feliz.

O Admirável Mundo Novo ainda não está ao nosso alcance. Layard e Ng não querem nos obrigar a beber *soma* [no livro de Huxley, droga sintética legalizada e viciante, que tem como efeito a felicidade] nem a estimular nosso cérebro. Porque eles são, como vimos, otimizadores com restrições; querem maximizar a felicidade dentro de uma estrutura existente de direitos legais. Mas essa não é uma qualificação segura, porque o aspecto mais profundo e preocupante do Admirável Mundo Novo não é a coerção, e sim a infantilização – o desaparecimento de algum desejo ou apego que desorganizasse o mecanismo do prazer. Um sistema desses é apenas incidentalmente coercitivo; poderia existir facilmente como resultado das livres escolhas individuais, sem que ninguém precise apontar uma arma para ninguém. Afinal, se os prazeres como os descritos por Ng fossem vendidos no mercado, quem de nós seria capaz de resistir?

Só em casos muito especiais de depressão a infelicidade é um mal inequívoco e alvo legítimo para a ação do Estado. Mas a depressão é uma classe à parte. Não é apenas a infelicidade extrema, mas a infelicidade inapta, desproporcional, e é isso que constitui o seu mal peculiar. (Uma viúva entristecida é tão infeliz quanto um homem em depressão, mas a infelicidade dela é uma reação adequada à perda, e não uma doença a ser curada.) A depressão é assunto para médicos e deve ser tratada sob a rubrica da saúde mental. Não faz parte, como Layard a apresenta, da crise geral de infelicidade, nem o combate a ela merece uma ampla campanha para que as pessoas sejam mais felizes.

Trocar a busca do crescimento pela busca da felicidade é trocar um falso ídolo por outro. Nossa meta, como indivíduos e cidadãos, não é simplesmente ser feliz, mas ter motivos para sê-lo. Querer as coisas boas da vida – saúde, respeito, amizade, lazer – é razão suficiente para ser feliz. Ser feliz sem elas é cair nas garras da ilusão: a ilusão de que a vida vai bem quando de fato não vai. Essa ilusão é conhecida dos marxistas como ideologia e serve para mascarar a opressão e a degradação. O paraíso e o gim eram os instrumentos tradicionais de reconciliação do miserável com seu destino. A sanção

FELICIDADE, UMA MIRAGEM

da "felicidade" pelo governo Cameron sugere que muito em breve também ela terá papel similar.

Certamente, muitos economistas da felicidade não têm esse projeto. Assim como nós, também eles querem desviar a política dessa corrida às cegas por riquezas e direcioná-la para a melhoria das condições da vida real. Mas eles adotaram uma linguagem que aponta – "objetivamente", diriam os marxistas – em outra direção. Porque se a felicidade é meramente uma sensação privada, sem nenhuma conexão intrínseca com o bem viver, então o *soma* e a estimulação cerebral seriam meios muito mais baratos e efetivos de alcançá-la. Por que não admitir de agora em diante que estamos interessados na vida boa e deixemos que a felicidade busque a si mesma?

5. Os limites para o crescimento: naturais ou morais?

"A natureza tem boas intenções, mas, como disse
Aristóteles, não tem capacidade de executá-las."
Oscar Wilde

Além de não melhorar a condição humana, o crescimento econômico também tem sido acusado de violentar a inocência da natureza. Essa acusação é quase tão antiga quanto a anterior. Wordsworth, em 1814, lamentou as "atrocidades cometidas contra a natureza" pela máquina produtiva; mais tarde, outros criticaram a destruição das florestas e da vida selvagem, a extinção da fauna e da flora, a poluição dos rios, lagos e mares. Mas nos últimos vinte anos, um fantasma tem apavorado especialmente a opinião pública: o catastrófico e irreversível aumento da temperatura do planeta. Para impedir o desastre, temos que parar imediatamente o crescimento econômico e a civilização como hoje a conhecemos.

A causa ambientalista contra o crescimento prefere apresentar-se como uma resposta racional aos fatos estabelecidos. Mas seu espírito secreto continua sendo o do romantismo. Não é assim tão evidente, ao olhar menos apaixonado, que o aquecimento global nos obrigue a abandonar o crescimento. Pelo contrário, recomenda que *perseveremos* no crescimento para financiar as tecnologias necessárias que abrandarão suas consequências. Mas apenas fatos não decidem essa disputa. É mais um confronto entre visões de mundo: o otimismo de Prometeu de um lado, a compaixão pela natureza de outro. E o modelo utilitário do nosso discurso público exige que falemos em neutralizações e emissões.

O caráter veladamente religioso do movimento verde costuma ser visto, tanto por adeptos quanto por adversários, como constrangedor e até mesmo escandaloso. Em nossa cultura pública, a ciência é o árbitro supremo da verdade e da falsidade; o resto é tagarelice. Não é assim que enxergamos. Respeitamos e partilhamos esse sentimento religioso que habita o coração do movimento de defesa do meio ambiente. Mas acreditamos que esse sentimento se manifestaria melhor se fosse explícito e não se ocultasse sob as asas da ciência. Ocultar-se não é só desonesto, cria reféns do destino. Porque, se o crescimento for, afinal, sustentável, como pode perfeitamente ser, então aqueles cuja oposição se baseava apenas na *in*sustentabilidade não terão mais o que dizer. Serão como os primeiros cristãos cuja fé se fundamentava na convicção do retorno iminente de Cristo.

Há mais uma coisa de que os ambientalistas devem se lembrar. As profecias de pragas e tempestades já foram uma maneira honrosa, porém indelicada, de estimular o espírito de renúncia. É mais delicado (e até mais eficiente) mostrar às pessoas que uma vida menos abarrotada é melhor e mais desejável. O historiador de arte Kenneth Clark disse uma vez que o rococó germânico, com suas cúpulas e seus ornamentos arrebatadores, queria convencer "não pelo medo, mas pelo júbilo". Os extremistas sempre contaram com a exploração do medo para alcançar seus fins. Nosso desejo é convencer pela alegria, apresentar uma concepção de vida boa como algo que se deve buscar não por culpa nem por medo do que será retribuído, mas com felicidade e esperança.

Os limites do crescimento

Keynes previa o *fim* definitivo do crescimento, um ponto em que todos os desejos materiais estivessem definitivamente satisfeitos. Outros, mais pessimistas, postularam um *limite* para o crescimento, uma barreira externa ao progresso futuro. Publicado por Thomas Malthus, o *Ensaio sobre o princípio da população*, já mencionado no Capítulo 2, é o primeiro e o mais clássico pronunciamento sobre o tema. O argumento de Malthus é sedutoramente simples. Parte de duas certezas: a finitude da terra e a existência de certa "paixão entre os sexos". A capacidade da terra de produzir alimentos é inerentemente limitada. Pode-se explorar cada vez mais o campo, mas cedo ou tarde sua capacidade máxima será atingida. Em compensação, a capacidade multiplicadora da raça humana não tem limites. Se a cada geração o número de indivíduos dobrar – e lembre-se de que, na época de Malthus, a norma eram três ou quatro filhos por casal –, logo o universo ficaria saturado. O impacto é inevitável. Segundo Malthus, "o poder da população é tão superior ao poder da terra de produzir a subsistência do homem, que de uma forma ou de outra a morte prematura visitará a raça humana".[1]

O fantasma malthusiano foi evitado pela maioria dos países europeus (mas não todos) no século XIX, graças a uma combinação de aumento da produtividade agrícola, queda nos índices de natalidade e emigração em massa para o Novo Mundo. Desde então, voltou a assombrar outras vezes. O best-seller de 1972 *Limits to Growth* (Limites para o crescimento) previu que a população mundial chegaria a 7 bilhões no final do século XX e que faltariam grãos, petróleo, gás, cobre, alumínio e ouro.[2] Essas profecias revelaram-se meramente alarmistas. A "revolução verde" da agricultura, mais especificamente, a que aumentou exponencialmente as plantações de cereais por hectare, afastou a ameaça da fome, apesar do crescimento populacional se aproximar do que foi projetado. Outros cenários de esgotamento

QUANTO É SUFICIENTE?

também não se materializaram.[3] A "bomba populacional", termo emprestado de um importante tratado da década de 1960, falhou estrondosamente.[4]

Essa reviravolta nos fatos não surpreendeu os economistas, que há muito tempo conheciam uma falha básica nos argumentos de Malthus, que foi ignorar a força da articulação entre preços e inovações tecnológicas. Na medida em que as reservas de qualquer matéria--prima diminuem, os preços aumentam e se tornam um incentivo para a) encontrar novas reservas, b) explorar as reservas existentes de modo mais eficiente e c) buscar alternativas. Por exemplo, o aumento no preço do petróleo levou à perfuração de novos campos no Alasca e no Golfo do México, além do investimento em energias alternativas como a eólica e a solar. Devido a uma civilização tecnologicamente progressista, *que controla o crescimento populacional,* é altamente improvável que nosso planeta sofra um esgotamento de energia, de comida e outros insumos básicos. Quanto à qualidade de vida nesse mesmo planeta, isso já é outro assunto.

Mas o argumento malthusiano pode ganhar outro aspecto, ainda mais potente. E se o limite máximo do crescimento não for nas "fontes", mas nos "ralos", não nas reservas de petróleo e em outros recursos industriais, mas na capacidade da terra de absorver os dejetos desses produtos? A poluição é recalcitrante em relação aos mecanismos de mercado usuais. É o que os economistas chamam de "externalidade negativa": como seus efeitos negativos não se refletem nos preços, há uma superprodução quando se leva em conta o custo real dos objetos. Para que a poluição seja controlada, é necessária uma ação coletiva. E essa ação terá que ser global, pois os efeitos da poluição costumam ser sentidos muito longe de sua origem.

Um poluente em particular tem dominado a discussão pública. O dióxido de carbono liberado na atmosfera pela combustão do carvão, do gás e do petróleo, combustíveis que, somados, respondem por 80% da produção de energia do planeta. A concentração desses poluentes

OS LIMITES PARA O CRESCIMENTO: NATURAIS OU MORAIS?

na atmosfera tem aumentado consistentemente desde a Revolução Industrial e continua crescendo. Isso é preocupante, porque o dióxido de carbono é apenas um dos inúmeros gases que impedem que o calor do sol retorne para a atmosfera. Na medida em que a concentração desses gases aumentar, a temperatura do planeta subirá. É o efeito estufa antropogênico (ou produzido pelo homem), considerado a principal causa do aquecimento global.

O aquecimento global é bem diferente dos temores malthusianos, tanto em escala quanto em caráter. Os efeitos antecipados incluem, entre outros, inundações, secas, pragas e, o pior dos cenários, a destruição total da vida humana. Sua eliminação requer o abandono não só de um ou outro luxo, mas também do carvão, do gás natural e do petróleo – o próprio sangue da civilização industrial. É, sem dúvida, uma plataforma bastante conveniente para quem jamais aprovou a civilização industrial. O defensor do clima George Monbiot exorta os governos do mundo rico a "manter os índices de crescimento o mais próximo possível de zero".[5] Num espírito similar, o consultor de sustentabilidade Tim Jackson argumenta que só a cessação *total* do crescimento nos salvará de um desastre planetário e, acrescenta, nos tornará mais felizes.[6]

Concordamos que, para o mundo rico, o crescimento não é mais uma meta razoável de políticas de longo prazo. Para nós, isso é uma verdade ética e não a conclusão de um fato científico. Os problemas do aquecimento global por si só, apesar de gravíssimos, não exigem que paremos de crescer. Na hipótese adicional e raramente admitida de que além de certo ponto o crescimento é inerentemente indesejável é que essa inferência se torna mais atraente. Um ideal ético infiltrou-se sob o manto de uma necessidade pragmática – manobra bastante conhecida em nossa cultura política utilitária.

O termo "negador da mudança climática" – inspirado em "negador do Holocausto" e com implicações similares – costuma ser aplicado aos que questionam o consenso científico do aquecimento

QUANTO É SUFICIENTE?

global. Nós não somos negadores. Nossas dúvidas dizem respeito às implicações econômicas, e não à ciência do aquecimento global. Isso esclarecido, a ciência não é tão categórica quanto se costuma dizer. A climatologia é um campo jovem, no qual muita coisa ainda é incerta e questionável. Também é intensamente politizada, com poderosos interesses comerciais e burocráticos de ambos os lados do debate. Nem mesmo o Painel Intergovernamental das Mudanças Climáticas [IPCC, na sigla em inglês]), a principal conferência mundial dos cientistas do clima, está acima de qualquer suspeita. "Corremos o risco", declara o relatório da Câmara dos Lordes sobre as mudanças climáticas, "de o IPCC 'monopolizar o conhecimento' sobre alguns temas e não dar ouvidos aos que não adotam a mesma linha de consenso."[7] Diante dessa barreira de acusações e contra-acusações, resta a nós, não cientistas, aceitarmos a visão da maioria, segundo a qual o aquecimento global é, principalmente, resultado da atividade humana. Nada do que segue depende de que isso seja ou não verdade.

Todos os argumentos, desde o aquecimento global até a redução do crescimento, têm configurações tipicamente utilitárias. Um deles é que algum sofrimento é necessário para que sofrimentos maiores sejam evitados no futuro. Mas esse argumento só é valido se a) os custos futuros do aquecimento global forem revelados com alguma certeza; e se b) os custos tiverem o mesmo peso se forem sentidos agora ou daqui a cinquenta ou duzentos anos. As duas hipóteses são questionáveis. Vamos analisá-las separadamente.

É arriscado fazer previsões numa área tão complexa e enganosa como esta. Mas nem por isso as pessoas deixam de fazê-las. O IPCC divulga estimativas dos custos do aquecimento global desde 1990. Essas estimativas são geradas por computadores poderosos e avançam décadas no futuro. Elas refletem a autoridade tecnocrata. Mas até que ponto nos informam realmente? Os modelos do IPCC são baseados em projeções de longo prazo não só do clima, mas também da população, do crescimento econômico e das mudanças tecnológicas,

OS LIMITES PARA O CRESCIMENTO: NATURAIS OU MORAIS?

todos altamente incertos. Junte essas incertezas e você chegará ao que o próprio IPCC chama de "cascata de incertezas".[8] Não lhe parece uma base frágil demais para a adoção de medidas que *certamente* terão efeitos drásticos em nosso padrão de vida?

A tecnologia é fundamental para a estimativa dos custos do aquecimento global porque nos diz se reagiremos bem às inundações, secas e doenças que virão na esteira das catástrofes. Por outro lado, os avanços tecnológicos são, em princípio, imprevisíveis, pelas razões já citadas por Karl Popper: se pudéssemos prever o que saberemos, já saberíamos.[9] (Isso define o efeito *Jornada nas estrelas*, a conhecida tendência dos filmes de ficção científica de só tratar das fantasias da época em que são realizados.) O IPCC tem consciência dessa dificuldade ao admitir que as tecnologias "que serão usadas daqui a cem anos terão efeitos imprevisíveis na sensibilidade e na vulnerabilidade do clima".[10] Por outro lado, é exatamente por não serem previstos – ou por serem imprevisíveis – que eles não podem ser incorporados a um modelo de previsão formal. Nossos ancestrais jamais imaginariam a tecnologia genética que hoje nos permite alimentar 7 bilhões de pessoas. Por que deveríamos nos surpreender se nossos descendentes desenvolverem tecnologias para lidar com três, quatro ou mais graus de aquecimento?

O IPCC tem a seu favor o fato de não atribuir probabilidades aos seus diferentes cenários, apresentando-os como "roteiros" alternativos. É inevitável, porém, que os políticos se apropriem dos roteiros mais radicais para promover suas credenciais verdes, da mesma maneira que seus conselheiros, que esperam receber favores em troca. O processo é comparável à "sedução amorosa": as declarações dos especialistas aos poucos vão se tornando menos cautelosas, até serem facilmente digeridas. Por exemplo, o mais tenebroso dos seis cenários do IPCC foi o escolhido como base do influente relatório Stern Review 2006, que por sua vez inspirou o pronunciamento de Tony Blair em sua carta aberta aos chefes de Estado da União Europeia:

QUANTO É SUFICIENTE?

"Temos uma janela de apenas dez a quinze anos para tomar as medidas necessárias e não ultrapassar um ponto crítico catastrófico."[11] (Isso foi em 2006. Hoje resta muito menos.)

A ideia de um "ponto crítico" catastrófico ou "ponto de não retorno" é rejeitada pela maioria dos cientistas sérios porque lhes faltam bases empíricas suficientes. "A linguagem da catástrofe não é a linguagem da ciência", escreve Mike Hulme, ex-diretor do Tyndall Centre for Climate Research da University of East Anglia.[12] Mas isso não impede que mesmo os mais bem informados se apropriem dessa linguagem. O geoquímico James Lovelock (de quem falaremos mais adiante) vê o planeta se aproximar de um estado "que pode ser facilmente comparado ao inferno: tão quente e mortal que só sobreviverão alguns poucos dos bilhões que hoje vivem".[13] Passagens como essa nos remetem a uma versão secular da famosa aposta de Pascal: conjuram um mal tão terrível que *qualquer* sacrifício, por maior que seja, é válido para evitá-lo. Essa estratégia argumentativa (hoje enobrecida como "forte princípio antecipatório") é calculada para inspirar pânico. Em qualquer cômputo mais sóbrio, os perigos do aquecimento global, embora reais, estão numa escala equivalente à das guerras, das pragas e de vários outros desastres potenciais. Não requerem uma concentração *total* de esforços e recursos como preconizam os radicais do clima.

A causa ambientalista pela redução do crescimento pressupõe não só que as devastações causadas pelo aquecimento global são previsíveis com algum grau de precisão, como têm o mesmo peso independentemente da sua distância no tempo. Mesmo que o desastre venha a acontecer daqui a duzentos anos, os esforços para evitá-lo devem ser feitos *hoje*. Isso é anti-intuitivo ao extremo. As pessoas valorizam mais a felicidade dos que estão vivos do que dos que ainda não nasceram. Elas estão "voltadas para o presente". Os economistas ambientais registram esse fato aplicando um "desconto" ao bem-estar futuro; eles estipulam, com efeito, que é melhor evitar

OS LIMITES PARA O CRESCIMENTO: NATURAIS OU MORAIS?

hoje do que sofrer amanhã. Além disso, partem do princípio de que, como as futuras gerações provavelmente serão mais ricas do que somos, poderão arcar com os custos do aquecimento global. As duas hipóteses nos levam a concluir que,

> apesar de a economia global estar seriamente ameaçada pelas mudanças climáticas, pouca coisa será feita para reduzir as emissões de carbono num futuro próximo; o controle do carbono só acontecerá de maneira crescente, porém gradual, dentro de algumas décadas.[14]

Os radicais do clima são fortemente contra descontar o bem-estar futuro. Por que um indivíduo que nasceria em 2100 e não em 2000 teria menos queixas a nosso respeito? Isso não seria "presentismo", assim como racismo ou sexismo? A Stern Review trabalha com um índice de desconto de tempo próximo de zero, portanto, atribui peso semelhante ao bem-estar dos indivíduos atuais e futuros. (A única razão para o índice de desconto não ser igual a zero é admitir a remota possibilidade de a raça humana deixar de existir.) A partir daí conclui-se que a diminuição imediata das emissões de carbono, pequena a princípio, mas de até 1% do PIB global lá pelo ano 2050, evitará enormes prejuízos causados pelo aquecimento global.[15] Mais à frente, a Stern dobrou sua estimativa dos prejuízos causados pelas mudanças climáticas, e números ainda mais altos foram propostos por autores subsequentes, aproximando-se da total ausência de crescimento.[16]

A ética da Stern Review é a do igualitarismo paradisíaco, segundo a qual todas as eras são contemporâneas e todos os seres humanos, passados, atuais e futuros, são igualmente considerados. Mas, do nosso ponto de vista, o ponto de vista humano, a ética é subparadisíaca. Vemos o mundo a partir de uma determinada localização no tempo e distribuímos nossa simpatia de acordo. Valorizamos o bem-estar de nossos filhos mais do que o de nossos netos, e o de nossos netos mais do que o de nossos bisnetos, e seríamos negligentes se não o fizéssemos. Nigel Lawson nos lembra a personagem Mrs. Jellyby, a "filantropa telescópica" de *A casa abandonada* de Charles Dickens, tão dedicada aos miseráveis da África que esquece dos próprios filhos. "Os autodenominados fundamentos éticos do índice de desconto da Stern Review são pouco mais que um jellybismo atemporal", disse Lawson.[17] Mas a posição da Stern é ainda mais estranha; se Mrs. Jellyby trata os mais próximos e mais amados da mesma maneira que trata os estranhos, a Stern trata os que estão vivos da mesma maneira que os que ainda não nasceram. Joga o bem-estar da mera *possibilia* nas escalas dos seres humanos de carne e osso. Nós podemos rejeitar essa estranha filosofia sem abraçar o *après moi le deluge* de Luís XV. Basta dizer que o bem-estar dos não nascidos conta *menos* que o bem-estar dos que existem, mas ainda conta um pouco.

Do aquecimento global até a redução do crescimento a argumentação é tão frágil que se buscam explicações mais consistentes para seu persistente interesse. E elas logo aparecem. Os radicais do clima são, em sua maioria, pessoas que também odeiam apaixonadamente a ganância e o luxo, pessoas que em outras épocas teriam sido Cromwells e Savonarolas. Ao impregnar tudo de muita bibliografia ambientalista, elas se penitenciam. Nota-se um inconfundível sotaque puritano quando George Monbiot anuncia que a sua campanha "não é pela abundância, mas pela austeridade. Não por mais, mas por menos liberdade. E mesmo que isso pareça estranho, é uma campanha não só contra outras pessoas, mas contra nós mesmos".[18] É aí, e não no terreno árido das análises de custo-benefício geradas em computadores, que bate o coração do ativismo do clima.

Resumindo, a causa ambientalista em favor da redução do crescimento não pode ser explicada como uma resposta pragmática aos fatos conhecidos. Ela denuncia uma paixão, uma necessidade tão grande de acreditar que os fatos são meramente acidentais. Quando os

OS LIMITES PARA O CRESCIMENTO: NATURAIS OU MORAIS?

fatos desmentiram as previsões econômicas de Marx, seus seguidores não se abalaram. Similarmente, se os atuais temores do aquecimento global se revelarem infundados, os radicais do clima não abandonarão suas oposições aos voos de longa distância e aos veículos quatro por quatro; e buscarão novos argumentos para justificar suas austeridades. É pela fé, e não pela ciência, que o ambientalismo se sustenta ou desmorona. E de onde vem essa fé? Para responder a essa pergunta, é preciso olhar para a história.

As raízes éticas do ambientalismo

A revolução científica do século XVII lutou pela consolidação do que o profeta Francis Bacon chamava de *regnum hominis,* o império do homem. A natureza reduzia-se à matéria inerte, útil aos fins humanos, e Deus a um "primeiro motor" remoto e indiferente. O homem, e somente ele, é soberano. Locke e outros reinterpretaram o Livro do Gênesis à luz dessa nova filosofia, como um mandado divino para ceifar, semear e colher, fortalecendo o elo entre a cristandade protestante e a exploração ambiental que persiste até hoje. O economista norte-americano do século XIX H. C. Carey deu voz ao senso comum de sua época descrevendo a Terra como "uma grande máquina que o homem recebeu para adaptar aos seus propósitos".[19]

O projeto baconiano e suas consequências industriais provocaram reações apaixonadas em poetas e escritores. O protesto de Wordsworth contra a violação da natureza é o mesmo de John Ruskin e William Morris na Inglaterra, de Henry David Thoureau e Ralph Waldo Emerson nos Estados Unidos e muitos outros. O que moveu esses autores não foi a teoria científica da poluição nem o esgotamento dos recursos naturais, mas um sentimento pagão, semiprimal, de sacralidade da natureza e um horror proporcional pela intromissão humana. "Tudo é sujo pelos negócios, turvado, marcado pelo trabalho extenuante", escreveu Gerard Manley Hopkins sobre as consequências da atividade humana na face da Terra. Sua aversão tanto era pela agricultura quanto pela indústria. O romantismo renovou o gosto pela natureza *selvagem*, por terras virgens e montanhas, em oposição às pastagens e vinhedos tão ao gosto das gerações anteriores de poetas e pintores.

Os primeiros grupos ambientalistas – National Trust, no Reino Unido, Homeland Protection League, na Alemanha, e Sierra Club, nos Estados Unidos – são produtos do culto romântico às antigas construções e às paisagens "intocadas". Seus membros eram entusiastas das classes médias com tendências patrióticas, conservadoras. Não se opunham à indústria em si, desde que mantida taticamente distante. Os grupos menos organizados que se multiplicaram no final do século XIX eram mais proletários e esquerdistas quanto ao caráter, mas visavam apenas um recuo temporário da civilização industrial, e não o seu desmantelamento geral. Os operários sabiam muito bem de que lado estava a manteiga do seu pão de cada dia.

Mas os primeiros ambientalistas abraçaram outras tendências mais radicais, segundo as quais o inimigo era a tecnologia em si e não apenas os seus ocasionais abusos. Ludwig Klages, carismático filósofo e poeta alemão, deu o tom característico em 1913: "O progresso tende à *destruição da vida*. Ataca de todos os lados, devasta florestas, extingue espécies, dizima tribos indígenas, sufoca e desfigura a paisagem sob o verniz do comércio, e degrada as criaturas vivas tratando-as como 'gado', como mercadoria."[20]

> A usina hidrelétrica não foi construída sobre o Reno como a velha ponte de madeira que há cem anos liga as suas margens. Pelo contrário, o rio é levado para dentro da usina. Hoje, é o fornecedor da energia hídrica gerada no coração da central elétrica [...] Mas, dirão alguns, o Reno é ainda um rio na natureza, não é? Talvez seja. Mas de que maneira? Não mais que um objeto inspecionado por um grupo de visitantes trazido pela indústria do turismo.[21]

OS LIMITES PARA O CRESCIMENTO: NATURAIS OU MORAIS?

Klages, antissemita, e Heidegger, nazista contumaz, são alguns dos antepassados não reconhecidos pelo atual movimento verde. Suas ideias foram repaginadas e conduzidas à esquerda por Theodor Adorno e Max Horkheimer, após a Segunda Guerra Mundial, e foram exportadas para os Estados Unidos por um velho conhecido de Adorno, Herbert Marcuse. ("O movimento ecológico", disse Marcuse com sua intransigência típica, "deve buscar não o mero embelezamento do *establishment* existente, mas uma transformação radical das próprias instituições e empresas que desperdiçam nossos recursos e poluem a Terra."[22]) Mais recentemente o movimento ambiental passou a ser visto como um movimento integralmente "progressista". Apenas alguns marxistas da velha escola desconfiam de que ele esconda o projeto de manter os pobres no seu devido lugar.

Até a década de 1960, a crítica mais radical à tecnologia limitava-se a uma minoria fanática de estudantes, artistas e intelectuais. Dois movimentos a trouxeram de volta. Um deles foi a ecologia, a nova ciência dos seres vivos em seu hábitat natural, com a nova consciência da interdependência da vida e dos riscos da intervenção humana. Lançou as bases científicas da velha mística de que a natureza tem um "equilíbrio" intrínseco que nós perturbamos à nossa própria custa. *Primavera silenciosa*, de Rachel Carson, o polêmico livro escrito em 1962 contra o mau uso de pesticidas, foi uma expressão influente nessa linha de pensamento. Também na década de 1960 renasceram as preocupações malthusianas com o crescimento populacional e a escassez de recursos. *The Population Bomb* (A bomba populacional), de Paul Ehrlich, foi publicado em 1968, seguido de perto por *Limites do crescimento*, em 1972, e *Small is Beautiful* (O pequeno é belo), do economista E. F. Schumacher. Essa nova onda do pensamento ambientalista conservou uma aura de radicalismo, mas seu objeto real era a "sustentabilidade" no longo prazo, e não o desaparecimento da sociedade industrializada. Provocou reações práticas em homens e mulheres para os quais a alienação e o engajamento significavam muito pouco.

QUANTO É SUFICIENTE?

Desde a década de 1970, a atual corrente ambientalista tenta estruturar uma linguagem utilitária para a sustentabilidade, mas seus impulsos mais profundos continuam sendo éticos, estéticos e até religiosos. Isso criou uma tensão no movimento entre os chamados ecologistas "profundos" e "superficiais", os primeiros valorizando a natureza como um fim em si mesmo, os segundos vendo-a como instrumento dos propósitos humanos. (A campanha contra o aquecimento global está no âmbito "superficial", mas, como vimos, muitos de seus apoiadores possuem inclinações "profundas".) Paralelamente, há uma tensão entre os instintos originalmente ludistas do movimento ambiental e a recente dependência das previsões feitas por computadores. As mesmas pessoas que há quarenta anos falavam em "tecnofascismo", hoje são defensoras contumazes do cientificismo ortodoxo.

Os dois lados do movimento ambiental, o romântico e o científico, se encontram em James Lovelock, inventor do detector de captura de elétrons e autor da famosa hipótese Gaia. Cientista interessado em geoquímica, ecologia e cibernética, Lovelock concluiu que os seres vivos são cruciais para manter a temperatura e a atmosfera terrestre num grau favorável à vida. Mais adiante ele questionou se a Terra como um todo não deveria ser vista como um sistema autorregulador, comparável a um organismo. Ao confidenciar sua suspeita a um vizinho, o romancista William Golding, este "imediatamente [...] recomendou-lhe que a criatura se chamasse Gaia, a deusa grega da Terra".[23] Um novo mito acabava de nascer.

Gaia foi proposta inicialmente por Lovelock como um artifício puramente heurístico, uma forma de elaborar hipóteses, e não uma afirmação de fato. "Às vezes tem sido difícil evitar, sem excessivas circunlocuções, falar de Gaia como se fosse um ser senciente", Lovelock escreveu em 1978. "Isso não deve ser levado mais a sério do que a denominação 'ele' que é dada a um barco por aqueles que o navegam."[24] Mas nos textos mais recentes as advertências desaparecem. "E se Maria fosse outro nome de Gaia?", Lovelock pergunta

OS LIMITES PARA O CRESCIMENTO: NATURAIS OU MORAIS?

retoricamente em *As eras de Gaia*. "Na Terra, ela é fonte inesgotável de vida e está viva agora; deu à luz a humanidade e nós fazemos parte dela."[25] Aqui, Lovelock faz um jogo duplo: de um lado, tranquiliza seus colegas cientistas; de outro, dá uma piscadela para os neopagãos. Gaia, respeitavelmente naturalista, porém rica em insinuações míticas, é a divindade perfeita para um período incapacitado de fé transcendental.

A mensagem de Gaia é ambígua. Se ela é robusta ("uma cadela resistente", chamou-a Lynn Margulis, colaboradora de Lovelock), talvez consiga acomodar tudo o que jogamos dentro dela. Afinal, tem acomodado tantas perturbações ao longo da sua história. Mas talvez não seja mais tão robusta, talvez a sua maneira de "acomodar" uma perturbação em particular será eliminá-la na própria origem – ou seja, nós. Um livro recente de Lovelock, *A vingança de Gaia*, tende a essa possibilidade. Nele, Gaia deixa de ser a meiga e suave Virgem Maria para ser uma fúria pagã.

> Temos visto que Gaia, o grande sistema Terra, comporta-se como as deusas míticas Khali e Nêmesis; age como a mãe que nutre, mas é duramente cruel com os transgressores, mesmo quando são seus descendentes.[26]

Com isso, a profecia finalmente triunfou sobre a ciência. A visão catastrófica de Lovelock não tem fundamentos empíricos nem teóricos. Sua lógica é mitopoética: os delitos do homem clamam por vingança, mas como Deus está morto, é a Natureza que empunha a espada. Foi com esse mesmo espírito que Wordsworth, no poema citado no início deste capítulo, convocou a natureza a "vingar seus direitos violados", e o naturalista vitoriano G. P. Marsh ordenou que ela "se vingue dos intrusos".[27] Essa retórica não é apenas ciência ruim; é mais que isso, é religião ruim. A natureza tal como é concebida por seus defensores modernos só está preocupada com seu novo "equilíbrio", e não com o bem-estar do homem. Ela herdou a ira, mas não a misericórdia divina. Gaia representa o retrocesso, não a evolução, da consciência religiosa.

Essa breve história confirma a conclusão a que chegamos anteriormente: são os sentimentos, e não a ciência, que orientaram e ainda orientam o movimento ambiental. Por que os defensores modernos da causa verde relutam tanto em admitir isso? Em parte porque não querem diminuir a credibilidade de seus argumentos puramente "positivistas", e em parte porque temem que a sincera exposição de seus motivos mostre coisas que são repugnantes. Talvez eles tenham razão. O que lamentamos, porém, é que, apesar de tanta besteira, tanta sordidez, o movimento ambiental abriga o germe de um ideal maravilhoso, cujo reconhecimento, em vez de enfraquecer, *fortalece* grandemente sua causa. É para esse ideal que agora nos voltamos.

Harmonia com a natureza

A moderna ética ecológica se divide em dois grandes grupos, que chamamos de "superficial" e "profundo". O primeiro vê a natureza como um recurso humano que deve ser administrado para os interesses das futuras gerações. O segundo vê a natureza como valiosa em si e para si, independentemente da utilidade que tem para nós. Mas nenhum deles capta o real caráter da nossa preocupação com a natureza. Dissecaremos as falhas de ambos para chegar a uma formulação mais adequada.

A ala "superficial" do movimento verde, como exemplificada na Stern Review e em várias outras publicações subsequentes, apenas estende a análise padrão de custo-benefício a um espaço de tempo mais longo que o usual. Sua lógica igualitária já é conhecida: não devemos privilegiar o nosso bem-estar em detrimento dos que ainda não nasceram, assim como não devemos privilegiar o bem-estar dos

OS LIMITES PARA O CRESCIMENTO: NATURAIS OU MORAIS?

brancos em detrimento do dos negros nem o dos homens em detrimento do das mulheres.

Esse argumento nos leva a algum lugar. Já defendemos que o bem-estar das gerações futuras precisa ter *alguma* importância para nós, pelo menos a mesma importância que o bem-estar dos que estão vivos, por isso não podemos transformar o planeta em um deserto. Mas as considerações dos defensores do bem-estar não esgotam o nosso interesse pela natureza. A filósofa Mary Midgley nos convida a imaginar Robinson Crusoé explodindo sua ilha com todas as plantas e todos os animais antes de embarcar para casa. Nenhum interesse humano estaria correndo riscos e mesmo assim ele cometeria uma brutalidade.[28] Ou, tomando um exemplo da vida real, nos preocupa muito o destino do urso polar e do leopardo-das-neves, e nenhum deles tem qualquer utilidade para nós. (Alguns diriam que o prazer de saber que eles existem *é* a utilidade que eles têm para nós, mas, sendo isso verdade, poderíamos obliterar essa utilidade parando de nos preocupar com eles e nos livrando da obrigação de lutar pela sua sobrevivência.) É claro que valorizamos a existência do urso polar e do leopardo-das-neves "em si", independentemente de qualquer benefício que isso possa nos trazer. E o mesmo é válido para todas as espécies ameaçadas no planeta.

Pensamentos como esse incentivam a ala alternativa, "profunda", do movimento verde. Os ecologistas profundos veem o argumento "superficial" anteriormente descrito como mera variante da ideia lockiana tão desacreditada de que a terra existe unicamente em nosso benefício. Preferem que consideremos "a proliferação da vida não humana" como um fim em si mesmo, independentemente do interesse imediato ou de longo prazo que possa ter para nós.[29] Mas isso levanta um problema espinhoso. O que *significa* "a proliferação da vida não humana"? Para começar, não existe uma entidade específica denominada "vida não humana", e sim uma infinidade de organismos e espécies não humanos competindo entre si. A proliferação do esquilo cinza se dá à custa do esquilo vermelho. A proliferação do carrapato se dá à custa do cão. O que seria, então, promover a "proliferação da vida não humana" como um todo?

Talvez promover a proliferação da vida não humana signifique promover igualmente a proliferação de todas as espécies não humanas. Arne Naess, originalmente um ecologista profundo, fala em "direitos iguais de proliferar e viver".[30] Mas isso levanta uma série de outras questões. Quem tem esses "direitos iguais"? As plantas, as bactérias e os fungos estariam incluídos? Uma determinada forma de vida ganharia esse direito se classificada como espécie, e perderia o direito se reclassificada como subespécie (o que é muito comum em biologia)? É injusto. "Direitos iguais de proliferar e viver" significa usar os mesmos recursos para salvar o leopardo-das-neves e o *acanthomyops latipes,* um dos inúmeros insetos em extinção? E quanto ao vírus da varíola, que hoje está isolado em dois laboratórios? É claro que os interesses devem ser consultados caso a caso. Mas para os "biosféricos igualitários" como Naess, o favorecimento de uma espécie em detrimento de outra por motivos sentimentais, estéticos ou por mero interesse pessoal expõe o demônio do "antropocentrismo". Devemos ser tão desinteressados em relação à natureza quanto um Catus ou um Brutus.

Uma proposta um pouco mais sensível é utilitária quanto à sua inspiração. Se a nossa meta é maximizar o prazer e minimizar o sofrimento, o prazer e o sofrimento dos animais deveriam ser igualmente considerados. Ignorá-los é cometer "especismo"; um preconceito arbitrário em favor da nossa própria espécie.[31] Mas, à parte os problemas gerais do utilitarismo, alguns abordados rapidamente no último capítulo, essa proposta desvirtua o caráter da nossa preocupação com a natureza. Para começar, não nos dá nenhuma razão não instrumental para nos preocuparmos com as plantas, que não sentem prazer nem dor. Além disso, muitos animais, em particular os selvagens herbívoros, são movidos por instinto,

OS LIMITES PARA O CRESCIMENTO: NATURAIS OU MORAIS?

fome e medo. Um utilitarismo consistente exigiria que os abrigássemos em grandes parques, a salvo dos predadores, com boa alimentação e cuidados médicos. Seus predadores seriam alimentados com carne eticamente criada em fazendas ou por algum equivalente derivado da soja. A fantasia vai longe. O fato é que essa proposta não será aprovada por ninguém que esteja preocupado com a preservação do nosso hábitat *natural*.

Outra conduta para os ecologistas profundos é sugerida por Aldo Leopold, um dos pioneiros da ética ambiental. Ele escreve: "Algo está certo quando a tendência é preservar a integridade, a estabilidade e a beleza da comunidade biótica. Está errado quando a tendência é contrária."[32] Aqui, a unidade de interesse não são todas as espécies tomadas individualmente, mas a *comunidade* das espécies. Somos convocados a maximizar o bem-estar do todo, mesmo que isso prejudique ou destrua algumas de suas partes. James Lovelock se inclui nessa tradição holística. Ele refere-se a Gaia como doente, febril, senil e outros, e nos convoca a fazer o que ainda for possível para devolver-lhe a saúde. Parece até sentir um prazer mórbido no pensamento de que a nossa destruição possa beneficiar Gaia, como a eliminação de um câncer ou de um vírus.

Essa é uma linguagem moralmente perigosa, como dissemos anteriormente. E também confusa. A comunidade biótica, ou Gaia, não é um organismo nem algo semelhante. Não pode estar saudável ou doente, proliferar ou extinguir-se. Os organismos pertencem às *espécies,* cujos estilos de vida e funcionamento definem suas normas de saúde e doença.[33] Um camelo com uma só corcova seria um camelo defeituoso, a menos, obviamente, que fosse um dromedário. Gaia, por sua vez, é *sui generis*. Não existem outras gaias. É, portanto, falacioso, mesmo como metáfora, dizer que Gaia está doente ou febril. (Qual seria a temperatura normal de "uma gaia"?) É tarefa inútil tentar promover a saúde de Gaia – ainda bem, porque senão seríamos obrigados a cometer suicídio coletivo.

QUANTO É SUFICIENTE?

O que foi que não deu certo? Os ecologistas profundos têm toda razão de insistir que a natureza tem valor intrínseco e não instrumental; o erro deles foi concluir que ela *independa do nosso ponto de vista*. Uma coisa não leva à outra e nem é verdade. Todo valor, instrumental e intrínseco, é relativo do ponto de vista humano, simplesmente porque somos os únicos animais valorizadores. Outros animais têm bens, mas não se apegam a eles *como* bens, como coisas que mereçam ser desejadas. Eles não são agentes morais. O "antropocentrismo" não é um preconceito, mas um mero corolário deste. Como disse Bernard Williams ao discutir o tema, "a preocupação com os animais não humanos faz parte integrante da vida humana, mas podemos adquiri-la, cultivá-la e transmiti-la somente em termos da nossa compreensão de nós mesmos".[34]

Talvez pareça estranho afirmar que o valor da natureza é ao mesmo tempo antropocêntrico *e* intrínseco. É possível que as duas atribuições sejam válidas? Também estamos bastante familiarizados com outro tema que tem valor antropocêntrico e intrínseco: a arte. Oswald Spengler escreveu: "Um dia, o último retrato de Rembrandt e o último compasso de Mozart deixarão de existir – embora permaneçam a tela colorida e as notas na página – porque o último olhar e o último ouvido disponíveis às mensagens transmitidas terão partido."[35] A arte, em outras palavras, só tem valor para os seres com a mesma sensibilidade e interesse que nós. Mas nem por isso podemos dizer que o valor da arte é meramente instrumental, que ela só pode ser apreciada como fonte de prazer, de capital cultural, o que seja. A arte tem valor claramente intrínseco, embora entre neste mundo somente pelas janelas da nossa percepção. E se isso é válido para a arte, por que não o seria também para a natureza?

Outra maneira de dizer que a natureza tem valor antropocêntrico e intrínseco é dizer que *a harmonia com a natureza é uma parte da vida boa do homem*. Essa formulação capta os dois lados da questão. Deixa claro que o valor da natureza é intrínseco (viver em harmonia

OS LIMITES PARA O CRESCIMENTO: NATURAIS OU MORAIS?

com alguma coisa não é manipulá-la em favor próprio) e ao mesmo tempo antropocêntrico (a harmonia com a natureza faz parte do *nosso* bem-estar). Isso preserva o que é verdade tanto na posição superficial quanto na profunda, e descarta o que é falso.

Uma ilustração prática da "harmonia com a natureza" nos é dada pela atividade da jardinagem. Um bom jardineiro conhece e respeita as potencialidades da natureza. Ele não vê as árvores e os arbustos (a menos que seja francês) como mero "material" que pode ser retorcido para formar as figuras e formas que deseja. Por outro lado, suas intervenções não são inteiramente desinteressadas. Ele rega umas plantas, cavouca outras. Poda árvores quando estão muito crescidas. Aplica veneno contra pragas e caramujos. Em suma, conduz as tendências inerentes da natureza de acordo com um ideal humano de conforto e beleza. Sua relação com a natureza não é vulgarmente instrumental nem terrivelmente sacrificial. É uma relação harmônica.[36]

A específica capacidade da jardinagem de revelar como é viver em harmonia com a natureza explica sua presença constante nas representações de vida boa em todo o mundo. A Bíblia põe Adão e Eva num jardim. O Corão promete aos fiéis o "jardim das delícias", onde a água brota perpetuamente e os frutos estão sempre maduros. Os filósofos chineses são tipicamente representados caminhando pelas montanhas ou sob os bambuzais, mas sempre longe do burburinho das cidades. Cícero escreveu: "Quem tem um jardim e uma biblioteca tem o que precisa." A recorrência dessas imagens em culturas de todo o mundo sugere que a harmonia com a natureza é uma necessidade universal do ser – um "bem básico", como usaremos no próximo capítulo.

Nesse caso, por que a ideia de harmonia com a natureza aparece tão pouco na moderna literatura sobre o meio ambiente? A resposta, provavelmente, é que pressupõe uma imagem da natureza como alguma coisa com a qual *poderíamos* estar em harmonia, como que nos chamando para um estilo de vida e não para outros. Essa ima-

QUANTO É SUFICIENTE?

gem é vista agora como "metafísica" no mau sentido. A natureza, na concepção moderna vigente, está lá: turbulenta, difícil, impermeável à compreensão humana. Não é o tipo de coisa com que possamos estar (ou não) em harmonia. Zelar pela natureza só pode significar controlá-la de acordo com os nossos interesses de longo prazo ou deixar que siga seus próprios caminhos, por estranhos que sejam – os pontos de vista da ecologia superficial e profunda, respectivamente.

Mas ainda permanece o fato de que a maioria das pessoas – mesmo as que passaram pelo moinho positivista, que não estão na sua melhor conduta filosófica – *faz* distinção entre atividades que estão "em harmonia com a natureza" e as que não estão. Acham os jardins de Versalhes mais artificiais que os de Stowe, embora saibam que os dois são produtos da arte humana. Sentem-se nauseadas com a agropecuária intensiva, mesmo sabendo que toda a produção agrícola envolve a modificação deliberada da vida. O senso comum, árbitro supremo das questões práticas, nos diz que algumas atividades são "a favor" das tendências naturais, outras são "contra". Precisamos mais do que de uma teoria filosófica para nos convencer do contrário.

E como seria, na prática, o ambientalismo reformulado ao longo destas páginas – que poderíamos chamar de "ambientalismo da vida boa"? Muito diferente do atual ambientalismo, ao mesmo tempo superficial e profundo. Promoveria estilos de vida "verdes" não pela natureza nem pelas gerações futuras, mas para o *nosso* bem. Seríamos incentivados a conhecer as plantas e os animais da região, consumir alimentos locais e, sempre que possível, participar da produção desses alimentos pela pesca, a horticultura e outras atividades. Muitos ambientalistas já foram tocados por essas considerações de "vida boa", embora ainda não o admitam. (Quantos proprietários de terra ingleses seriam capazes de dizer, como ouvimos certa vez de uma senhora russa, que cultivar vegetais "faz bem à alma"?) Outros ambientalistas são mais consistentes em seu desprezo pelos interesses humanos. James Lovelock, por exemplo, sugere abrir mão de vez da

OS LIMITES PARA O CRESCIMENTO: NATURAIS OU MORAIS?

agricultura em favor dos alimentos artificialmente sintetizados – ação que, por mais que beneficie Gaia, nada acrescentaria à *nossa* alegria de viver.[37]

Em segundo lugar, o ambientalismo da vida boa nada serve ao preconceito, imposto pelo romantismo, contra a agricultura e a jardinagem. Pelo contrário, respeita-as como tentativas de aproximar homem e natureza em íntima harmonia. Compartilha o sentimento pela natureza expresso por Virgílio, que escreveu versos em louvor da enxertia e da procriação, e exortou os homens "a domesticar com a cultura os frutos silvestres, para que a terra não fique ociosa". Isso não quer dizer que toda atividade agrícola seja inócua. A criação de animais em gaiolas e as monoculturas são abomináveis. Deveriam ser consideradas perversões de uma prática normalmente saudável, e não expressões de distorções inerentes à própria agricultura. Não há nenhum mérito na opinião do ecologista J. Baird Callicot quando diz que "um rebanho de gado, carneiros ou porcos é tão ou mais destrutivo para a paisagem que uma frota de veículos off-road".[38]

No ambientalismo da vida boa haveria lugar para "as ervas daninhas e a vida selvagem" de que Hopkins e outros românticos gostam tanto? É possível. Mas será um lugar determinado por nossos interesses, e não em favor da própria natureza, seja lá o que isso signifique. A ideia do homem transformando a terra em um vasto jardim – que tanto comovia o progressista vitoriano Herbert Spencer –, a nós, modernos, causa claustrofobia. Nossa tendência é concordar com John Stuart Mill, contemporâneo mais romântico de Spencer, ao defender a preservação da vida selvagem afirmando que "não faz bem ao homem ser detido pela força [...] na presença de outros de sua espécie".[39] Mas, desejável ou não em teoria, a preservação da vida selvagem é, na prática, uma tarefa paradoxal, porque um ambiente selvagem que só pode ser preservado em seu estado original pela intervenção humana não é mais um ambiente verdadeiramente selvagem. As savanas da África, tão monitoradas e manipuladas como são pelos cientistas, não passam de parques imensos cuja única diferença dos parques da Inglaterra rural é o tamanho. Além disso, se lutarmos, como é esperado, para que a vida selvagem seja acessível não só aos cientistas e exploradores, mas também ao turista comum, seu caráter selvagem ficará ainda mais comprometido. Portanto, sejam quais forem as nossas intenções, parece que nosso destino é transformar o mundo em um jardim.

Em terceiro lugar, o ambientalismo da vida boa não se constrangerá em admitir que prefere que o leopardo-das-neves viva em vez do *acanthomyops latipes*. Se perguntarmos por que, ele dirá que o leopardo é um belo animal que há muito tempo tem lugar emblemático na arte e na heráldica. Isso é antropocentrismo, claro, mas que alternativa nos resta? Os ecologistas profundos imaginam que se destituirmos a natureza de seu significado humano, o valor intrínseco será revelado em toda a sua profundidade. A verdade é o oposto. Se destituirmos a natureza de seu significado humano – o que é impossível –, sobrariam coisas sem nenhum valor intrínseco, como o carvão e as reservas de petróleo. Todo valor é filtrado pelo véu do simbolismo humano. Remova esse véu e temos apenas "as feridas nuas e lúgubres do planeta".

Por fim, o ambientalismo da vida boa levará a sério o problema do crescimento populacional. Em 2011, a população mundial ultrapassou a marca dos 7 bilhões e continua crescendo, embora em ritmo menor. Não se sabe se esse aumento provocará ou não uma crise malthusiana, mas certamente a nossa qualidade de vida não será a mesma. A perspectiva de que os humanos viverão empilhados uns sobre os outros como frangos engaiolados, mesmo que de maneira "sustentável", não é animadora. O próprio Keynes condicionou a "felicidade" à nossa capacidade de controlar o crescimento da população. Como fazer isso é um problema técnico iminente, mas está além do escopo deste livro.

Quais são as implicações econômicas do ambientalismo da vida boa? A proteção da agricultura, as restrições à proliferação de

OS LIMITES PARA O CRESCIMENTO: NATURAIS OU MORAIS?

hipermercados, o incentivo à produção artesanal de alimentos – são apenas algumas das políticas que ajudariam a manter o vínculo com a terra. Há várias décadas elas têm sido defendidas por economistas ambientalistas, como E. F. Schumacher, mas, frequentemente, por motivos utilitários falaciosos. Que impacto elas teriam sobre o crescimento? Possivelmente negativo, embora a França e Itália preservem suas tradições agrícolas com mais sucesso que a Inglaterra sem que se note qualquer diminuição de crescimento. Em ambos os casos, não é essencial. Para o ambientalismo da vida boa, a redução do crescimento não é uma meta, mas um efeito colateral indiferente às medidas desejáveis por si mesmas.

O movimento ambiental reformado ao longo dos anos não seria mais dependente de declarações científicas incertas e irrelevantes. Os limites naturais para o crescimento, mesmo que existam, entrarão em cena tarde demais para suprir as necessidades de uma vida boa. Depositar as nossas esperanças na máxima escassez é nos condenar a décadas, talvez a séculos, de consumismo insensato. O ambientalismo da vida boa dissiparia, principalmente, o moralismo sisudo que nos últimos tempos tem envolvido o movimento. Lembraria que a vida em harmonia com a natureza não é um sacrifício, mas algo a ser desejado ardentemente. A natureza não é matéria bruta para usar como quisermos nem um deus estranho que exige sacrifícios. É o "espírito adormecido", como diziam os alemães românticos, o portador dessa mesma vida que se tornou consciente em nós. Quando falhamos com ela, ferimos as raízes da nossa própria existência.

6. Os elementos da vida boa

"Preciso de uma jarra de vinho, de um livro de poesias,
De meio pão para comer,
Então, tu e eu, sentados em um lugar deserto,
Seremos mais ricos que o reino do Sultão."

Omar Khayyam

Argumentamos que a nossa contínua devoção ao consumo e ao trabalho deve-se, sobretudo, ao desaparecimento da discussão pública de qualquer conceito de vida boa. Aqueles objetos de ambição e desejo sinalizados por Keynes e Virginia Woolf – as 500 libras anuais, um quarto só para si – há muito tempo se dissiparam e nada restou deles além de fortunas erráticas para nos guiar. Se quisermos recuperar uma compreensão do que significa ter o suficiente, temos que aprender a fazer novamente a pergunta: O que é viver bem?

A vida boa, como vimos no Capítulo 3, é uma vida desejável, que vale a pena ser vivida, e não apenas a que é desejada por muitos. Não podemos identificá-la contando cabeças ou andando por aí com um questionário. Mas a vida boa também não difere completamente das aspirações da maioria das pessoas em todo o mundo e em todas as épocas. Para a ética, diferentemente da ciência, o erro universal

QUANTO É SUFICIENTE?

não é uma possibilidade coerente, porque sobre o assunto da ética, o bem-estar humano, todos os seres humanos têm algo a dizer. Não existem especialistas em moralidade. Aristóteles sabia disso e só abordava as questões éticas depois de colher "opiniões" sobre elas, tanto de populares quanto de eruditos. E depois de concluir que havia sabedoria na experiência ordinária, ainda que mascarada ou distorcida. Hoje, podemos fazer a mesma coisa em uma frente muito mais ampla, colhendo opiniões não só dos nossos compatriotas, mas dos povos civilizados de todas as épocas.

A essa altura da discussão, é comum apontar para a imensa diversidade de crenças e práticas morais. Como, em face de tanta diversidade, podemos falar em "vida boa"? Essa conversa não seria puro chauvinismo ou, pior ainda, "imperialismo cultural", uma imposição arbitrária das nossas preferências? Não deveríamos conter a nossa ambição de montar uma estrutura de regras neutras e permitir que pessoas que acreditam em coisas diferentes convivam em harmonia? Como vimos no Capítulo 3, essa é a abordagem característica de um liberalismo mais moderno, o liberalismo econômico em particular.

Duas respostas se seguem. Em primeiro lugar, não se deduz do mero fato de que as opiniões morais são diferentes que todas elas tenham igual valor. A verdade é que algumas culturas – inclusive a nossa, obviamente – *erraram* sobre as questões éticas. Até os relativistas do valor mais dogmáticos costumam passar mal quando se mencionam exemplos chocantes como a prática de cortar o clitóris de mulheres no Norte da África ou a de amarrar os pés das meninas na China. Também é possível que uma cultura convença outra da impropriedade de seus costumes – não, certamente, com argumentos contundentes, mas despertando sentimentos adormecidos de indignação ou simpatia. Os exemplos incluem a liberalização das estruturas familiares na dinastia Tang, da China, por influência budista, e na Índia do século XX, por influência ocidental. E não é verdade, como

OS ELEMENTOS DA VIDA BOA

declara Milton Friedman referindo-se aos diferentes valores básicos, que "aos homens resta lutar".[1]

Em segundo lugar, embora seja inquestionável a existência de uma variedade moral, ela é menor do que se imagina. Todas as culturas do planeta encorajam uniões mais ou menos estáveis entre homens e mulheres com o propósito de gerar e criar filhos, embora os arranjos exatos variem enormemente. Todos os humanos vivem em grupos que se estendem para além da família imediata e possuem alguma organização política estabelecida. Todos têm alguma noção de propriedade e de troca. Todos se envolvem em atividades que extrapolam a satisfação das necessidades, sejam elas religiosas, estéticas, recreativas ou quaisquer outras. Todos respeitam o mundo que os cerca, as plantas e os animais que o habitam, e o celebram nas pinturas e na poesia. Todos, ou quase todos, cobrem seus genitais. Todos tratam seus mortos com formas ritualizadas de respeito e não apenas como matéria em decomposição.[2]

Essas e outras similaridades definem uma forma de vida especificamente humana. E revelam um acordo amplo sobre o que seriam os chamados "bens básicos" – os bens que constituem o bem viver. Saúde, respeito, segurança, relacionamentos de confiança e amor são reconhecidos por todos como componentes de uma vida humana boa; a ausência deles é reconhecida em toda parte como infortúnio. Esses bens aparecem numa infinidade de disfarces. Uma coisa é prestar respeito a um príncipe javanês e outra é respeitar um taxista. Mas o conceito de respeito em si é universal, como se vê na nossa capacidade de reagir solidariamente às representações pictóricas de humilhação em histórias do mundo todo.[3] "É, em última instância, 'o mesmo' ser humano", escreve o filósofo alemão Ernst Cassirer, "que encontramos tantas vezes em milhares de manifestações e com milhares de máscaras."[4] Já temos, então, o material para uma investigação universal da vida boa, que transcende os limites de tempo e lugar. Não estamos condenados a um "choque de civilizações" chauvinista mediado apenas pelas regras de mercado e por tratados internacionais.

Qual é a relação da nossa proposta com as outras discussões recentes? Em *A Theory of Justice* (Uma teoria da justiça) e outros trabalhos que se seguiram, John Rawls destacou uma categoria de "bens primários", os bens que um indivíduo racional irá querer além do que ele já quer, "desde que sejam em geral necessários para a estruturação e a execução de um plano de vida racional".[5] A lista de bens primários de Rawls inclui as liberdades cívicas e políticas, renda e riqueza, acesso ao serviço público e "os fundamentos sociais do autorrespeito". Os bens primários não são, em si, elementos de uma vida boa, mas meios para conquistar qualquer versão possível de vida boa. São as condições externas de autonomia. Um Estado liberal deve garantir que esses bens sejam distribuídos igualmente entre seus membros, mas não deve vigiar os usos aos quais eles são destinados, porque isso seria violar seu princípio fundamental de neutralidade.

Amartya Sen, teórico da economia do desenvolvimento, e Martha Nussbaum, representante da corrente da filosofia moral, criticam Rawls por desconsiderar os vários níveis em que os bens primários são traduzidos em oportunidades reais pelos indivíduos. Um deficiente físico precisa de mais dinheiro para ter a mesma mobilidade que uma pessoa fisicamente capaz; a mulher em uma cultura patriarcal precisa ter mais recursos intelectuais para alcançar o mesmo padrão de seus colegas homens. O nosso foco, portanto, está menos nos bens e mais nas *capacidades* – a capacidade concreta de pensamento e ação. A questão não é "quanto, em termos de recursos, Fulano é capaz de administrar", mas "o que Fulano é capaz de fazer e ser". Nussbaum criou uma lista de dez capacidades humanas centrais, que inclui saúde e integridade corporal, imaginação, pensamento, raciocínio prático, associação e desempenho.[6] Essas capacidades, tanto ela quanto Sen argumentam, definem o espaço no qual a qualidade de vida deve ser buscada. Suas ideias tiveram tanta influência sobre a comunidade do desenvolvimento que forçaram a mudança de foco do PIB para outros índices mais específicos.

Embora discordem de Rawls, Sen e Nussbaum partilham sua preocupação com a autonomia. É o que os motiva a ir além da lista de bens primários. Sumarizando a relação com Rawls, Nussbaum escreve:

> Queremos uma abordagem que respeite o esforço de cada um para prosperar, que trate cada pessoa como um fim e como uma fonte de ação e valor em si mesma. Parte desse respeito implicará não ser ditatorial em relação ao bem, ao menos entre os adultos e em algumas áreas centrais de escolha, mas dar amplo espaço aos indivíduos para que façam escolhas importantes e associações significativas. Mas o respeito em si implica defender condições que lhes permitam seguir a própria luz, livres das tiranias impostas pela política e pela tradição.[7]

O desejo de salvaguardar a autonomia explica o enfoque de Sen e Nussbaum nas capacidades e não nos funcionamentos reais. É, à primeira vista, um enfoque muito estranho. Por que deveríamos nos importar que os indivíduos estejam *capacitados* para a saúde, a educação e outros? O que importa é que eles *sejam de fato* saudáveis e educados. Mas, para Nussbaum, assumir uma postura pública sobre essa última questão é o mesmo que ser "ditatorial" em relação ao bem. "No que diz respeito aos cidadãos adultos, a capacidade, e não o funcionamento, é a meta política adequada."[8]

A nossa abordagem é bem diferente. Os bens básicos, como definidos por nós, não são apenas meios ou capacidades para uma vida boa; eles *são* a vida boa. Mais que isso, vemos esses bens como metas apropriadas não só da ação privada, mas também da ação política. Se o que importa, na maioria dos casos, é a capacidade de levar uma vida boa, e também de conduzi-la, por que deveríamos

QUANTO É SUFICIENTE?

negar a nós mesmos os poderes que temos à nossa disposição para que isso aconteça? Imagine duas sociedades: em uma delas não há hospitais, na outra há hospitais, mas ninguém os utiliza. Uma delas está capacitada para cuidar da saúde, a outra, não, mas o que importa, certamente, é que ambas as populações são igualmente *enfermas*. E as duas nos apresentam uma questão política, de ação do Estado.

Além disso, o nosso problema em particular, que é o da riqueza e não o da pobreza, requer que enfoquemos os fins, não as capacidades. Sen e Nussbaum estão preocupados principalmente com os países pobres, onde muitos não têm recursos para viver bem. Mas o mundo rico tem um problema diferente, que é a dificuldade de fazer bom uso dos recursos existentes. Se o objetivo da política for definido apenas em termos de capacidades, o problema desaparece. "Uma pessoa que tem oportunidade de jogar pode escolher ser viciada em trabalho", escreve Nussbaum, querendo dizer que, desde que as escolhas sejam livres, o desfecho não é de interesse público.[9] Mas se uma vida workaholic é empobrecida, como concordam os que já pensaram nisso, então a adoção de formas de viver melhores, seja por livre escolha ou não, é certamente algo com que nos preocupar.

A essa altura, os nossos oponentes apontarão para o terrível fantasma do *paternalismo*. Ao sugerirmos que os fins, e não os meios ou as capacidades, são o objetivo político, não estaríamos sendo "ditatoriais em relação ao bem"? Duas reflexões podem acabar com essa suspeita ou ao menos amenizá-la. Em primeiro lugar, até pouco tempo atrás os países ocidentais tinham muitas leis cuja pretensão explícita era tornar as pessoas melhores do que seriam se as leis não existissem. (Até a década de 1960, a pornografia era definida pelas leis inglesas e norte-americanas como algo que tendia a "depravar e corromper".) Muitas dessas leis ainda estão em vigor, foram até ampliadas, embora agora sob o pretexto de evitar prejuízos a terceiros. Os exemplos incluem as leis contra as drogas, o incesto e a

OS ELEMENTOS DA VIDA BOA

imoralidade, restrições à venda e consumo de pornografia, álcool e cigarros, e muita legislação voltada para a saúde e a segurança. Só no mundo rarefeito da filosofia acadêmica é que os Estados liberais não são "ditatoriais" em relação ao bem-estar.

Em segundo lugar, desde que a vida boa é, em qualquer definição razoável, autônoma e autodeterminada, não há muita coisa que o Estado possa fazer, como corpo coercitivo, para promovê-la. É autoidiotizante *obrigar* as pessoas a ser civilizadas, como fazia Pedro, o Grande, obrigando seus nobres a comparecer aos *salons* para discutir filosofia, sob pena de tortura. Mas há muito mais coisas que o Estado pode fazer sem chegar a tais extremos. Usar incentivos econômicos para que as pessoas adquiram um bem não costuma ser considerado ditatorial, exceto talvez por alguns libertários. De fato, os Estados liberais já usam esses incentivos, mesmo aqueles cuja lógica oficial é utilitária, e não ética. (Por exemplo, a justificativa de redução de impostos para os casais costuma ser de que os filhos nascidos dentro do matrimônio se darão melhor na vida adulta; embora seja verdade, não toca no cerne da questão.) No próximo capítulo, sugeriremos várias outras maneiras de os instrumentos de persuasão econômica existentes serem dispostos a serviço da vida boa. O Estado pode colaborar para que as pessoas vivam melhor, mas a escolha é sempre delas.

A ideia de vida boa também pode ser contestada em nível mais profundo, o da metafísica. A moderna imagem científica da natureza desprovida de fins inerentes reforça a noção de que o homem, também, não tem um fim inerente, que o bem-estar de cada indivíduo é como dita a sua fantasia. Esse pensamento deu origem à doutrina dos economistas da "concessão dos desejos", discutida no Capítulo 3. Será verdade? Uma resposta mais completa a essa pergunta nos levaria a uma discussão profunda, portanto, uma resposta peremptória deve bastar. Mesmo que a ciência nos proíba de falar em propósitos – que, por acaso, é uma verdade menos óbvia para a Biologia do que para a Física e a Química –, por que o nosso pensamento deveria se restringir ao que nos diz respeito mais intimamente? A ciência é um instrumento maravilhoso para a exploração da natureza externa mas, quando o assunto é o bem humano, é a nossa própria intuição, enriquecida pelas leituras, viagens e conversas, que deve nos guiar.

Os bens básicos

Uma aura de arbitrariedade envolve as listas de bens básicos; para dissipá-la queremos esclarecer nossos critérios de inclusão, que são quatro:

1. Os bens básicos são *universais*, o que significa que eles pertencem à vida boa enquanto tal, e não a uma concepção de vida boa que seja local ou particular. Enxergar o universal pelo particular requer fortes intuições filosóficas, guiadas por testemunho de épocas e culturas diferentes. Essa última precondição é esquecida com frequência. É comum as "intuições" dos filósofos modernos repetirem as platitudes do liberalismo do início do século XXI. A lista de Nussbaum das capacidades humanas centrais inclui, por exemplo, "proteção contra a discriminação de raça, sexo, orientação sexual, religião, casta, etnia e nacionalidade" – uma impecável lista progressista, mas dificilmente universal.[10] Uma casta intelectualmente mais filosófica questionaria a equação do universal com os valores liberais modernos. Afinal, do ponto de vista da eternidade, a nossa civilização é tão limitada quanto qualquer outra.

2. Os bens básicos são *finais*, o que significa que são bens em si, e não apenas meios para qualquer outro bem. (É isso que distingue os nossos bens básicos dos bens primários de Rawls e das

OS ELEMENTOS DA VIDA BOA

capacidades de Nussbaum e Sen.) O caminho do filósofo para chegar aos bens finais é insistir na pergunta "para quê?", como fazem as crianças. Quando não há mais respostas, sabemos que chegamos a um bem final. "Para que serve esta bicicleta?" "Para me levar ao trabalho." "E para que serve o trabalho?" "Para ganhar dinheiro." "E para que serve o dinheiro?" "Para comprar comida." "E para que serve a comida?" "Para me manter vivo." "E para que serve a vida?" Acabaram-se as respostas. A vida não "serve" para nada. Em nossos termos, ela faz parte de outro bem básico que é a saúde.

Os bens básicos são todos finais, mas nem todos os bens finais são básicos. É possível imaginar que a cadeia explicativa chegasse ao fim em "para completar a minha coleção de selos soviéticos". Completar a coleção de selos é um bem final – e em geral, não serve para mais nada –, mas não é básico, pois não passa no teste nem da universalidade nem da indispensabilidade, que discutiremos em mais detalhes.

Muitos filósofos sugeririam um último termo adicional a qualquer sequência dada de explicações e que seria "para me deixar feliz". Para nós, isso é um erro. Fora das clínicas psiquiátricas e dos seminários de filosofia, ninguém costuma justificar uma ação dizendo "porque me faz feliz". Como já discutimos no Capítulo 4, essa é uma forte razão para não tratar a felicidade como um bem definitivo.

A necessidade de finalidade não desconsidera muitos bens que parecem básicos à primeira vista. A comida, por exemplo, consta em muitas listas tradicionais de bens básicos, mas como vimos na sequência de perguntas acima, é instrumental e pode até prejudicar outro bem básico, que é a vida. (Isso não quer dizer que as especiarias e os temperos supérfluos à saúde não sejam bons, apenas não são *básicos*. Não queremos impor a ninguém uma dieta de saladas e tofu.) Mais relevante ao nosso

QUANTO É SUFICIENTE?

tema é o dinheiro, que não é um bem básico porque é, em sua essência, um instrumento para se ter outras coisas. Outros bens são mais ambíguos. Saúde, segurança e lazer são bens finais em alguns casos, instrumentais em outros. Retomaremos esse assunto mais adiante.

3. Os bens básicos são *sui generis,* o que significa que não são parte de nenhum outro bem. O bem "curar-se de um câncer" é, sem dúvida, universal e final, mas não é básico, porque pode ser incluído ao bem maior da saúde. É difícil decidir se um bem é *sui generis* ou não. Por exemplo, relacionamento familiar, que incluímos no bem "amizade", talvez merecesse uma categoria só dele. Porém, levando em conta que o que faz dos relacionamentos familiares e não familiares um bem é geralmente o mesmo conjunto de coisas – amor, confiança, estabilidade –, decidimos que ambas as categorias seriam supérfluas.

4. Os bens básicos são *indispensáveis,* o que significa que qualquer um que não os tem pode ser visto como alguém que sofreu uma grande perda ou foi muito prejudicado. A qualificação "qualquer um" é importante. O selo que falta para completar uma coleção pode causar no colecionador fanático uma angústia genuína, embora não constitua um bem básico. E nem a perda nem o dano em questão devem ser assim percebidos pela vítima. Os danos são tão frequentemente dados como certos que nem são mais registrados, embora continuem a ser danos.

Outra maneira de salientar a indispensabilidade dos bens básicos é vê-los como necessidades. O termo "necessidade" traduz melhor do que "bem" a ideia de que os bens básicos são a condição *sine qua non* para uma existência humana decente e uma prioridade em qualquer distribuição de recursos. A princípio, pensamos em usar necessidades básicas em vez de bens básicos, mas nos decidimos por bens por motivos puramente

OS ELEMENTOS DA VIDA BOA

estilísticos, pois "necessidade" tem uma desagradável aura puritana. "Você não precisa disso" em geral implica "e por isso não deve ter". ("Não discutam a necessidade", diz o rei Lear quando confrontado com um argumento desses por suas terríveis filhas.) Falar em bens básicos deixa claro que não é vergonha nenhuma buscar bens que sejam superiores e estejam além dos básicos – desde que nada subtraiam dos básicos.

O critério de indispensabilidade distingue a nossa lista de bens básicos de outras listas similares. O filósofo legal John Finnis, por exemplo, define bens ou valores básicos como "os propósitos básicos da existência humana", mas não como algo cuja ausência no indivíduo constitua um prejuízo ou perda grave. Consequentemente, ele é capaz de incluir a "religião" (definida de maneira muito ampla como a preocupação em relação à ordem suprema das coisas) e a "experiência estética" em sua lista de valores básicos.[11] Mas se considerarmos empobrecida a cultura desprovida de religião ou de experiência estética, não podemos dizer que um indivíduo que não tenha uma delas esteja seriamente prejudicado. Muitos não dão a menor importância à arte ou à religião e ainda assim levam uma vida saudável e próspera. A definição de Finnis faz todo sentido em vista de seu propósito, que é estabelecer os princípios básicos da lei natural, mas o nosso objetivo, que é elaborar um critério de suficiência, requer que tratemos como básicos apenas aqueles bens cuja falta constitui uma perda ou um prejuízo grave, porque são apenas os bens cuja posse pode ser levada em conta para constituir o "suficiente".

Quais são os bens que se encaixam no nosso critério de básicos? Nós identificamos sete. Mas a nossa lista não tem a pretensão de ser definitiva. Alguns bens que nela constam se sobrepõem em seus contornos ou abrangem diversos interesses inter-relacionados; outros talvez devessem ser deixados de lado. "Harmonia com a natureza" costuma ser considerada – erroneamente, a nosso ver – uma fixação ocidental peculiar produzida pelo romantismo e o movimento ambiental. Alguns questionaram se "saúde" e "segurança" não seriam bens em si, e não em favor de outras coisas quaisquer. Então há alguma confusão aqui e espaço para se argumentar. Mas não necessariamente uma objeção. Em assuntos que são ambíguos por si sós, é preferível a honestidade grosseira à precisão espúria.*

Saúde. Por saúde entendemos o pleno funcionamento do corpo, a nossa natureza animal na sua perfeição. Saúde inclui todas as coisas que são necessárias à manutenção da vida, ou garantem um período de vida razoável, mas de maneira nenhuma a limitam. Implica desenvolvimento, energia, prontidão e aquela beleza corada favorecida por Tolstoi e outros moralistas em vez de ideais mais decadentes. A saúde costuma ser associada à ausência de dor física, mas não tem valor puramente utilitário, porque uma pessoa doente, embora em situação confortável (digamos, mantida à base de morfina), ainda estará pior que outra saudável. Sobretudo, saúde significa um feliz esquecimento do próprio corpo, como uma ferramenta perfeitamente adaptada às suas funções. Nas palavras do médico francês René Leriche, é "a vida no silêncio dos órgãos".[12] A saúde olha para fora. A doença joga a pessoa para dentro de si mesma.

Muitos filósofos classificaram a saúde abaixo de outros bens, baseados no fato de que ela pertence à nossa natureza animal em oposição à nossa natureza distintamente humana. "É pelo bem-estar da alma", escreveu Aristóteles, dando o tom, "que [...] os bens do corpo são desejáveis; os homens sábios deveriam preferi-los pelo bem

---

* Aristóteles disse que "é característica de uma pessoa culta procurar a precisão em cada tipo de investigação, mas só até o ponto em que a natureza do sujeito permitir" (Aristóteles, *Ética a Nicômaco*). Num raciocínio similar, Keynes teria dito que "é melhor estar aproximadamente certo do que exatamente errado".

OS ELEMENTOS DA VIDA BOA

da alma, e não a alma pelo bem deles."[13] Se isso for verdade, a saúde não é final no nosso sentido, então não tem lugar em uma lista de bens humanos básicos. Mas por que negar à saúde o status de fim último simplesmente porque os animais também podem gozá-la? Não seria um preconceito intelectual? A admiração que sentimos pela vitalidade de um jovem não implica que por isso ele não trabalhará, não servirá ao país ou qualquer outra coisa. A vitalidade pode ser admirada por si só, da mesma maneira que admiramos a de um golfinho brincalhão, de um filhote de leão.

Hoje, a saúde é o único bem pelo qual os Estados liberais sentem-se autorizados a assumir uma postura positiva, porque, diferentemente dos bens da alma, a saúde tem em si a autoridade da ciência. Mas existe aqui realmente uma distinção? A ciência pode nos dizer se a droga x cura a doença y, mas não que a doença y por si só constitua uma "saúde ruim". Esta pressupõe uma compreensão do senso comum, *pré*-científico, do que é estar vivo. Sabemos reconhecer um bebê saudável da mesma maneira que reconhecemos a cegueira e o manquejar como deficiências. Há casos mais complexos. Quanto uma pessoa deve pesar para ser considerada obesa? Quanto é preciso estar bem fisicamente para estar em boa forma? As respostas a essas perguntas dependerão do que pensamos sobre as virtudes marciais, sobre o sexo, sobre os esportes e outros. Em suma, os julgamentos da saúde são objetivos no mesmo sentido e no mesmo nível dos julgamentos éticos: também estão apoiados em uma ideia de desenvolvimento humano.

Dada essa relação, não nos surpreenderia concluir que o eclipse do pensamento teleológico em nossa cultura caminhou de mãos dadas com a elucidação do conceito de saúde. O processo é similar ao que já vimos em relação ao dinheiro. A antiga noção de saúde, que é estar em "excelentes condições", com tudo "funcionando perfeitamente", deu lugar a um novo ideal de desenvolvimento perpétuo. Um sintoma desse deslize é a nossa obsessão pela longevidade. As tradições

QUANTO É SUFICIENTE?

médicas mais antigas visavam ajudar os indivíduos a cumprir o seu período natural de vida; morrer "de velhice" não era uma calamidade. Mas se não existe um período natural de vida, apenas uma norma mutável, culturalmente relativa, então a morte em *qualquer* idade pode ser vista como uma falha lamentável e remediável. A ciência moderna retomou a antiga promessa alquímica da eterna juventude; enquanto isso, pessoas que até algumas décadas atrás morriam rapidamente e relativamente sem dor, hoje são mantidas vivas num estado de doença crônica e debilitante.*

Outro sintoma dessa desorientação é o desaparecimento de uma distinção clara entre *curar* o doente e *melhorar* quem está saudável. Essa linha demarcatória já foi bem mais nítida: as cirurgias vitais ficavam de um lado, as correções cosméticas, de outro. Mas se a saúde perfeita não existe, *qualquer* condição indesejável pode ser definida como doença e ser objeto de tratamento médico. (E, como vimos no Capítulo 1, não há limites para a quantidade de coisas que as pessoas consideram indesejáveis.) Todo esse processo é acelerado pela indústria farmacêutica, sempre muito interessada em identificar os males que seus produtos irão curar. O papel da Pfizer (fabricante do Viagra) em transformar o que sempre fez parte da comédia humana em uma nova e apavorante doença chamada "disfunção erétil" é um exemplo disso.

E, finalmente, a assimilação da medicina pela competição financeira exagerada destrói a própria ideia de boa saúde. Se todo estado do corpo pode ser visto como deficiente relativamente a outro estado preferível, então, num certo sentido, estamos todos eternamente

---

* A gerontologista Aubrey de Grey declarou que dentro de muito pouco tempo viveremos mil anos com boa saúde. Guy Brown, neurocientista de Cambridge, foi mais moderado. "Estamos acrescentando anos à nossa vida, mas são anos de má qualidade no fim da vida." (Guy Brown, "No Way to Go", *Guardian,* 14 de novembro de 2007.) Nosso objetivo não é empurrar ninguém para o túmulo, mas envelhecer com dignidade. "O homem que pode celebrar seus 81 anos de vida", escreveu o filósofo chinês Lin Yutang, "é especialmente favorecido pelos céus."

OS ELEMENTOS DA VIDA BOA

doentes. O planeta se torna, como Goethe disse que aconteceria, um imenso hospital, onde todos cuidam de todos. Além disso, onde a demanda por saúde é insaciável, os gastos médicos se expandem no mesmo ritmo ou até mais rápido que a renda, mantendo-nos acorrentados à esteira rolante do trabalho/crescimento. É, portanto, crucial ao nosso propósito que a saúde *não* seja definida em relação à demanda, mas preserve o antigo significado de perfeição natural do corpo. Porque é só nesse sentido que ela pode fazer parte de um critério de suficiência.

Segurança. Para nós, segurança é a justa expectativa do indivíduo de que sua vida seguirá mais ou menos seu curso habitual, sem ser perturbada por guerras, crimes, revoluções ou convulsões sociais e econômicas. Segurança é condição necessária para que outros bens básicos da nossa lista se realizem, em particular a personalidade, a amizade e o lazer. Mas é também um bem em si. Como qualquer outra criatura, o ser humano tem um ambiente e um conjunto de objetos que considera indispensáveis para que a vida siga seu curso. Se o ambiente se alterar bruscamente ou com muita frequência, ele se sentirá desorientado e ameaçado, como um gato em uma nova casa, um animal enjaulado que é solto na natureza. É claro que, como seres inteligentes, temos em nós alguma coisa que transcende o ambiente – algo que vê "as estrelas sobre o telhado", como disse o filósofo Josef Pieper.[14] Ainda assim, os telhados e tudo que eles implicam ainda são necessários, no mínimo para nos fornecer um local estável para olhar as estrelas. Em todos os idiomas, a palavra "paz" tem um som agradável, ao passo que "turbulência", "caos" e seus equivalentes soam como maus augúrios.

Certamente existem aqueles – tiranos, especuladores e poetas românticos – que prosperam no caos. O presidente Mao, um tirano e poeta romântico, amava tanto o caos que o chamou de "revolução permanente". No Ocidente, há tanto tempo a segurança é difamada

QUANTO É SUFICIENTE?

por artistas e intelectuais boêmios que, hoje, admitir uma predileção por ela é o mesmo que gostar de anões de jardim. Mas, na verdade, a segurança é apreciada pelos espíritos criativos – aqui incluídos os poetas, quando são sinceros consigo mesmos – como condição para a própria produtividade. W. B. Yeats, escrevendo em 1919, quando a Irlanda entrou na guerra, reza para que sua filha caçula cresça em segurança.

> E que seu esposo a leve para casa
> Onde tudo é regrado e cerimonioso;
> Pois arrogância e ódio são mercadorias
> Que se encontram pelas ruas.
> Como, senão na tradição e na cerimônia
> Nascem a inocência e a beleza?
> Cerimônia é o nome da rica cornucópia,
> E tradição, do espalmado loureiro.*

Yeats não ficou imune ao romantismo da desordem. Ele escreveu apaixonadamente sobre a "terrível beleza" da Revolta da Páscoa de 1916. Confrontado com o verdadeiro caos, sua voz foi clara. Ele sabia que a desordem civil extrema é destruidora das artes da civilização.

Quais são os efeitos do capitalismo na segurança? Os liberais do século XIX argumentavam que *le doux commerce* teria uma influência pacificadora nas relações internacionais, já que as nações que comercializavam entre si não teriam nenhum motivo econômico para ir à guerra. Esse argumento faz algum sentido, embora parceiros

---

* "And may her bridegroom bring her to a house/ Where all's accustomed, ceremonious;/ For arrogance and hatred are the wares/Peddled in the thoroughfares./ How but in custom and in ceremony/ Are innocence and beauty born?/ Ceremony's name for the rich horn,/ And custom for the spreading laurel tree."

OS ELEMENTOS DA VIDA BOA

comerciais sempre possam entrar em guerra por motivos econômicos ou *não* econômicos, como aconteceu em 1914. Internamente, o efeito dos livres mercados na segurança é menos salutar. "Tudo que é sólido se desfaz no ar", é a famosa frase de Marx, referindo-se à infinita revolução das tecnologias, às especializações e aos estilos de vida do capitalismo. Esse perpétuo esgarçamento do tecido social é desgastante tanto para os trabalhadores quanto para os consumidores. E é especialmente penoso para quem tem mais de 40, 50 anos e já perdeu o gosto pela novidade. Os fundamentalistas do livre mercado reagem aos descontentes com velado desprezo: quem não encontra trabalho onde mora deve se mudar, e os talentos que se tornaram redundantes devem "se reciclar". Isso é inverter a ordem das coisas. Não são os humanos que devem se adaptar ao mercado; é o mercado que deve se adaptar aos humanos. Foi esse o princípio que norteou os liberais sociais do século XX, cujos iluminados esforços para minimizar as inseguranças do capitalismo são hoje desprezados, como veremos no próximo capítulo.

Respeito. Respeitar o outro é indicar, através de um formalismo ou de qualquer outra maneira, que suas opiniões e seus interesses merecem consideração e não devem ser ignorados nem desprezados. Respeitar não implica concordar ou apreciar: é possível respeitar um inimigo. Isso não implica nenhuma admiração especial. Mas implica certo reconhecimento, "levar em conta" o ponto de vista do outro, atitude fundamentalmente diferente da que se tem com os animais. É possível sentir grande afeição por um cachorro de estimação, mas não respeito ou desrespeito.*

---

* O que chamamos aqui de respeito também é chamado de "dignidade", especialmente nas discussões religiosas. Damos preferência a "respeito" porque a dimensão pessoal fica mais evidente. O respeito é conferido; a dignidade é inerente. Ainda assim, a nossa capacidade de respeitar o ser humano pressupõe que ele tenha em si alguma coisa que merece ser respeitada e que também pode ser chamada de dignidade.

QUANTO É SUFICIENTE?

O respeito é a condição necessária para outros bens básicos, particularmente a amizade. Mas é também um bem em si. Em toda parte, a escravidão – ou seja, a total ausência de respeito – é considerada uma calamidade muitas vezes pior que a morte. Sempre se ouviu dizer que a escravidão é uma espécie de morte social, desde que o escravo, embora seja humano no sentido biológico, perdeu o status de ser humano. "Aquele não era um olhar entre dois homens", escreve Primo Levi, sobrevivente de Auschwitz, lembrando quando foi interrogado por um cientista nazista.[15] Quem está exposto com frequência a olhares como esse logo assimila a perspectiva deles. O respeito por si mesmo não sobrevive muito tempo à falta de respeito.

O respeito não tem que ser igual ou recíproco. Posso respeitar alguém que me respeita menos ou simplesmente não me respeita. Porém, o respeito recíproco é bastante satisfatório para ambas as partes, porque todos nós desejamos merecer o respeito daqueles que respeitamos. (A adoração de um bajulador ou da ralé desperta com mais frequência autodesprezo do que respeito por si mesmo.) Em todas as épocas, encontramos grupos de "pares" ou "iguais" que se respeitam entre si, mas desprezam os demais. A comunidade dos antigos atenienses era um desses grupos, como também era a nobreza medieval. A democracia moderna estende o círculo de pares a todos os adultos de um dado território. Se a História provou ou não o seu triunfo, como disse Francis Fukuyama, a democracia é hoje defendida no mundo todo, ao menos no papel. Nenhuma ideia moderna de vida boa pode ser de tal maneira que a obstrua. É o que norteia, como vimos no Capítulo 3, valores como superioridade e "grandeza de alma", que em princípio não podem ser universalizados.

O respeito tem muitas origens e varia de cultura para cultura. Força, dinheiro, terras, nobreza, educação e ofício, todos se destacaram em uma ou outra época. Nas modernas sociedades

OS ELEMENTOS DA VIDA BOA

burguesas, as duas fontes básicas de respeito são os direitos civis e as realizações pessoais. Os direitos civis concedem o que se pode chamar de respeito "formal"; garantem ao cidadão proteção contra as piores formas arbitrárias de poder. Mas por serem concedidos a todos, independentemente dos respectivos méritos, os direitos civis são impotentes para engendrar o respeito real. Para isso, o indivíduo precisa fazer alguma coisa da sua vida; no mínimo, ter uma "aparência honesta". Posição e título não garantem mais respeito automaticamente. O nobre de hoje em dia tem que provar seu valor em atos beneficentes e outros, se não quiser ser visto como pouco mais que um parasita.

A igualdade do respeito formal pode caminhar lado a lado com a desigualdade do respeito real, mas até certo ponto. Se a distância aumentar muito, a igualdade formal sofrerá pressão. Suponhamos (e não é totalmente impossível) que o desemprego persistente dividisse a sociedade em duas castas hereditárias, a maioria empregada e a minoria sem emprego. Seria fácil preservar em lei essa divisão *de facto*, com diferencial civil e direito a voto. E a democracia, como a conhecemos, deixaria de existir. Também importa para o respeito mútuo que a desigualdade não ultrapassasse certos limites.[16] Uma elite que vive, consome e aprende totalmente à parte da população como um todo não criará nenhum vínculo comum de cidadania com essa população. Uma distribuição mais igualitária – mas não completamente igual – das riquezas e da renda é uma exigência da solidariedade democrática.

Uma especificidade da nossa abordagem, em contraste com a maioria das discussões liberais recentes, é que as exigências da justiça não são fixadas isoladamente do bem, mas emanam de uma concepção particular de bem. A igualdade está fundamentada na fraternidade, e não vice-versa. Segue-se que não existe uma resposta abstrata, *a priori*, como a que foi dada por Rawls à pergunta "Quanta desigualdade é excessiva?" Temos que olhar os efeitos da desigualdade no tecido moral da sociedade, em particular no seu sistema político. Quando os ricos são arrogantes, os pobres são ressentidos e impotentes e os políticos amam o dinheiro, a desigualdade passou dos limites.

Personalidade. Entendemos personalidade antes de tudo como a capacidade de estruturar e executar um plano de vida que reflita os gostos da pessoa, seu temperamento e sua concepção de bem. É o que os kantianos chamam de autonomia, e os aristotélicos, de razão prática. Mas o termo personalidade implica também algo mais, um elemento de espontaneidade, de individualidade, de disposição. Muitos filósofos – e Kant nos vem à mente – são considerados modelos de autonomia racional, embora, infelizmente, falte personalidade.

Por que distinguir personalidade de respeito? Não seriam conceitos correlatos – respeita-se a personalidade e a personalidade inspira respeito? A diferença é sutil. Imaginemos uma comunidade, uma ordem religiosa, uma falange revolucionária, na qual a propriedade é comum, os assuntos são discutidos abertamente e os desejos de todos são voltados para o bem comum. Os membros dessa comunidade se respeitam mutuamente, mas falta personalidade. Personalidade implica um espaço privado, um "quartinho nos fundos da loja", como diria Montaigne, onde o indivíduo tem liberdade para se despir, para ser ele mesmo. Isso denota o aspecto íntimo da liberdade, aquele que resiste aos apelos da razão e do dever públicos.

Personalidade é um ideal europeu, proeminentemente pós-medieval; corresponde de certa forma ao que o liberal francês Benjamin Constant chamou de "liberdade moderna". Mas seu encanto não é apenas local. Todas as culturas têm amantes ingênuos e intrépidos, cantados em prosa e verso, até na vida real. Uma sociedade destituída de personalidade, cujos membros aceitaram seu papel social sem tensões ou protestos, não é humana. É mais uma colônia de insetos sociais inteligentes, como as que se veem em filmes de ficção científica.

Existe uma tendência no liberalismo moderno de elevar a personalidade – ou a autonomia, como se costuma chamar – a um bem primordial do qual todos os outros derivam. Algo parecido está por trás, como vimos, da relutância de Rawls, Sen e Nussbaum de discutir os fins últimos. Para nós, isso é um erro. A autonomia é um bem entre outros, sem nenhuma precedência especial. (Pode, sem contrassenso óbvio, ser sacrificada por amor.) Destacada do contexto mais amplo da preocupação ética, a autonomia degenera naquela "liberdade da indiferença" para a qual tudo é possível e nada tem importância. A retórica moderna de "escolher valores" é um sintoma dessa confusão. Entendida adequadamente, a escolha *responde* ao valor. Onde ela pode *atribuir* valor, seu exercício torna-se arbitrário – é como atirar setas na porta do celeiro e desenhar o alvo ao redor.

A propriedade privada é uma salvaguarda essencial da personalidade, porque permite ao indivíduo viver de acordo com suas preferências e seus ideais, livre da tirania do patronato e da opinião pública. "As fortunas estáveis [...] são uma propriedade social invisível da qual as culturas são mais ou menos dependentes", escreveu o economista francês Marcel Labordère em carta a Keynes.

> A segurança financeira na vida da pessoa é uma condição necessária para o lazer e o pensamento organizados. O lazer e o pensamento organizados são condições necessárias para uma civilização verdadeira, e não meramente mecânica.[17]

Note que é a *propriedade* especificamente, e não a renda, que tem essa influência libertadora. Os *apparatchiks* soviéticos, que tinham acesso a todo tipo de bens de consumo, mas não ao capital, não eram livres para desenvolver sua personalidade. Como também não o são os corretores de Wall Street, cujos rendimentos vultosos se evaporam em gastos "necessários".* A independência é distinta da opulência, e imensamente mais importante.

---

* Sherman McCoy, o "mestre do universo" do romance de Tom Wolfe *A fogueira das vaidades,* consome seu salário em aluguéis, mensalidades escolares etc., o que resulta na inevitável falência semanas depois que ele perde o emprego. McCoy é escravo do dinheiro.

Essa defesa "personalista" da propriedade está no cerne do ensinamento social católico e faz parte de um ataque sutil tanto ao capitalismo de livre mercado quanto ao socialismo de Estado. Suas bases foram lançadas na Encíclica de 1891 do papa Leão XIII, *Rerum Novarum*. Todo pai de família, Leão argumenta, deve possuir meios de prover a si mesmo e a sua família agora e sempre. Não possuir esses meios é ser forçado a uma dependência degradante dos administradores do capital, sejam eles indivíduos privados ou servidores do Estado. "Portanto, a lei deve favorecer a propriedade, e a política induzir ao máximo as pessoas a serem proprietárias."[18] Essas ideias influenciaram o movimento "distribucionista" do início do século XX na Inglaterra e o pensamento democrata-cristão na Alemanha e na Itália, como veremos no próximo capítulo.

O argumento personalista em favor da propriedade privada é distinto do argumento padrão do livre mercado e tem outras implicações. Para a economia vigente, a propriedade é simplesmente uma parte da infraestrutura legal do capitalismo. Sua distribuição não é basicamente motivo de preocupação, exceto se resultar em formação de cartel. Por outro lado, do ponto de vista personalista, a concentração da propriedade em algumas poucas mãos viola a sua função essencial, que é proporcionar aos indivíduos e suas famílias uma vida independente. A propriedade tem que ser distribuída generosamente ou não cumprirá sua função ética. Como essa distribuição deve acontecer é o assunto do próximo capítulo.

Harmonia com a natureza. A razão para tratar a harmonia com a natureza como um bem básico já foi discutida no último capítulo. Mas a questão continua polêmica. Martha Nussbaum relata que alguns de seus colegas sul-asiáticos desprezaram a ideia como "um floreio romântico do Partido Verde".[19] Encontramos reação similar entre nossos amigos chineses. Não há como negar a propensão dos modernos ocidentais a um sentimentalismo em relação à natureza,

OS ELEMENTOS DA VIDA BOA

muitas vezes a ponto de ignorar necessidades mais prementes do sofrimento humano. Todavia, a predileção pelos animais, pelas plantas e pelas paisagens não é uma peculiaridade ocidental. A abundância de poesias sobre a natureza em sânscrito, em chinês clássico e em vários outros idiomas ao redor do mundo é prova suficiente disso.

A harmonia com a natureza costuma ser entendida como um favorecimento da vida rural sobre a vida urbana. Desde a época da Babilônia e de Roma, as cidades aparecem como concentrações de miséria e de vícios. Mas a visão oposta também tem defensores. Sócrates encontrou toda a sabedoria que procurava entre os muros de Atenas. Marx citou a ignorância da vida rural. Não precisamos entrar nesse antigo debate; ambos os lados têm suas razões. A novidade é a brusca escalada das cidades modernas. O homem que vivia em Paris no século XVIII, então a maior cidade do mundo, andava apenas trinta minutos para chegar ao campo. Seu equivalente moderno leva seis horas em meio a um trânsito pesado. Aqui tem origem aquela típica sensação moderna do mal-estar urbano e a necessidade, geralmente cômica em seus efeitos, de "retornar à natureza". As consequências nocivas da superpopulação urbana sobre o comportamento e o humor do ser humano estão bem documentadas pelos psicólogos.

Deveríamos, então, abolir a cidade moderna? Com as atuais densidades populacionais, uma política dessas só serviria para transformar um país em um imenso subúrbio. Mas *devemos* nos empenhar para impedir que as cidades se distanciem demais de seus entornos rurais. Ao longo de milênios, o mercado local era o principal ponto de contato entre a cidade e o campo. Hoje, ele praticamente desapareceu e levou consigo o sentido de lugar e das estações. O moderno *gourmand* estimula seu paladar exigente com tempura japonês, pimentas de Sichuan, cuscuz marroquino e uma variedade de outras delícias selecionadas na despensa global, todas igualmente apartadas de seu contexto e significado originais. A alienação da natureza é apenas um dos custos incalculáveis das escolhas do consumidor.

Amizade. Essa é uma tradução necessariamente inadequada do antigo grego *philia,* termo que engloba todos os relacionamentos intensos, afetuosos. Um pai, um cônjuge, um professor, um colega de trabalho podem ser todos "amigos" no sentido que damos ao termo. Como já mencionado, isso talvez diminua a diferença crucial que existe entre as relações familiares, que não são escolhidas, e as amizades, no sentido lato da palavra, que são eletivas. Mas, quando examinamos mais de perto, a diferença não é tão clara. Os relacionamentos familiares possuem um elemento eletivo – além de certo ponto, é preciso *trabalhar* para ser uma mãe ou uma irmã –, e os relacionamentos não familiares mais profundos possuem uma força vinculante que em geral é expressa pela extensão de termos familiares: irmão de sangue, madre superiora e outros. A estrutura e a importância da família e dos demais relacionamentos pessoais variam de uma cultura para outra, embora algumas relações sejam essenciais em qualquer versão concebível de vida boa. "Ninguém quer viver sem amigos", observou Aristóteles, "mesmo que tenha outras coisas boas."[20]

Por que falamos em "amizade" e não em "comunidade", palavra que se tornou tão terrivelmente popular nas últimas décadas? Nossa preocupação tem a ver com coisificação. É muito fácil falar em "bem-estar da comunidade" como se fosse algo que está acima e além do bem-estar de seus membros constituintes. O termo "amizade" não está aberto a esse tipo de abuso. Minha amizade com Paul é claramente uma *relação* entre mim e Paul; ela não paira sobre nós, como um fantasma, com interesses e direitos próprios. Se aprendêssemos a pensar em comunidade como uma rede de amigos, uma importante fonte de opressão política seria removida.

OS ELEMENTOS DA VIDA BOA

O mundo antigo levava a amizade muito a sério. Aristóteles, em sua clássica discussão sobre o tema, distingue a amizade autêntica da amizade utilitária (baseada em necessidades compartilhadas). A amizade autêntica existe quando cada uma das partes abraça o bem-estar do outro como se fosse seu, e assim dá origem a um novo bem-estar *comum*. Esse relacionamento só é possível entre pessoas virtuosas, que se amam pelo que são, e não pelo que podem oferecer. A amizade é ao mesmo tempo pessoal e política. Vincula os membros de uma mesma família e, por extensão, os cidadãos de uma *polis*. Ela é o "bem maior das nações e o que melhor as preserva contra as revoluções".[21] Essas palavras soam estranhas aos ouvidos modernos. Estamos acostumados a pensar sobre o Estado como uma aliança de indivíduos interessados em si mesmos, e na amizade como um relacionamento totalmente privado sem nenhuma importância política. Mas, na visão de Aristóteles, um Estado sem amizades não é, absolutamente, um Estado. O Estado não é "uma mera sociedade [...] criada para prevenir o crime e favorecer a troca". É "a união de famílias e cidades em uma vida perfeita e autossuficiente, pela qual representamos uma vida honrosa e feliz".[22]

Escrevendo 150 anos antes de Aristóteles e do outro lado do mundo, Confúcio compartilhou a mesma confiança na importância política dos relacionamentos pessoais. "Aqueles que na vida privada comportam-se bem com seus pais e irmãos mais velhos, na vida pública raramente estarão dispostos a resistir à autoridade dos superiores."[23] Mas a semelhança é apenas superficial. Confúcio enfoca mais a deferência à autoridade e não a participação nos bens comuns. E onde Aristóteles inclui a família em um termo mais amplo, *philia,* o filósofo chinês a seleciona para uma menção especial. "Seria o comportamento adequado com pais e irmãos mais velhos o tronco da Bondade?"[24] Essas diferenças de atitudes ainda são visíveis hoje em dia. As crianças ocidentais são educadas para ver os pais como "amigos" no sentido restrito, e na China os relacionamentos continuam sendo de amor e sacrifício mútuos por toda a vida.

A amizade não é essencialmente um bem econômico, mas tem pré-requisitos econômicos. A confiança social não prospera em períodos de fome. E uma economia que é marcada por reestruturações, cortes e terceirizações constantes não pode ser receptiva a relacionamentos profundos e duradouros. "Você precisa se livrar das Sanguessugas e substituí-las por Energizadores", escreve o treinador norte-americano Robert Pagliarini, mensagem que é reforçada em inúmeros livros e websites de autoajuda.[25] Em termos aristotélicos, os amigos amealhados com a intenção específica de "energizar-se" não são amigos realmente, são utilidades. Ainda assim, são uma particularidade previsível de uma cultura que privilegia a autonomia e a mobilidade sobre todo o resto.

Lazer. Em linguagem contemporânea, lazer é sinônimo de relaxamento e repouso. Mas existe um conceito mais antigo segundo o qual lazer não é apenas um período sem trabalho, mas uma forma especial de atividade em si mesma. O lazer tomado nesse sentido é aquele que praticamos pelo que ele é, e não como meio para fazer qualquer outra coisa. O filósofo Leo Strauss escreveu sobre seu amigo Kurt Riezler que "a atividade de sua mente tinha o caráter do nobre e sério emprego do lazer, e não o do irritante labor".[26] É nesse sentido que queremos que "lazer" seja entendido.

No sentido que vamos usar, o lazer não tem nenhuma relação com o lazer como costuma ser entendido. O trabalho remunerado poderia ser lazer no nosso sentido se fosse realizado não principalmente como meio para ganhar dinheiro, mas por ele mesmo. (Muitos escritores continuam escrevendo mesmo sem ganhar nada ou ganhariam mais se fizessem qualquer outra coisa.) Inversamente, muitas "atividades de lazer" não são lazer no nosso sentido, ou porque são feitas instrumentalmente – jogar squash para emagrecer, por exemplo – ou porque são passivas demais para contarem como *ação*. (Assistir à televisão ou se embriagar só são ações no menor dos sentidos de que tudo que fazemos é uma ação. Faltam-lhes a espontaneidade e a habilidade características da ação em seu sentido pleno, por isso são mais bem-vistas como "repouso" do que lazer.) O lazer no nosso sentido distingue-se não pela falta de seriedade ou de empenho, mas pela ausência de compulsão externa. E por isso se aproxima do que Marx chamou de trabalho não alienado, definido como "a livre manifestação da vida e, por isso, um prazer".[27]

A importância do lazer era reconhecida em muitas civilizações. As três grandes religiões abraâmicas guardam o Sabá semanal, um dia de repouso, não para a livre atividade no sentido que conhecemos, mas um dia reservado à adoração.[28] Aristóteles chegou perto disso quando fez uma distinção entre as artes "liberais" e "mecânicas"; as primeiras eram mais adequadas aos homens livres, e as segundas, aos operários e escravos. ("Chamamos de artes mecânicas aquelas que deformam o corpo, da mesma maneira que todos os empregos remunerados, porque absorvem e degradam a mente.")[29] Mas foi no Japão do período Edo que mais se cultivou o lazer. Impedida durante séculos de viver em paz em virtude das tradicionais ocupações, a aristocracia feudal voltou-se para as artes e transformou as atividades diárias, como banhar-se e beber chá, em cerimônias requintadas. O filósofo francês Alexandre Kojève reconhece o Japão como a primeira sociedade "pós-histórica" bem-sucedida. "Esperemos", ele escreveu com alguma ironia, "que a interação recém-iniciada entre o Japão e o mundo ocidental acabe levando não os japoneses de volta à barbárie, mas à 'niponização' dos ocidentais."[30]

Por que o lazer é um bem básico? O motivo é claro: uma vida sem lazer, em que tudo é feito em função de qualquer outra coisa, é uma vida vã. É a vida em eterna preparação, jamais vivida de fato. O lazer é um manancial de pensamentos e cultura superiores, porque só quando nos emancipamos das pressões das necessidades é

QUANTO É SUFICIENTE?

que realmente *enxergamos* o mundo e distinguimos seus contornos e aspectos específicos. (A palavra do grego antigo para lazer, *schol,* sugere esse sentido.) "Quando deixamos nossa mente repousar contemplativa em um botão de rosa, em uma criança brincando ou em um mistério divino, sentimo-nos refeitos e lépidos como se saíssemos de um sono profundo", escreve Josef Pieper. "É nesses momentos de silêncio e receptividade que a alma do homem é às vezes visitada pela consciência daquilo que mantém a coesão do mundo."[31] Sem lazer não existe civilização genuína, só a civilização "mecânica" a que se referiu Marcel Labordère. A moderna universidade, com suas máquinas de "metas" e "resultados", incorpora esse espectro sinistro.

Essa concepção de lazer pode parecer pouco erudita, mas não é essa a intenção. Todas as recreações que envolvem participação ativa e alguma habilidade – jogar futebol no parque, construir e decorar os próprios móveis, tocar guitarra em uma banda – são lazer no nosso sentido. O que importa não é o nível intelectual da atividade, mas seu caráter de "intencionalidade sem propósito".

Quais são as condições econômicas do lazer? Em primeiro lugar, uma redução da *lida,* categoria que inclui não apenas o trabalho remunerado, mas toda atividade necessária, como ir e voltar do trabalho e cuidar da casa, e exclui o trabalho remunerado realizado em interesse próprio, como a atividade de um artista, de um artesão. Quando a lida ocupa uma parte tão grande do dia que sobra tempo só para dormir e descansar, não há lazer possível. Mas a mera redução da lida não é suficiente para o lazer no sentido em que estamos usando, como sugere a imagem de Keynes da dona de casa entediada. Viver "bem, de maneira sábia e agradável" requer não apenas tempo, mas dedicação e gosto. É irônico, mas não surpreendente, que as velhas artes da vida – conversar, dançar, tocar música – começam a atrofiar quando mais precisamos delas. Uma economia gerada para maximizar a produção a ser comercializada tende a produzir formas de lazer mais industrializadas do que espontâneas.

OS ELEMENTOS DA VIDA BOA

Como efetivar os bens básicos

Esses são, então, os bens básicos. Uma vida que consegue efetivar todos eles é uma vida boa. "Efetivar" é, obviamente, um termo vago. Quanto respeito é preciso ter para que o respeito seja "efetivado"? As respostas para essa pergunta certamente englobarão uma grande variedade legitimada tanto pelo indivíduo quanto pela cultura. Porém, como já dissemos, a imprecisão do termo não é necessariamente uma falha em uma investigação que é imprecisa por natureza.

Uma preocupação mais séria diz respeito à possibilidade de conflito. E se a minha expressão pessoal exigir que eu me afaste de um amigo? E se a fruição do lazer me obrigar a renunciar ao respeito de trabalhar para viver? Esses dilemas nos fazem pensar que deve existir um "bem dominante" ao qual todos os demais são incluídos como aspectos e meios. A menos que esse bem exista, não há nenhuma base racional para escolher um fim em vez de outro. Vemo-nos, então, diante da perspectiva de um salto às cegas, arbitrário – um apuro imaginado por existencialistas como Jean-Paul Sartre.

Dois candidatos ao papel de bem dominante constam na bibliografia da ética moderna. Um é a felicidade ou utilidade; o outro é a "boa vontade" no sentido kantiano, a vontade obediente às leis morais. Nenhum deles nos parece plausível. Felicidade não pode ser o nosso bem dominante pelas razões que já foram discutidas no Capítulo 4: se tomada no sentido clássico, é simplesmente sinônimo de vida boa e por isso não pode arbitrar entre seus vários elementos; e se tomada no sentido moderno padrão, como um estado mental prazeroso, não é necessariamente um bem. A moral kantiana também não pode ser um bem dominante porque é estreita demais para englobar todas as coisas que valorizamos na vida. Só uma moral fanática (como disse Nietzsche referindo-se a Kant) é capaz de imaginar que nada é bom sem qualificação, exceto a boa vontade.

QUANTO É SUFICIENTE?

A pluralidade, portanto, é irredutível. Estamos diante da possibilidade de um dilema "trágico", no qual um bem básico deve ser sacrificado por outro. Mas isso não deveria nos incomodar indevidamente. Deliberar sobre e escolher entre fins incomensuráveis é um fato da vida diária. Devo investir na carreira à custa do lazer e da reflexão? Devo me dedicar ao tênis e não ao piano? Indivíduos que se confrontam com escolhas desse tipo podem decidir sensatamente qual é a melhor medida a ser tomada sem ter que recorrer a um algoritmo universal. No âmbito cívico, o debate sobre fins incomensuráveis é o dia a dia da política democrática, ao menos quando funciona como deve. Só o tecnocrata inveterado não encontra um meio-termo entre o cálculo e o caos.[32]

Uma importante consequência da pluralidade dos bens básicos é que a falta de um deles não pode ser compensada pela abundância de outro, da mesma maneira que a falta de euros não pode ser compensada pela abundância de dólares. Para quem não tem amigos nem lazer, falta alguma coisa que nenhum respeito, por maior que seja, é capaz de compensar. É por isso que os moralistas, de Aristóteles e Confúcio em diante, alertaram para a especialização excessiva. Concentrar-se exclusivamente em uma área da arte ou da ciência talvez enriqueça a ação, mas à custa da deformação do artista ou do cientista. É claro que os que já efetivaram o conjunto completo de bens básicos podem ambicionar racionalmente bens mais específicos. Mas ninguém, por mais bem-sucedido que seja, pode dizer que tem uma vida boa se lhe faltam os rudimentos de saúde, lazer, personalidade, entre outros.

Se o principal objetivo do indivíduo é efetivar a vida boa para si, é dever do Estado, na medida em que esteja dentro de sua capacidade, proporcionar vida boa a todos os cidadãos. (Esse princípio de justiça está fundamentado no bem do respeito mútuo, já discutido aqui.) A qualificação "na medida em que esteja dentro de sua capacidade" é importante. Saúde e amizade repousam em grande parte no colo do destino. Personalidade, respeito e lazer dependem parcialmente da

OS ELEMENTOS DA VIDA BOA

ação individual. Ainda assim o Estado tem um papel legítimo e importante na criação das *condições materiais* para que esses e outros bens prosperem. Essas condições incluem não só um determinado nível geral de riqueza nacional, mas a sua justa distribuição, a sábia aplicação dos recursos públicos e muito mais. O restante está nas mãos das pessoas e das instituições civis. Adaptando uma frase de Keynes, o Estado administra não só a civilização, mas a possibilidade de civilização.

Dissemos que o *principal* dever do Estado é criar as condições materiais para que todos tenham uma vida boa. Isso feito, nada mais legítimo que desejar a beleza, o poder e a *grandeza*. Versalhes e as pirâmides têm lugar no sistema da civilização, mas não à custa da vida, da saúde e do bem-estar. Essa doutrina ganhou o nome feio de *sufficientarianism*, mas a raiz da ideia é a do senso comum que as necessidades não devem ser sacrificadas pelos luxos. Por fim, onde um bem básico admite muitas realizações possíveis, o Estado deve ser livre para seguir suas tradições históricas e escolher uma ou outra. A Índia e a China não têm obrigação de acompanhar a crescente demanda ocidental em favor da legalização do casamento entre pessoas do mesmo sexo nem criminalizar a crueldade contra animais. Somente quando uma tradição histórica destrói um bem básico é que a justiça exige o seu abandono.

E o crescimento, onde entra nisso? Obviamente, nenhuma política saudável tem o crescimento como fim último. Aristóteles apenas reiterava o senso comum quando escreveu que "a riqueza não é o bem que estamos buscando, porque é útil e não tem um fim em si mesma".[33] Embora o crescimento não seja um fim em sua essência, ainda assim poderia ser desejado por outras razões. Três delas me vêm à mente.

A primeira é que o crescimento deveria ser sensatamente buscado como *meio* para um ou mais bens básicos. A saúde requer boa comida e boa medicina. O lazer requer um tempo afastado da lida diária. A personalidade requer um lugar para se recolher, "um quartinho nos fundos da loja". Populações muito pobres, para ter esses bens garantidos, têm todos os motivos para querer enriquecer. Aqui, no mundo rico, porém, os pré-requisitos materiais da saúde, do lazer e da personalidade já foram preenchidos há muito tempo; a nossa dificuldade é usá-los bem. Quanto aos demais bens básicos – segurança, respeito, amizade e harmonia com a natureza –, esses não dependem tanto de um nível absoluto de riqueza quanto da organização da vida financeira e de outros fatores não econômicos. E não nos dão nenhuma razão que justifique perseverar no crescimento.

Em segundo lugar, o crescimento nos interessaria como um *índice* de algo que valorizamos. Em seu Robbins Lectures 2010, Adair Turner sugere que o crescimento "não seja considerado o *objetivo* da política econômica, mas sim um resultado altamente provável [...] de duas coisas desejáveis em si: liberdade financeira para fazer escolhas, e espírito de questionamento constante e desejo de mudar".[34] Em outras palavras, o crescimento seria como um cardiógrafo – um instrumento trivial para medir uma coisa importante. Mas só cumprirá sua função se (a) tiver uma relação confiável com a liberdade econômica; e (b) se a liberdade econômica por si só for um bem dominante. Essa segunda hipótese é especialmente dúbia. É claro que alguma liberdade econômica é uma coisa boa (nos nossos termos, faz parte do bem básico da personalidade), mas outras coisas também são boas e podem inibir o crescimento.* Uma sociedade em que as pessoas estão seguras em seus empregos e dedicam longas horas ao lazer também pode crescer lentamente no aspecto econômico. Se uma economia equilibrada favorece ou não o crescimento, essa é uma questão empírica; não se pode assumir *a priori* que o rápido crescimento de uma economia seja sempre saudável.

---

* Lorde Turner admite essa possibilidade. Em sua terceira palestra ele diz que os fins da mudança e da liberdade financeira "precisam estar equilibrados com outros objetivos potencialmente desejáveis". Mas deveria acrescentar que isso diminui a utilidade do crescimento como indicador de saúde financeira.

OS ELEMENTOS DA VIDA BOA

Por fim, o crescimento de curto prazo poderia ser adotado por motivos pragmáticos. Em uma recessão, em que há desemprego e déficit público muito alto, o crescimento é uma prioridade. Mas temos que distinguir o curto prazo do longo prazo. O crescimento pode ser visto como um tipo de Prozac: ajuda o paciente a voltar a caminhar com as próprias pernas, mas não pode ser usado continuamente. Como qualquer droga, o crescimento também vicia. É preciso um acompanhamento político especializado para que esse expediente temporário não se transforme em um hábito para toda a vida.

A busca contínua do crescimento não é só desnecessária para que os bens básicos sejam efetivados como pode danificá-los. Os bens básicos são essencialmente não comercializáveis: não são nem comprados nem vendidos apropriadamente. Uma economia voltada para a otimização do valor de mercado tende a eliminar alguns bens e substituí-los por outros mais vendáveis. O resultado é uma espécie de corrupção bastante conhecida. A personalidade passa a fazer parte do jargão da publicidade, quando diz que os consumidores de produtos de uso diário estão "se expressando" e "se definindo". A amizade deixa de ser o relacionamento eticamente sério que era para Aristóteles e passa a ser um ardil para desfrutar o lazer. Enquanto isso, o lazer está sujeito à mesma lógica da economia que governa a produção, quando os esportes, os jogos e as casas noturnas procurarão oferecer o máximo de excitação no menor espaço de tempo. "O mercado penetra em áreas da vida que até recentemente ficavam fora dos domínios da troca monetária", escreve o sociólogo Zygmunt Bauman. "Ele insiste incansavelmente na mensagem que tudo é ou pode ser mercadoria, e, mesmo que não seja, pode ser manipulado *como* mercadoria."[35]

É difícil representar essas alterações estatisticamente. Os bens básicos são qualidades, não quantidades, são objetos de discernimento, não de medição. O que se pode medir são os representantes dos bens básicos – quantidades que se supõe aumentar e diminuir sucessiva-

223

mente. Os resultados desse exercício são desanimadores. A renda *per capita* britânica mais que dobrou desde 1974, e durante esse período, até onde se sabe, os bens básicos não aumentaram nem atrofiaram positivamente. Outros países ricos exibem um quadro mais variado.

Saúde. A expectativa de vida média no Reino Unido aumentou pouco mais que sete anos entre 1974 e 2009. Mas esse dado se deve parcamente ao crescimento. No mesmo período, a expectativa de vida aumentou em quase todos os países independentemente dos índices de crescimento, como resultado dos avanços tecnológicos e da infraestrutura médica, principalmente.[36] China e Brasil estão defasados em relação ao mundo ocidental apenas seis ou sete anos, ao passo que em Cuba, um dos países mais pobres, a expectativa de vida é a mesma dos EUA. Além disso, como argumentamos anteriormente, a longevidade não é um bom índice de saúde porque nada diz sobre a *qualidade* da vida. "Com certeza não se mede a vida boa por sua duração em anos", escreveu James Lovelock aos 86 anos, "mas pela intensidade do prazer experimentado e pelos bons resultados da existência."[37]

Em certos aspectos, a saúde pode até deteriorar com a riqueza. O número de mortes no Reino Unido relacionadas à bebida alcoólica aumentou muito a partir da década de 1990, embora o mesmo não tenha acontecido em outros países (ver o Gráfico 8). A obesidade triplicou em toda a Europa desde os anos 1980, mesmo em países com índices tradicionalmente baixos (ver o Gráfico 9).[38] No Reino Unido, também aumentou o consumo de medicamentos antidepressivos, mas isso não quer dizer que a depressão em si tenha aumentado.[39] O estresse relacionado ao trabalho só aumenta a partir de 1992, principalmente entre as mulheres.[40] Pelos padrões históricos, continuamos saudáveis, mas ninguém tem certeza se essa situação se perpetuará. É bem possível que as doenças da riqueza consigam superar as da pobreza.

Gráfico 8 – Relação entre álcool e mortes no Reino Unido

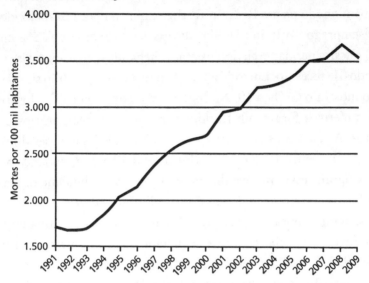

Fonte: WHO Global Information System on Alcohol and Health.

Gráfico 9 – Obesidade no Reino Unido

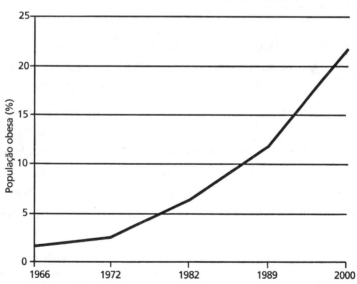

Fonte: WHO Database on BMI.

QUANTO É SUFICIENTE?

Segurança. O pleno emprego como meta da política macroeconômica foi abandonado na era Reagan/Tatcher e nunca mais restabelecido. O desemprego no Reino Unido ultrapassou a marca dos 5% em 1980 e assim permaneceu desde então, chegando a 10% ou mais em períodos de recessão. Em toda a OECD prevalece um padrão similar, como mostra o Gráfico 10. Na Inglaterra e nos Estados Unidos, os cargos efetivos foram substituídos por contratos temporários ou abertos. As garantias contratuais dos trabalhadores ingleses diminuíram 20% entre 1975 e 1995. (Entre as mulheres a mudança foi menos significativa, principalmente porque a probabilidade de elas abandonarem o emprego depois que os filhos nascem é maior.)[41] Ao mesmo tempo, nota-se um claro aumento entre os trabalhadores temporários, especialmente os agenciados, cujo número dobrou desde 1992.[42] Essas tendências são em parte estruturais, efeito da atual migração da indústria para o setor de serviços, mas têm sido exacerbadas pela política. A segurança é vista como um sacrifício legítimo pelo bem maior do crescimento, e não como uma necessidade humana básica.

Respeito. A maior barreira para o respeito mútuo na maioria dos países ocidentais é o surgimento, nos anos 1970, de um corpo permanente de dependentes do Estado.* Antes protegidos pelo resíduo de um sentimento cristão social-democrata, "desocupados" e "folgados" são hoje tratados com desprezo explícito na imprensa e na televisão. Outra barreira para o respeito mútuo é a extrema desigualdade. Ela destrói o respeito não só pelos que estão na base, mas também pelos que ocupam o topo, especialmente se suas vantagens forem consideradas imerecidas. A desigualdade vem crescendo nos países

---

* A dimensão exata das subclasses britânicas é muito difícil de ser estabelecida, mas é bastante expressivo que as requisições de benefícios por incapacidade tenham triplicado do fim da década de 1970 até 2006, chegando a 2,7 milhões (Carol Black, *Working for a Healthier Tomorrow*, 2008, p. 34).

OS ELEMENTOS DA VIDA BOA

ocidentais desde a década de 1970, especialmente na Inglaterra e nos Estados Unidos, como mostra o Gráfico 11. Essa tendência é em parte uma função de forças sociais autônomas, mas a redução da alíquota máxima de imposto de renda sob os governos Thatcher e Reagan certamente acentuou-a.

Por fim, o "turbocapitalismo" consagrado em Wall Street e na cidade de Londres nos últimos trinta anos gerou uma brutalização nas relações de trabalho. "Homens corpulentos arrancaram-lhe o BlackBerry e o cartão de identificação, ele não teve mais acesso ao seu e-mail de trabalho e deram-lhe cinco minutos para esvaziar a mesa", descreve um artigo sobre o destino de um analista financeiro demitido por faltar ao trabalho para acompanhar a esposa doente.[43] Essas cenas são corriqueiras. Hoje, os altos salários não são segurança contra a proletarização e suas concomitantes humilhações.

Gráfico 10 – Desemprego nos países da OECD

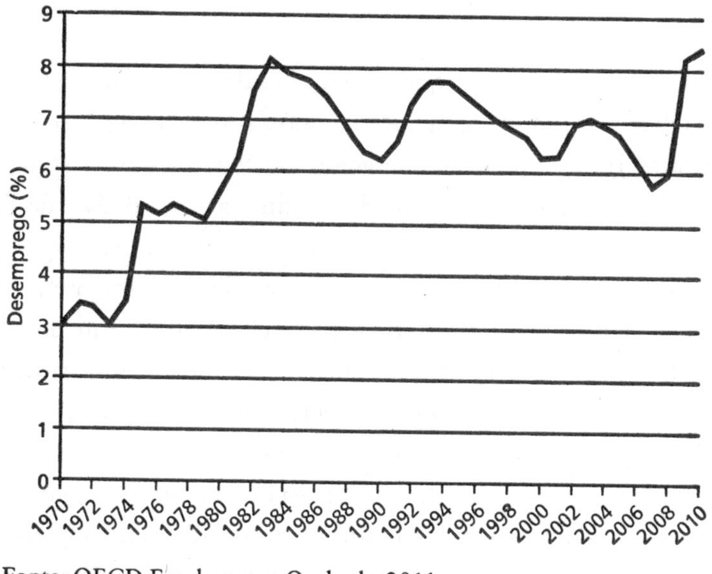

Fonte: OECD Employment Outlook, 2011.

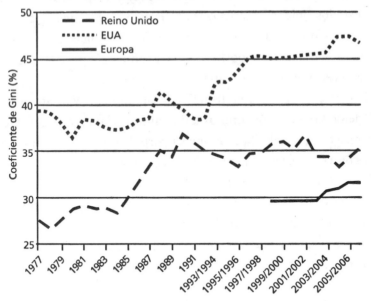

Gráfico 11 – Desigualdade da renda desde 1977

Fonte: ONS; Banco Mundial; Eurostat.

Personalidade. Já dissemos que a principal salvaguarda econômica da personalidade é a propriedade. A boa notícia vem da Inglaterra, onde a aquisição da casa própria apresentou um crescimento constante ao longo do século passado, mantendo-se num patamar estável de 71% até 2003; hoje está em 68%. Porém, como a maioria das residências é adquirida por meio de financiamento, com direito à propriedade só no fim da vida, quando isso acontece, seus efeitos definitivamente não são emancipatórios. A propriedade financiada vincula o proprietário a um emprego regular. São especificamente os *recursos* – ou seja, o total de ativos de um indivíduo subtraídas as obrigações financeiras – que dão liberdade para almejar um projeto de vida autônomo. Os governos britânicos tomam iniciativas esporádicas de distribuir mais amplamente os recursos; foi esse o objetivo das privatizações da era Thatcher na década de 1980. Esquemas mais amplos de propriedade compartilhada são promovidos em bases empresariais, entre outros, pela John Lewis, a principal rede de varejo da Inglaterra, que pertence e é administrada por seus 76.500 funcionários fixos.[44] Contudo, esses empreendimentos visionários não conseguiram neutralizar a tendência geral de concentrar os recursos nas mãos de alguns poucos, como mostra o Gráfico 12.

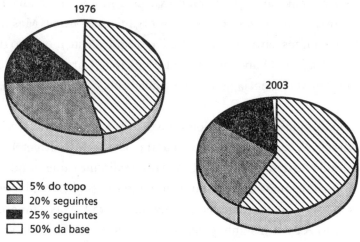

Gráfico 12 – Distribuição da riqueza no Reino Unido

5% do topo
20% seguintes
25% seguintes
50% da base

Fonte: NOS; HMRC.
Nota: *Marketable wealth* (também conhecido como *net worth*) é o valor de todos os ativos que podem ser vendidos ou comprados – ações, propriedades, poupanças e outros – menos dívidas. Isso exclui, por exemplo, pensões que não podem ser transferidas. Aqui, o valor dos imóveis, ativos que são frequentemente repassados ou herdados, estão excluídos.

Harmonia com a natureza. Há muito tempo a agricultura britânica é menos diversificada que a francesa e a italiana, e está crescendo menos agora. Uma proporção cada vez menor da nossa alimentação é produzida localmente e uma parcela cada vez maior é importada de outros países. Em 1970, as importações de produtos alimentícios somavam 2 bilhões de libras; desde então, elas cresceram duas vezes mais rápido que as exportações, algo em torno de 20 bilhões de libras. O índice de autossuficiência do Reino Unido (que determina quanto poderíamos produzir de tudo que consumimos) é o menor até hoje, abaixo de 60%; na década de 1970 manteve-se consistente, entre 70% e 80%.[45] As grandes redes de supermercados continuam se expandindo à custa do comércio local, e hoje dominam mais de 97% do mercado de gêneros alimentícios.[46] Nas ruas de comércio, as "lojas que são lojas de verdade" keynesianas se escondem timidamente atrás das "esteiras das caixas registradoras". Essa monotonia é aliviada pelas feiras, cooperativas de alimentos orgânicos e outros. Mas não passam de mimos caros da classe média, o equivalente moderno dos cortesãos franceses bancando as ordenhadeiras. Caros e raros, em nada alteram a tendência geral, que segue firme na outra direção.

Amizade. A opinião dos sociólogos diverge se a amizade no sentido que usamos (ou "capital social", para usar o barbarismo corrente) está aumentando ou desaparecendo. O que não se discute é que as antigas formas institucionais de sociabilidade – igrejas, sindicatos, bares e clubes sociais – estão desaparecendo da Inglaterra.[47] Mas ganharam substitutos. A cada instante surgem novas seitas. Multiplicam-se os grupos de pressão sobre questões específicas. E há também a internet, com sua vasta rede de possibilidades. Sobretudo os relacionamentos baseados em estilos de vida compartilhados estão dando lugar aos interesses e às identidades especiais. Estas últimas são mais ao gosto do ego pós-moderno, que é mais versátil.[48] Tendências similares têm sido observadas em outros países da OECD.[49]

Uma instituição em particular chama a nossa atenção. No mundo desenvolvido estão acontecendo poucos casamentos, e entre esses, muitos terminam em divórcio.[50] Costuma-se dizer que os compromissos exclusivos, para a vida inteira, são armadilhas principalmente para as mulheres. Porém, as evidências sugerem que os relacionamentos estáveis são bons para todos os interessados, especialmente os filhos, e que os casamentos costumam ser mais estáveis que as uniões informais.[51] Talvez por essa razão o sexo seja tão controlado por rituais e penalidades no mundo todo. Somente no Ocidente moderno a liberdade sexual é considerada um direito básico.

Gráfico 13 – Casamento e divórcio no Reino Unido

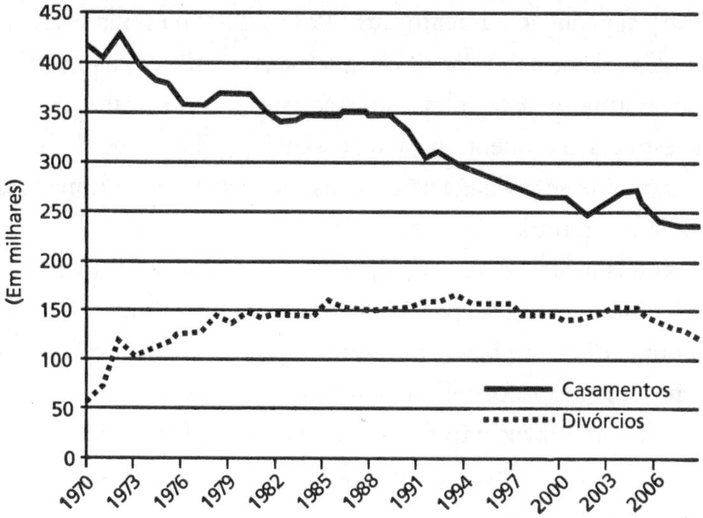

Fonte: ONS.

Lazer. Como vimos no Capítulo 3, o tempo passado longe do trabalho não aumentou nos últimos vinte anos, talvez tenha até diminuído se levarmos em conta o tempo gasto em deslocamentos e outras tarefas. Mas como o "lazer" no sentido que estamos usando não é só o tempo passado longe do trabalho, e sim o tempo livre – usado em atividades sem nenhum propósito específico –, cabe perguntar como são ocupadas essas horas vagas. As tendências variam. A televisão é presença dominante não só na Inglaterra, mas em outros países, e fica ligada em média quatro horas ou mais por dia.[52] Videogames e redes sociais online são cada vez mais populares, especialmente entre os jovens. O número de ingleses adultos que pratica pelo menos um esporte caiu de 48% para 43% entre 1990 e 2002, tendência que se repete no Canadá e nos EUA.[53] O tempo dedicado à leitura aumentou levemente no Reino Unido e na França desde 1975, embora o número de leitores, particularmente de jornais e revistas, tenha declinado. Nos Estados Unidos, tanto o número de leitores quanto o de horas dedicadas à leitura sofreu forte queda.[54] A frequência em eventos culturais teve um pequeno aumento entre 1986 e 2003 na Inglaterra, como nos mostra a Tabela 2. É inevitável que essas estatísticas não consigam acalmar o atual debate entre os pessimistas e os otimistas culturais. O que está claro é que a visão keynesiana segundo a qual a cultura da classe média se propagaria entre as massas quando aumentasse o tempo de lazer ainda não aconteceu.

A expansão da educação superior nos últimos trinta anos, no Reino Unido e em outras partes, poderia ser naturalmente entendida como uma adição ao lazer. Entretanto, porque a educação superior também tem sido reformulada em linhas cada vez mais utilitárias, seu status como lazer não é mais tão evidente. Uma educação cuja principal função é "acrescentar valor" ao aluno transmitindo-lhe "habilidades transferíveis" não é mais lazer no nosso sentido, mas labuta – distinta quanto à intensidade, mas não quanto ao caráter, do esforço do trabalho remunerado.

O quadro não é animador para os defensores do crescimento a qualquer custo. Apesar de a renda *per capita* ter dobrado no Reino Unido, não temos mais bens básicos do que tínhamos em 1974; em certos aspectos, temos até menos. Corremos atrás do supérfluo e desprezamos as necessidades. A propósito, isso talvez explique a "linha reta" da felicidade discutida no Capítulo 4, caso seja, de fato, mais que um artifício estatístico. Talvez as pessoas percebam, e com razão, que a vida delas não é objetivamente melhor hoje do que era antes. Jill Matheson, diretor do Escritório Nacional de Estatística do Reino Unido, identificou a lista do que mais conta para a felicidade, "saúde, relacionamentos, trabalho e meio ambiente" – muito semelhante à nossa lista de bens básicos.[55]

OS ELEMENTOS DA VIDA BOA

Uma vez que a nossa vida não melhorou muito nesses aspectos desde 1974, não surpreende que não estejamos mais felizes.

Estaríamos sugerindo um retorno aos padrões de vida de 1974? Não necessariamente, porque seria difícil abandonar as facilidades obtidas desde então, mesmo que nada tenham acrescentado ao nosso bem-estar. (Este é um exemplo de uma grande verdade: as mudanças sociais prejudiciais não podem ser retificadas simplesmente revertendo-as, assim como um homem esmagado por um rolo compressor não pode voltar à vida simplesmente dando marcha a ré.) O que queremos dizer é que, daqui para a frente, o objetivo de longo prazo da política econômica pode não ser o crescimento, e sim a estruturação de nossa vida coletiva para facilitar a vida boa. Como fazer isso é o tema do último capítulo.

Tabela 2 – Comparecimento a eventos culturais no Reino Unido

	1986/87	96/97	98/99	2000/01	01/02	02/03
Cinema	31%	54%	57%	55%	57%	61%
Teatro/galerias de arte	23%	24%	22%	23%	24%	24%
Exposições	21%	22%	21%	21%	22%	24%
Música clássica	12%	12%	11%	12%	12%	13%
Balé	6%	7%	6%	6%	6%	7%
Ópera	5%	7%	6%	6%	6%	7%
Dança contemporânea	4%	4%	4%	4%	5%	5%

Fonte: Target Group Index, BM RB International; Cinema Advertising Association.

7. Saídas da corrida competitiva

> "O que significa, realmente, esta busca inexorável
> de um progresso que parece escapar-se
> sempre que se pensa tê-lo alcançado?"
>
> Papa Paulo VI, *Octogesima Adveniens*

Os economistas da geração de Keynes acreditavam que na medida em que as pessoas realizassem mais seus desejos, elas poderiam – e deveriam, como atores racionais – trabalhar menos e aproveitar mais a vida. Nós identificamos dois bloqueios para que a profecia de Keynes se cumpra: um deles reside nas relações de poder, o outro é a insaciabilidade dos desejos humanos. Os dois somados criam uma ética da ganância, que condena as sociedades a se tornarem mais ricas sem nenhum objetivo – antes isso não existia –, o que é, num certo sentido, uma peculiaridade do capitalismo.

As rivalidades internacionais alimentam as chamas da ganância. Apesar de tanta riqueza, é comum ouvir que devemos nos preparar para futuros desafios, particularmente colocados pelos chineses e por outros povos pobres, porém diligentes. "Sobreviver ao século asiático" é uma ordem típica de ação orientada: "O Reino Unido precisa produzir na sua capacidade máxima, mas quatro debilidades

QUANTO É SUFICIENTE?

nos atormentam [...] baixos investimentos, competências básicas mais fracas, empresas menos inovadoras e produtivas e pouca presença nos mercados emergentes de destaque."[1] Mas por que, se já temos o suficiente, temos que estar mais presentes do que estamos nos "mercados emergentes de destaque"?

Para continuar "produzindo na nossa capacidade máxima", mantemos um sistema que até hoje prioriza a ganância à custa do prazer. Nossos líderes não têm nada a oferecer além de continuar crescendo eternamente – apesar das inúmeras evidências de que o sistema capitalista nessa parte do mundo onde vivemos está em plena fase degenerativa. O maior sinal disso é a preponderância das finanças, apaixonada por si mesma, mas cada vez menos útil. A versão anglo-americana do capitalismo individualista se mantém em benefício principalmente de uma plutocracia predatória, cujos membros reservam os melhores prêmios para si e justificam a pilhagem com um discurso de liberdade e globalização. Os líderes políticos usufruem as oportunidades oferecidas pelo poder; a realidade fica bem escondida da vigilância pública e nem mesmo é entendida. Existe no centro do nosso sistema uma moral decadente que só é tolerada porque a sujeira de seus estábulos augianos é chocante demais para ser exibida.

Lembremos que o ideal do infinito crescimento econômico como fim é muito recente. Quando o primeiro-ministro britânico Harold Macmillan disse em 1959 que os eleitores "nunca tiveram tanto", apenas repercutiu a visão da época segundo a qual os países capitalistas do Ocidente se aproximavam rapidamente de um alto patamar de consumo e que o principal problema para o futuro seria distribuir democraticamente os frutos dessa nova abundância. A influente obra de Galbraith *A sociedade afluente* (1958) traduz perfeitamente esse sentimento através da imagem "riqueza privada, indigência pública". Como mostramos no Capítulo 2, a tese da abundância, a consequente reação contra a tecnologia e o afastamento psicológico do

SAÍDAS DA CORRIDA COMPETITIVA

universo do trabalho criaram o cenário propício para os movimentos utópicos nos Estados Unidos, na década de 1960.

A pergunta é: por que a percepção da Felicidade iminente nos anos 1960 resultou na restauração do capitalismo darwiniano na década de 1980? O que foi que alçou Reagan e Thatcher ao poder e renovou o fundamentalismo de livre mercado?

Vê-se facilmente que, da maneira como imaginavam os seguidores de Marcuse, a Felicidade era uma ilusão. Pelas razões analisadas no Capítulo 1, as sociedades mais ricas provavelmente serão mais, e não menos, ambiciosas, na medida em que os desejos relativos ganham força. Mas essa tendência secular não explica o súbito colapso do sistema de economia política que levou a parte mais rica do mundo ao despertar da abundância universal.

A pergunta é: por que o crescimento econômico, de maneira tão rápida e decisiva, mostrou-se melhor que os demais objetivos da política econômica? A resposta simples, porém surpreendente, é que, com a assumida realização do pleno emprego permanente pela política, *não havia sobrado nenhum outro objetivo para a política econômica*. Nessas circunstâncias, o pensamento econômico ficou livre para se concentrar mais uma vez na eficiência com a qual eram produzidos os resultados. Isso estava mais de acordo com o espírito *maximizador* da economia, obter a máxima utilização de um determinado estoque de recursos. O fato de o crescimento poder ser um objetivo da política econômica deveu-se, em grande medida, à evolução das estatísticas de renda nacional – o PIB –, que permitiu fazer comparações do desempenho econômico entre países. E, na sequência de duas guerras extremamente destrutivas, deixar as pessoas mais ricas, em vez de os países mais belicosos, parecia ser um objeto de esforço iminentemente civilizado.

Existiam dois motivos secundários. Um deles é que o Ocidente como um todo achava necessário acelerar o ritmo de crescimento para se manter na corrida armamentista contra o bloco soviético.

QUANTO É SUFICIENTE?

O sistema soviético não só parecia crescer mais rápido que o capitalismo ocidental na década de 1960, mas por reprimir o consumo privado, transferia uma proporção muito maior das riquezas geradas pelo crescimento para fins militares. O Ocidente tinha que mostrar que produzia tanto armas quanto manteiga. O outro motivo é que o crescimento econômico mais rápido era uma forma de contornar os fatos do poder. A situação dos pobres podia melhorar sem aumentar os impostos dos ricos. Nesse aspecto, o crescimento econômico era uma política de esquerda que beneficiava a classe operária sem inflamar os conflitos de classe latentes em relação à distribuição do produto nacional. Os apóstolos do crescimento da década de 1960 eram principalmente os economistas e políticos de esquerda que tinham abandonado – ou, nos Estados Unidos, jamais aceitaram – a propriedade pública como um mecanismo, mas conservavam suas aspirações socialistas de uma sociedade mais igualitária. Desejavam uma versão democrática do sistema de planejamento soviético para injetar mais energia à empresa privada por meio de metas, subsídios e incentivos fiscais, e ao mesmo tempo destinar uma parcela cada vez maior da produção à educação, à assistência social e aos serviços públicos. Isso interessava particularmente à Inglaterra, que crescia mais lentamente.

Mas ainda estávamos muito longe do capitalismo darwiniano propenso a crises dos nossos dias. O ingrediente essencial que Thatcher (eleita em 1979) e Reagan (eleito em 1980) introduziram na filosofia do crescimento foi uma fé ideológica no sistema de mercado. A aceleração do crescimento não se daria pelo planejamento, e sim libertando os mercados da burocracia, incentivando-os com tributações mais leves, limitando o poder dos sindicatos trabalhistas e expandindo-os por meio da privatização e da desregulamentação. Combinando todos esses passos, o capital seria distribuído de maneira mais eficiente. O regime Thatcher-Reagan também aceitava a maior desigualdade de renda na medida em que aumentassem os

SAÍDAS DA CORRIDA COMPETITIVA

incentivos aos "criadores de riqueza": haveria um *trickle down* do rico para o pobre. A esse conjunto de ideias Adair Turner chamou de "sabedoria convencional instrumental", que predomina na esfera política nos últimos trinta anos.[2]

Em retrospecto, foi a mudança para uma filosofia do crescimento com bases no mercado, e não para a filosofia com bases no crescimento em si que inflama a insaciabilidade dos desejos, identificada no Capítulo 1. A necessidade de "planejar para crescer" implicava nada menos que elevar gradualmente o bem-estar do pobre aos padrões do rico. Em contrapartida, a confiança no crescimento promovido pelo mercado determinou o abandono de qualquer interesse nas consequências *sociais* durante o processo de crescimento. O sistema econômico deveria funcionar para a maximização da satisfação pessoal como os mercados a expressavam. Os indivíduos não seriam mais vistos como partes integrantes dos todos; os todos eram simplesmente a soma das partes individuais. Essa redução da vida econômica a um individualismo brutal teve início na década de 1970. Em economia, a microeconomia, que estuda o comportamento econômico individual, substituiu a macroeconomia, que estuda a economia como um todo; quanto ao pensamento político, os direitos e deveres dos indivíduos foram substituídos pelos direitos e deveres dos grupos. Esse tipo de ordem de mercado estava sujeita, obviamente, às regras da lei; mas não havia mais nenhuma restrição moral, política ou cultural para a busca individual de riquezas; a única restrição viria dos limites naturais do próprio crescimento.

Toda mudança radical de consciência precisa do estímulo da crise. Para os defensores do livre mercado, foi uma "crise da economia keynesiana" – aquela combinação de mais desemprego com aumento inflacionário, identificada por Milton Friedman como consequência inevitável da política do pleno emprego. Os defensores do livre mercado destacaram alguns pontos importantes: o sistema que existia ficou esclerosado, o poder dos sindicatos tornou-se excessivo e a carga

QUANTO É SUFICIENTE?

tributária deixou de ser meramente distributiva para ser punitiva. Entretanto, o que mais colaborou para a derrota da social-democracia keynesiana foram os dois grandes saltos no preço do petróleo, em 1973 e 1979. Eles representaram uma transferência cumulativa equivalente a 1,9 bilhão de dólares em valores atuais dos importadores para os ricos produtores de petróleo, principalmente os emirados do Oriente Médio. Os altos custos da energia provocaram uma queda da renda real do consumidor de petróleo. Diante da oposição generalizada dos sindicatos à redução dos salários, o peso maior dessa transferência foi sentido inicialmente nos lucros, e não nos salários. Restaurar o percentual de lucro abandonando o compromisso do pleno emprego, eliminar o controle dos sindicatos sobre os salários e reestruturar a economia da fábrica para os serviços era um projeto concreto para o qual a ideologia de livre mercado era o suporte ideal. Consequentemente, os governos Reagan e Thatcher devolveram a economia aos empresários. O papel do Estado como administrador, proprietário, regulador, alocador e distribuidor foi drasticamente reduzido. Os governos desistiram de dirigir as forças do mercado para resultados sociais desejáveis e se limitaram a garantir as condições estruturais para que o exercício do mercado fosse bem-sucedido. A riqueza das nações aumentaria mais depressa se a ganância fosse libertada das suas restrições comunais, reprisando os argumentos já propostos por Adam Smith e seguidores.

Num mundo como esse não há razão para que o capitalismo acabe, desde que tudo saia conforme o planejado. Não há espaço para a ideia de saciedade de Keynes: o progresso do sistema criará novos desejos e estimulará a competição posicional sem limites. E qualquer tendência observada nas sociedades ricas de relaxar sobre os próprios louros trabalhando e consumindo menos será contrariada pela lógica da globalização e pelo estímulo da desigualdade de renda adicional. Mas é claro que um sistema como esse não funcionará, nem poderia funcionar, conforme o planejado. Ele é ineficiente, tanto economicamente quanto moralmente. Só sobrevive porque não sabemos mais de que serve a riqueza, a linguagem da vida boa. Com poucas exceções, que destacaremos a seguir, as principais correntes da economia e da teoria política defendem que o Estado se mantenha neutro diante das escolhas individuais. Mas em um sistema como o nosso, escolher o sistema e seus instrumentos cabe, inevitavelmente, aos mais ricos e poderosos.

Retomemos então à pergunta principal: que recursos intelectuais, morais e políticos as sociedades ocidentais ainda possuem para reverter as investidas da insaciabilidade e redirecionar os nossos propósitos para uma vida boa?

A virtude revisitada

Em seu livro *Depois da virtude,* o filósofo Alasdair MacIntyre convida o leitor a imaginar que as ciências naturais são destruídas por uma catástrofe. Delas, restam fragmentos de fatos e práticas isolados de seus contextos teóricos. MacIntyre sugere que "no mundo real onde habitamos, a linguagem da moralidade encontra-se no mesmo estado de grave desordem que no mundo imaginário que descrevi". Temos apenas fragmentos de antigas moralidades destacadas dos planos e contextos conceituais que lhes davam coerência. Mas não reconhecemos a ocorrência de nenhuma catástrofe. As disciplinas acadêmicas que estudam as questões morais também não sabem que a catástrofe aconteceu. Só conhecem os fragmentos, sobre os quais discutem furiosamente. Por essa razão o debate moral é interminável, e a *neutralidade* diante das diversas crenças morais é a única posição que um Estado liberal moderno pode assumir.[3]

A catástrofe que MacIntyre tem em mente é a ascensão do Estado moderno e as ideologias que o acompanham. O único remédio, se-

QUANTO É SUFICIENTE?

gundo ele, é afastar-se completamente da esfera política – um novo monasticismo. E conclui em tom profético:

> O que importa a essa altura é a construção de formas locais de comunidade onde a civilidade e a vida intelectual e moral serão preservadas nessa nova idade das trevas que estamos atravessando [...] Esperamos não por Godot, mas por outro – certamente muito diferente – São Benedito.[4]

As palavras de MacIntyre lembram as comunidades ambientalistas que surgiram no Ocidente nos últimos trinta anos, além de iniciativas como o movimento da simplicidade voluntária nos Estados Unidos, o movimento *slow food* na Itália e em outras partes do mundo.

MacIntyre faz um importante diagnóstico dos males da nossa civilização, mas não tem nenhuma esperança de possíveis reformas políticas. O fato é que, até recentemente, as políticas públicas do Ocidente eram moldadas, implicitamente, senão sempre explicitamente, em ideias de uma vida boa e uma sociedade boa. Ideias que não foram condenadas ao fracasso, mas derrotadas pelas disputas políticas anteriormente descritas. Muitas delas continuam fortes sob a superfície ou nas margens da nossa vida pública. Bastaria uma moderada coragem política para reconduzi-las ao seu lugar central. Iniciativas como as de MacIntyre devem ser aplaudidas, mas continuarão precárias e marginais se não ganharem o apoio do público. São Benedito, não se deve esquecer, foi precedido pelo imperador Constantino.

Dos fragmentos das antigas moralidades sociais que ainda estão disponíveis, o mais abrangente é o ensinamento social católico, convenientemente sumarizado em doze encíclicas papais: da *Rerum Novarum* de 1891 até a *Caritas in Veritate* de 2009. Por certo são ensinamentos de uma Igreja específica, mas não é preciso ser católico ou mesmo cristão para apreciá-los. Diferentemente de muitas das suas congêneres protestantes, a Igreja Católica sempre esteve aberta

SAÍDAS DA CORRIDA COMPETITIVA

ao que a sabedoria pagã tem de melhor. A defesa da propriedade, os apelos por preços e salários mais justos e a condenação da avareza e da usura são encontrados tanto em Aristóteles quanto nos Evangelhos. Onde o ensinamento católico é mais claramente cristão, e em grande parte antiaristotélico, é na ênfase dada ao trabalho como expiação do pecado do homem. ("O homem nasce para trabalhar como o pássaro para voar", escreveu Pio XI.) Dito isso, o pensamento social católico jamais defendeu a lida *incessante* como a ideal. Monsenhor John Ryan, teólogo norte-americano do início do século XX, escreveu:

> A verdadeira e racional doutrina é aquela em que os homens, tendo produzido bens essenciais suficientes e comodidades satisfatórias para atender a toda a população, dediquem o tempo que lhes resta ao cultivo de seus intelectos e desejos, voltados para uma vida superior.[5]

Um dos muitos pontos fortes do ensinamento católico é criticar em igual medida o socialismo de Estado e o capitalismo irrestrito. A *Rerum Novarum* de Leão XIII (cujo subtítulo é "Sobre a condição dos operários"), de 1891, inicia com uma denúncia tão esplêndida do capitalismo que o próprio Marx ficaria orgulhoso.

> E assim, pouco a pouco, os trabalhadores, isolados e sem defesa, têm-se visto, com o decorrer do tempo, entregues à mercê de senhores desumanos e à cobiça duma concorrência desenfreada. A usura voraz veio agravar ainda mais o mal [...] A tudo isto deve acrescentar-se o monopólio do trabalho e dos papéis de crédito, que se tornaram o quinhão dum pequeno número de ricos e de opulentos, que impõem assim um jugo quase servil à imensa multidão dos proletários.[6]

Esses remédios, porém, estavam muito distantes dos de Marx, cuja doutrina o pontífice denunciou como um engano pernicioso.

QUANTO É SUFICIENTE?

A solução para a questão social era a "justiça entre classes", mais especificamente uma ampla distribuição da propriedade. O ideal católico era o da pequena fazenda, da loja familiar. Era por meio da propriedade que um homem (as mulheres figuravam nessas primeiras encíclicas somente como esposas e mães) deixava "impressa a sua personalidade" na terra e garantia a segurança da família. Os salários e as condições de trabalho deveriam ser suficientes para permitir que o homem prudente poupasse algum dinheiro para adquirir uma propriedade modesta; as férias deveriam ser longas para que ele se recuperasse do desgaste da lida e se dedicasse aos cuidados da alma. A *Rerum Novarum* depositou sua fé não no Estado, mas nos corpos intermediários – para nós, a "sociedade civil" –, o principal deles sendo a própria Igreja. O rico tinha por dever praticar a caridade; os operários e trabalhadores eram encorajados a formar partidos políticos e associações de comércio católicas. O papel do Estado, que inicialmente se restringia ao de salvaguarda e árbitro final da justiça, expandiu-se ao longo das encíclicas na medida em que a meta da "justiça entre classes" foi se tornando mais ambiciosa.

Essas doutrinas católicas têm sido variavelmente rotuladas de "distributivismo", "corporativismo" ou "personalismo". Podem ser vistas como uma defesa do não capitalismo, uma forma de não mercado da propriedade privada como condição crucial da personalidade; insistem nos deveres para com a propriedade, e não nas recompensas da propriedade; enfatizam a caridade e exigem respeito preferencial pelo pobre.

No entanto, todos os papas insistiram em que "as coisas da terra não podem ser devidamente avaliadas se não for levada em conta a vida futura [...] Exclua a ideia de futuro e, imediatamente, a própria noção do que é bom e correto perecerá; não, todo o esquema do universo se tornaria um mistério obscuro e insondável."[7] Em resumo, a fé religiosa e as instituições da religião eram a única maneira de manter a ganância de lucro sob controle.

SAÍDAS DA CORRIDA COMPETITIVA

O principal fruto secular da teoria social católica foi a "economia de mercado social".* Desenvolvida por um grupo de intelectuais antinazistas na década de 1940, seu principal propósito era reconstruir uma economia alemã altamente cartelizada, abalada e comprometida, baseada em negócios de família, e assim assegurar o objetivo da propriedade dos bens dispersos como uma condição indispensável de liberdade. Como os rígidos impostos sobre a herança só garantiriam as condições iniciais para todos, a "determinação conjunta" de patrões e operários nas grandes fábricas e em âmbito nacional era necessária para conquistar a confiança de todos os estratos. Essas ideias foram endossadas, primeiro, pelos democratas cristãos em 1948, depois pelos social-democratas em 1959. A teoria da economia de mercado social ajudou a estruturar o modelo social da União Europeia. Sua característica era um estado relativamente fraco com instituições civis fortes. Há uma marcante semelhança entre o catolicismo social continental, o liberalismo sociológico dos pensadores franceses, como Montesquieu e Tocqueville, o conservadorismo burkeaniano abraçado por líderes pré-thatcherianos do Partido Conservador britânico e as várias formas híbridas de relações de propriedade (por exemplo, as sociedades mútuas e as cooperativas de trabalhadores) que remontam às guildas medievais.[8]

No universo protestante, a contribuição análoga ao catolicismo social poderia ser denominada "novo liberalismo". Diferentemente da sua contrapartida católica, é secular, progressista e amplamente estatista, mas em termos práticos muitas das conclusões são convergentes. A primeira onda do novo liberalismo, no Reino Unido anterior a 1914, inspirou-se também na precária situação dos pobres. Influenciada pelo idealismo hegeliano, visava à modernização do liberalismo "clássico" dos economistas políticos. O *homo economicus*

---

* A teoria fascista italiana do "Estado corporativo" foi uma aplicação fraudulenta das ideias contidas na encíclica de Leão.

deu lugar ao indivíduo realizando-se em comunidade; o Estado foi promovido de executor dos direitos e contratos a incorporador do bem comum. Os neoliberais embasaram seus projetos de reforma em dois argumentos específicos. O primeiro é que a falência moral não é apenas, ou principalmente, resultado das falhas de caráter, mas também de um ambiente social doente. E o segundo é que o capitalismo não regulado proporciona ao rico um "incremento imerecido" (ou "excedente tributável"), que pode ser justamente aplicado para aliviar a pobreza. Os principais instrumentos políticos do novo liberalismo são, então, a tributação da herança e o imposto progressivo sobre a renda, cuja arrecadação deveria ser aplicada em educação, proteção social e outras melhorias. A teoria do Novo liberal do "Estado facultador" – o Estado que permitiu o desenvolvimento humano – é precursora de muitas outras, entre elas a de Amartya Sen e Martha Nussbaum, cuja meta era a ação do Estado como facilitador das "capacidades" individuais.

A segunda onda do novo liberalismo associada a Keynes, Beveridge e Roosevelt tem raízes nas problemáticas décadas de 1930-1940 e atinge a maioridade nas décadas de 1950-1960. Keynes pretendia preencher a "lacuna" mais importante da clássica economia de mercado, ou seja, a incapacidade de oferecer o pleno emprego contínuo. Em sua *Teoria geral do emprego, do juro e da moeda,* ele discutiu que era dever do Estado manter uma demanda agregada suficiente para garantir o uso contínuo de todos os recursos em potencial. O pleno emprego contínuo não era apenas uma condição essencial de segurança, mas, como vimos, era parte do projeto ético de Keynes para vencer o obstáculo da "necessidade financeira" o mais rápido possível a fim de criar oportunidades de uma vida boa para todos. William Beveridge, neoliberal original e responsável pela criação do plano de assistência social britânico, quis eliminar os cinco grandes males: a miséria, a ignorância, a necessidade, a ociosidade e a doença. A contribuição de seu famoso relatório de 1942 foi dar segurança

SAÍDAS DA CORRIDA COMPETITIVA

às pessoas "do berço ao túmulo" por meio de um seguro social compulsório contra os "riscos" da aposentadoria, do desemprego e da incapacidade física. Um serviço de saúde nacional e um sistema escolar, ambos financiados por impostos, completam o grande plano de Beveridge. O New Deal foi introduzido nos Estados Unidos pelo presidente Franklin Delano Roosevelt para evitar o colapso da economia do país na Grande Depressão. Embora as políticas do New Deal fossem respostas amplamente pragmáticas a problemas de setores particulares da economia local, em seu discurso inaugural de 1933, Roosevelt, em estilo aristotélico e linguagem bíblica, prometeu expulsar os "vendilhões do templo". Os programas do New Deal tiveram continuidade, e foram até ampliados, na década de 1960, a fim de ampliar as oportunidades para as minorias étnicas.

Um terceiro fragmento da teoria social foi oferecido pela social--democracia, que começou no fim do século XIX como uma dissidência do socialismo revolucionário. Seu principal argumento era que o socialismo, definido como a propriedade comum dos instrumentos produtivos, poderia ser levado a efeito por meios democráticos (*i. e.*, por maioria parlamentar). Após a Segunda Guerra Mundial, o socialismo democrático, já irrevogavelmente separado do comunismo, dividiu-se mais uma vez entre os que ainda pretendiam o socialismo e os autointitulados democratas sociais, que abandonaram o objetivo socialista para defender um capitalismo reformado que melhorasse a condição dos pobres. A democracia social acrescentou ao Novo liberalismo, então, um forte compromisso igualitário em uma "economia mista" de setores privados e públicos. Com muitas variações em seu modelo básico, encontrou abrigo político no Reino Unido, na França, na Itália e na Escandinávia.

Também a economia conservou alguns fragmentos de moralidades mais antigas. A economia científica nasceu ao impor substanciais qualificações sobre a hegemonia do mercado. Assim como a obrigação geral de manter as condições de competição, Adam Smith atribuiu

QUANTO É SUFICIENTE?

ao Estado três deveres: defesa, administração da justiça e "criação e manutenção" de instituições e serviços públicos, os quais, por beneficiarem toda a sociedade, não reembolsavam os empreendedores particulares que os forneciam e eram devidamente isentos de tributação. A educação se incluía na terceira categoria.[9] Essas sugestões de bens não vendáveis foram desenvolvidas no bojo da teoria de bens *públicos* e bens *de mérito*: bens que a sociedade deseja e precisa ter, mas que, por motivos técnicos, os mercados não produzirão. No fim do século XIX, os economistas do bem-estar social desenvolveram argumentos utilitários para a redistribuição de renda, baseados na proposição de que o último dólar ou a última libra tinha menos valor para o rico do que para o pobre, com a consequência de que a maior igualdade aumentava a utilidade total ou o bem-estar social. Tipicamente, porém, a economia introduziu às escondidas argumentos essencialmente éticos em sua estrutura utilitária com a linguagem de "falha de mercado", roubando-lhes assim o aspecto moral.

Contudo, esses fragmentos sobrepostos de teoria social foram bastante influentes na primeira metade do século XX para que a sociedade ocidental fizesse grandes progressos e realizasse tanto as condições morais quanto materiais da utopia de Keynes. Não é possível fazer justiça aqui às muitas variações sobre os temas centrais da política, mas é possível resumi-los dizendo que os governos visaram intencionalmente garantir os requisitos materiais de bem-estar a todos os cidadãos. O capitalismo não foi abolido, mas ficou tão restrito, que intelectuais como Anthony Crosland (em *Future of Socialism*, 1956) se perguntaram se ainda seria a mesma fera. As principais conquistas em 25 anos, de 1950 a 1975, foram a manutenção do pleno emprego contínuo, a diminuição da desigualdade por meio de impostos de renda progressivos, seguridade social mais ampla e preservação da paz. A maior produtividade permitiu um aumento real do salário e diminuiu as horas trabalhadas, com inflação apenas moderada. A pobreza degradante que existia no século XIX foi abolida. Houve

SAÍDAS DA CORRIDA COMPETITIVA

avanços na saúde, na educação e nos direitos das mulheres. Durante a maior parte desse período, o crescimento econômico foi visto como um subproduto de várias políticas misturadas, e não como um objetivo político independente e muito menos dominante. A forte coesão social deveu-se às melhorias reais no padrão de vida de todas as classes.

De várias maneiras a economia política do período foi admiravelmente moldada para realizar os nossos bens básicos. O problema é que a linguagem que a descrevia nesses termos se perdeu. E principalmente por isso ela não sobreviveu aos distúrbios econômicos e sociais que tanto perturbaram as sociedades ocidentais na década de 1970. O historiador Peter Clarke faz uma distinção bastante útil entre reformismo "moral" e "mecânico". O reformismo moral vê as melhores condições materiais como um meio de elevar o moral da população; o reformismo mecânico visa apenas à maior prosperidade das pessoas.[10] Privados da sua linguagem ética com o colapso da religião e o estilo altamente individualista da economia e da filosofia política, os liberais "morais" viram-se obrigados a recorrer a argumentos puramente "mecânicos". E insistiram nos efeitos positivos da produtividade, ou seja, alimentação melhor, moradia melhor, roupas melhores e mão de obra mais saudável e mais bem preparada. Isso é indiscutível. Entretanto, uma vez que a linguagem comumente aceita era a da eficiência, os reformadores morais ficaram vulneráveis à acusação de que suas reformas geravam ineficiência por incentivar menos o trabalho e a poupança, e desviar recursos do setor produtivo. O liberalismo social das décadas de 1950 e 1960 não tinha mais nada para pôr no lugar do lucro, apenas qualificações que se aplicavam a exemplos particulares de "falhas de mercado". Então, quando os Estados social-liberais entraram em crise fiscal na década de 1970, não tinham nenhuma defesa intelectualmente convincente a oferecer contra a reafirmação da filosofia do interesse próprio exagerado. As taxas de juros despencaram, o bem-estar social foi freado, as empresas estatais foram privatizadas e o setor financeiro foi libertado.

O golpe de misericórdia foi o colapso do comunismo. Na época da Guerra Fria, o Ocidente teve que formular um conceito próprio de vida boa para se contrapor aos encantos do comunismo. Com a queda deste, não havia mais essa necessidade; o rival ideológico não existia mais. Na Rússia pós-comunismo, o instinto consumista, após longa repressão, foi desencadeado ferozmente. A recente crise do capitalismo produz explosões anticapitalistas espontâneas, mas ainda não surgiu nenhuma ideologia alternativa. Só o individualismo de mercado permanece vigorando.

Ironicamente, hoje não precisamos mais sacrificar a vida boa, como a entendemos, em nome da eficiência. Se de fato chegamos a um ponto em que, como disse Keynes, a "acumulação de riqueza não tem mais tanta importância social", estamos livres para abandonar "todo tipo de princípios pseudomorais [...] hábitos sociais e práticas econômicas, afetando a distribuição de riquezas, de recompensas e penalidades econômicas que hoje mantemos a qualquer custo [...] por serem tremendamente úteis em promover a acumulação de riquezas". O que isso significará na prática?

Uma política social para a realização dos bens básicos

Como não nos cabe redigir um programa político, daremos apenas algumas indicações gerais. Também não estamos sugerindo que as nossas metas devam ser alcançadas imediatamente. Como Keynes, queremos alçar "voo em direção ao futuro", mas de uma posição mais e menos favorável que a dele; mais favorável porque hoje somos quatro ou cinco vezes mais ricos; menos favorável porque perdemos grande parte da linguagem moral que chegou naturalmente até ele e seus leitores; e porque novos focos de escassez, provocados pelo crescimento da população e pelo esgotamento dos recursos naturais, põem em risco o nosso futuro.

SAÍDAS DA CORRIDA COMPETITIVA

Como deveria ser uma organização econômica para a realização dos bens básicos? Teria que produzir bens e serviços suficientes para suprir as necessidades de todos e garantir padrões de conforto razoáveis. E de tal forma que a quantidade de trabalho necessário fosse drasticamente reduzida, liberando mais tempo para o lazer, aqui entendido como atividade voltada para a própria pessoa. Teria que garantir uma distribuição de riqueza e renda menos desigual, não só para diminuir o incentivo ao trabalho, mas para melhorar as bases sociais da saúde, da personalidade, do respeito e da amizade. Seria, enfim, uma sociedade que tem como meta realizar os bens básicos da amizade e da harmonia com a natureza, enfatizando mais o localismo e menos a centralização e a globalização. Esses requisitos materiais estão interligados; se um deles for insuficiente, todos os demais correrão perigo, embora em níveis diferentes. Se as pessoas tiverem que trabalhar muito para conquistar os padrões desejados de suficiência material, alguns bens básicos como o lazer terão que ser sacrificados. Grande desigualdade pode ser compatível com todos tendo bens materiais em quantidade suficiente, mas se, nessas circunstâncias, uma minoria tiver mais que o suficiente, a insaciabilidade será estimulada e a riqueza tornará insegura. Por fim, o localismo, seja na produção, seja na vida política, nos parece inseparável da personalidade, do respeito e da harmonia com a natureza.

Até onde a política deve chegar para que essas metas sejam alcançadas? O x da questão é saber até que ponto é justo o Estado liberal interferir em decisões individuais como quanto trabalhar e o que consumir. Os economistas e filósofos liberais estão bastante comprometidos com o não paternalismo, ou seja, com a visão de que o indivíduo é o melhor juiz de seus próprios interesses; e mesmo que não o seja, que ele esteja livre para cometer os próprios erros. Os economistas acreditam que as pessoas devem trabalhar o quanto quiserem e que o desejo de consumo determina o que deve ser produzido, porque só uma distribuição de bens que satisfaz os desejos do consumidor individual é capaz de maximizar o bem-estar da comunidade. Em geral, a maioria dos liberais modernos acredita que qualquer desvio da "neutralidade" por parte do Estado em relação a essas questões constitui uma violação da liberdade individual.

Nós descrevemos a nossa posição como paternalismo não coercitivo. Acreditamos que os poderes do Estado talvez sirvam para garantir os bens básicos, mas só até onde não danificam o bem da personalidade, que é um bem central. Portanto, preferimos sempre as medidas não coercitivas em vez das coercitivas. Então, o que proporemos a seguir envolve encorajar e desencorajar certos tipos de comportamento, mas sem impor limites à liberdade de escolha individual; na realidade, nossas propostas têm como objetivo aumentar a livre escolha individual.

No Capítulo 1, identificamos os principais motores da dura rotina de trabalho como o poder superior do capital *vis-à-vis* o esforço e o nosso desejo insaciável por bens de consumo insuflado pela publicidade. O primeiro determina de quanto deve ser a renda real de uma pessoa para compensar a inutilidade do trabalho ou o sofrimento por ele causado; o segundo, de quanto deve ser a renda da pessoa para que ela não tenha mais que trabalhar. Em ambos os casos, o sistema atual contribui para aumentar o predomínio da labuta sobre o lazer, não só para evitar que a renda média aumente concomitantemente com a produtividade, mas para insuflar a necessidade psicológica de consumo em qualquer nível de renda. Temos, então, uma dupla tarefa: garantir que os frutos da produção sejam igualmente partilhados e reduzir a pressão do consumo.

Um aspecto-chave do primeiro problema é que a atual distribuição de renda não reflete o aumento médio de produtividade. Se os ganhos de eficiência nas fábricas e em alguns serviços especializados resultassem em vantagens para toda a população, provavelmente a média de horas trabalhadas estaria caindo desde 1980. O fato é que o capital absorve porções cada vez maiores da produtividade crescente; e

SAÍDAS DA CORRIDA COMPETITIVA

nos serviços públicos, em que é difícil medir o aumento da produção, e é quase sempre irrelevante, o mecanismo que regula os salários de acordo com a taxa de produtividade quebrou. Isso deixou os salários do setor público à mercê das condições das contas públicas.

Então, o problema identificado por Keynes em 1930 – "a descoberta que fizemos dos meios de economizar o uso da mão de obra ultrapassou o ritmo com que podemos encontrar novos usos para a mão de obra"[11] – não teve a solução que ele imaginava. A automação das fábricas não resultou no aumento do lazer, e sim na transferência da mão de obra para o mal remunerado setor de serviços, no qual é preciso trabalhar mais horas para sobreviver; e a mão de obra que não é reabsorvida pela economia de serviços permanece desempregada, subempregada ou é precarizada. É verdade que nesse último processo houve uma redução das horas trabalhadas, mas é o que mais contribui para a incerteza do emprego, portanto, contradizendo o nosso bem básico da segurança. A estagnação da renda, por sua vez, resulta em crescente endividamento, na medida em que o desejo incontrolável de consumo não pode mais ser satisfeito com a renda gerada pelo trabalho.

A maior participação dos serviços na economia é uma consequência natural nas sociedades ricas. Mas o setor de serviços não deveria ser tão orientado quanto é hoje para satisfazer as necessidades da "riqueza oligárquica". O fato é que aos poucos estamos retornando às condições de épocas anteriores, nas quais as sociedades se dividiam em uma pequena classe de *locatários* e uma grande classe de prestadores de serviços, porém sem a estrutura hierárquica que tornava mais palatável a desigualdade de status. Quem possui uma quantidade substancial de bens pode pagar pelos serviços daqueles que são obrigados a trabalhar longas horas por não tê-los – motoristas, jardineiros, empregados domésticos, faxineiros, babás, cuidadores, treinadores, cabeleireiros, barbeiros, balconistas, garçons e outros. Numa sociedade como essa, os serviços superiores financiados

QUANTO É SUFICIENTE?

privativamente para os ricos serão igualados aos serviços inferiores financiados coletivamente para todo o resto.

Isso seria um resultado terrível para uma era de abundância. Como podemos evitar? É preciso reduzir a desigualdade de renda, porque a média de horas trabalhadas só diminuirá se a renda real da maioria aumentar relativamente à que hoje é destinada a uma minoria. No Reino Unido e nos Estados Unidos a diferença entre as rendas mais altas e a renda média é abissal. É preciso um esforço constante para que seja ampliada a renda dos professores, médicos, enfermeiros e outros profissionais do serviço público. Para isso será necessário um índice mais alto de tributação, o que resultará em maior resistência política do que nos países que partiram de uma distribuição de renda mais igualitária.

Mas só isso não basta. Ainda resta a questão da desigualdade de poder no local de trabalho, questão levantada por Juliet Schor. O que significa que são os patrões que determinam os termos e as condições de trabalho, além do salário pago aos empregados. É mais lucrativo para os patrões trabalhar com um número menor de funcionários durante mais horas do que distribuir o trabalho entre um número maior de pessoas. O resultado disso é que o mercado de trabalho ficará dividido entre os que são forçados a trabalhar mais horas do que gostariam e os que não conseguem arrumar trabalho.

Para combater o poder do patrão quanto aos termos e às condições do emprego, existem diferentes propostas. A mais simples seria uma lei que reduzisse progressivamente as horas de expediente, limitando a carga horária semanal e/ou ampliando o período de férias estatutárias. Mas isso não é novo: as horas trabalhadas são controladas desde os Factory Acts do início do século XIX. Hoje em dia, limitam-se a 48 horas semanais, de acordo com a European Working Time Directive (no Reino Unido os trabalhadores podem optar individualmente por não acatar essa restrição), e a 35 horas semanais, segundo a legislação francesa de 2000. Melhor seria estabelecer um máximo de horas

SAÍDAS DA CORRIDA COMPETITIVA

trabalhadas para a maioria das funções e permitir isenções a tudo que estiver do outro lado da cerca: trabalho autônomo, parcerias, emprego familiar e pequenos negócios.

Numa estrutura como essa, empregadores e empregados têm condições de negociar acordos flexíveis de aposentadoria e divisão de tarefas. Os economistas sempre rejeitaram a divisão de tarefas por denotar a falácia do *lump of labour*: a ideia de que há uma quantidade determinada de trabalho a ser distribuída entre todos que queiram trabalhar. Essa objeção é decisiva quando a política econômica tem como objetivo maximizar o crescimento. Mas se o principal objetivo político não for o crescimento, a divisão de tarefas é uma maneira civilizada de equilibrar demanda e oferta de trabalho num mundo onde a automação está diminuindo a necessidade de serviços no interior das fábricas. A divisão de tarefas também pode ser implementada em trabalhos menos bem remunerados no setor de serviços, mas necessitará do suporte de medidas adicionais.

Não há nenhuma razão para que a redução das horas trabalhadas em geral resulte na diminuição da maioria dos salários. Os holandeses, por exemplo, trabalham menos horas que os britânicos, mas a renda média *per capita* é mais alta (42 mil dólares contra 36 mil dólares), e a distribuição de riquezas e renda, mais igualitária. A produtividade pode até aumentar se o funcionário trabalhar mais durante menos horas ou se a organização do trabalho for melhorada pelo patrão. Foi o que aconteceu onde a experiência foi feita. A produção se manteve praticamente a mesma nos dois meses em que Edward Heath implantou a semana de três dias no Reino Unido em 1974. Na década de 1980, a Volkswagen reduziu a semana trabalhada em suas fábricas de 36 para 28,8 horas para não ter que demitir 30 mil operários; e a reorganização das fábricas aumentou a produtividade. Com menos horas de trabalho as fábricas ganharam mais turnos, houve um aumento das horas operacionais e os custos por unidade diminuíram.[12] Esquemas similares foram introduzidos em outras

QUANTO É SUFICIENTE?

partes da Europa nas décadas de 1980 e 1990 para compensar as grandes ondas de demissões na indústria. Muitos deles ainda estão em operação; há evidências de que os resultados foram positivos não só em relação à redução do tempo trabalhado, mas também à equalização da remuneração dos trabalhadores em período integral e meio período (como é nos EUA), e até quanto a um aumento da produtividade.[13]

Além disso, há inúmeras evidências de que, se pudessem, muitos estariam dispostos a trocar renda por lazer, se a renda não diminuísse muito. Uma lei dinamarquesa de 1993 reconhece o direito da pessoa de trabalhar de maneira intermitente com a garantia de renda ininterrupta. É uma solução inventiva para o trabalho compartilhado. A cada quatro ou sete anos, os operários têm direito de tirar um ano "sabático", que pode ser dividido em períodos mais curtos. Nesse período de folga, os desempregados assumem o lugar dos que estão fora, e estes, por sua vez, recebem 60% do salário. Os sindicatos souberam usar esses direitos individuais, garantidos por lei, para reduzir as horas trabalhadas da mão de obra de empresas inteiras, e assim aumentar o número de empregos permanentes. Uma companhia aumentou em 10% o seu quadro permanente garantindo que 10% dos funcionários sempre estivessem fora. É claro que os trabalhadores que quisessem trabalhar menos recebiam menos, mas a escolha era deles. O sucesso do programa dinamarquês prova que os operários, diferentemente dos economistas, não comparam padrão de vida com renda *per capita*. A renda agrega valor ao lazer, mas não o inclui.

Apesar do que os esquemas de trabalho compartilhado têm a oferecer, eles não servem a muitos trabalhadores que ganham menos e necessitam da renda pelo trabalho em período integral. Melhor seria que eles pudessem se manter trabalhando menos. É nesse contexto que a ideia de renda básica, independentemente da obrigação de trabalhar, é mais sedutora.

SAÍDAS DA CORRIDA COMPETITIVA

Renda básica

> Renda básica é o salário pago pelo Estado a cada membro adulto ou residente oficialmente reconhecido de uma sociedade, não importa se tem emprego remunerado, se é rico ou pobre, ou, em outras palavras, independentemente de quaisquer outras fontes de renda que a pessoa possa ter ou dos arranjos de coabitação na esfera doméstica.[14]

É preciso fazer uma distinção entre renda básica e "renda mínima", que tem como objetivo evitar que a renda fique abaixo da chamada "linha de pobreza". A renda mínima depende de comprovação de renda e é vinculada ao mercado de trabalho, porque o recebedor tem que estar procurando emprego ativamente (no Reino Unido, o seguro--desemprego costuma ser chamado de "subsídio para quem procura trabalho") ou porque será usada para complementar excepcionalmente os baixos salários. Em contrapartida, a renda básica é um pagamento incondicional a todos os cidadãos, de preferência em nível bastante alto, para que todos tenham a opção genuína de quanto querem trabalhar.

Os planos de renda básica – ou planos de renda do cidadão, como também são chamados – têm uma história muito longa. Remontam a Hobbes no século XVII, passando por Tom Paine no século XVIII e chegando ao século XIX com os seguidores de Charles Fourier (favoravelmente mencionado por John Stuart Mill) e os autores norte-americanos de tradição jeffersoniana. Mais recentemente, são defendidos por quacres e socialistas, além de James Meade, Samuel Brittan e André Gorz, entre outros.[15] Em 1943, a liberal britânica Lady Rhys Williams propôs um "dividendo social" a ser pago a todas as famílias, independentemente da renda, financiado pelo imposto de renda; os dividendos aumentariam concomitantemente com a renda nacional. Propostas mais recentes, como o "imposto de renda negativo" de Milton Friedman – um único pagamento em dinheiro a

QUANTO É SUFICIENTE?

todos cuja renda estiver abaixo de um determinado patamar –, têm sido consideradas uma maneira mais barata de oferecer seguridade social.[16] Algo também chamado de "renda básica" é usado como forma de compensação quando os salários que equilibram o mercado ficam abaixo do nível de subsistência, e assim têm sido amplamente adotados na forma de créditos fiscais.

Os primeiros argumentos se baseavam, em sua maioria, no direito de posse; um dos mais característicos era que cada cidadão tinha o direito de compartilhar o patrimônio da nação – o estoque de bens, naturais e herdados – para compensar o ato original, a espoliação da propriedade.

Na sua forma mais purista de garantia incondicional de renda para todos, a renda básica sempre colidiu com duas objeções: a primeira é de que é um desestímulo ao trabalho, e a segunda, de que a sociedade não tem condições financeiras para custeá-la. Consequentemente, os únicos planos de renda básica que ainda existem estão em algumas poucas regiões do Alasca e (parcialmente) nos Emirados Árabes Unidos, cujas riquezas consistem em recursos naturais cuja extração não exige muito trabalho e por isso há poucas oportunidades de emprego para os cidadãos.*

---

* O Alaska Permanent Fund foi criado em 1976 com as receitas geradas nos campos de petróleo. Qualquer um que não seja condenado por delito grave e more legalmente no estado do Alasca há mais de seis meses está apto a receber uma renda básica anual, baseada na média de cinco anos de performance do Fundo. Em 2010, os dividendos foram de 1.281 dólares, mas em 2008 foram bem mais altos, 3.269 dólares, descontado um imposto único. O Fundo fez do Alasca o mais igualitário de todos os estados norte--americanos. Na década de 1990, os dividendos representaram 6% do PIB do Alasca. Consequentemente, em uma década em que a renda média das famílias mais pobres dos EUA cresceu 12%, e das mais ricas, 26%, no Alasca a tendência se inverteu: os mais pobres enriqueceram 28%, enquanto os mais ricos, apenas 7%. Os dividendos são populares, mas politicamente contenciosos, porque são originários de reservas naturais finitas. Embora o Alasca seja atualmente o único exemplo de renda básica em operação, em 2004 foi aprovada no Brasil uma lei que estabeleceu uma renda básica; a lei entrou em vigor gradualmente a partir de 2005, começando pelas categorias mais necessitadas. Os dividendos gerados pela receita do petróleo também são pagos a uma minoria de cidadãos dos Emirados Árabes Unidos, mas não à maioria de não cidadãos (migrantes) que arca com a maior parte do trabalho.

SAÍDAS DA CORRIDA COMPETITIVA

Entretanto, essas duas objeções não fazem sentido se o problema não for escassez, mas abundância, e se o objetivo político não for maximizar o crescimento, mas garantir os bens básicos. Nesse caso, a meta seria exatamente *diminuir* o incentivo ao trabalho tornando o lazer mais atraente; além disso, uma sociedade rica tem cada vez mais *condições* de pagar uma renda básica aos seus cidadãos. A renda básica incondicional permitiria trabalhar meio período a muitos que hoje trabalham o dia todo; e os trabalhadores teriam a opção de escolher quanto e sob que condições trabalhar, como hoje têm os proprietários do capital substancial. Em 2005, Samuel Brittan definiu uma lógica da renda básica em termos que muito nos agradam:

> O objetivo de uma renda básica é transformar cada cidadão em um locador, ainda que modesto. A propriedade privada e a renda imerecida, como denunciaram os marxistas, não são inerentemente más. O problema é que são poucos que as possuem (além da própria residência) com todos os benefícios que oferecem à independência pessoal. Certamente, na sociedade melhor a que alguns de nós aspiramos, essas vantagens serão mais generalizadas.[17]

De maneira confusa, a chamada renda básica pode vir em duas formas alternativas: como dotação orçamentária ou como renda anual garantida. Seria possível argumentar que, analiticamente, as duas dão no mesmo, sendo a dotação orçamentária meramente o valor descontado de seu rendimento previsto. Mas o capital dá a quem o possui uma opção: "viver da renda" ou gastar seu capital: comprar uma casa, iniciar um negócio, economizar ou esbanjar tudo. A renda garantida dá maior segurança durante toda a vida; a dotação orçamentária dá maior liberdade de escolha. Entre uma e outra, preferimos a dotação orçamentária porque cumpre a meta de distribuir mais amplamente os bens disponíveis – portanto, as bases do respeito e da personalidade. Entretanto, como nenhum bem básico deve excluir os demais, um

QUANTO É SUFICIENTE?

plano de renda básica consistiria em uma parte de capital, outra de renda; e, com a experiência, escolher uma ou outra.[18]

O argumento de que não é possível sustentar uma renda básica – aquela que tira os cidadãos da linha de pobreza – deixou de ser unanimemente aceito pelas sociedades ricas. Em sua *Agathotopia* (1989), o Nobel de Literatura James Meade avalia que uma renda de subsistência para todos os cidadãos, semelhante a um salário--desemprego, poderia ser financiada por uma combinação de impostos sobre o capital e os lucros dos fundos de investimento do Estado, mas administrados privadamente. Seria estruturada de modo a acompanhar o crescimento da renda nacional.[19] Alguns sugerem que a venda de licenças de poluição, como os créditos de carbono, baseadas em impactos ambientais, seria suficiente para financiar uma renda básica de 1.500 euros na União Europeia.[20] Os impostos sobre as operações financeiras – conhecidos como taxas Tobin – são outra fonte de renda em potencial. Em 2001, dois professores americanos, Bruce Ackerman e Anne Alstott, propuseram um plano de custeio da dotação orçamentária baseado em um imposto sobre a saúde privada.[21] Um pequeno passo na direção da dotação orçamentária para todos foi o plano *baby bond* de Gordon Brown, ministro da Fazenda do Reino Unido em 2001, o Child Trust Fund (uma poupança de longo prazo para crianças). De acordo com o plano, cada recém--nascido receberia um título de até 800 libras isento de impostos.*

---

* De acordo com o plano, o Estado abriria contas para as 700 mil crianças nascidas anualmente a um custo estimado de 480 milhões de libras. O dinheiro seria investido no setor financeiro até a criança completar 18 anos, quando poderia aplicá-lo em fins aprovados, como educação, especialização, a compra de uma casa para morar ou iniciar um negócio. O valor do título oferecido pelo governo começaria em 400 libras para os filhos das famílias mais abastadas, até 750-800 libras para os mais pobres. A fim de incentivar as famílias pobres a economizar, o Estado ofereceria Fundos Complementares subordinados a critérios de renda se as pessoas contribuíssem com as contas. Essas famílias receberiam um extrato anual comprovando os lucros dos seus investimentos. Os dados levantados pelo Institute for Public Policy Research (IPPR), o grupo de reflexão que convenceu o governo a adotar o plano, sugeriram que um *baby bond* de 750 libras investidos em 1981 teria o seu valor aumentado para mais ou menos 2.625 libras em 1999.

SAÍDAS DA CORRIDA COMPETITIVA

Teria sido um plano muito mais amplo se a receita fosse arrecadada dos impostos sobre a seguridade social, dos impostos sobre o capital e as operações financeiras e dos rendimentos dos fundos de investimento do Estado. Foi abolido pelo governo de coalizão em 2010 como parte dos cortes orçamentários.

Muitos alegam que os planos de renda básica, ou qualquer outro plano, incentivam a preguiça e a depravação. Uma dotação orçamentária concedida a um irresponsável de 18 anos rapidamente se evaporaria em drogas e roupas da moda, deixando o beneficiário exatamente na situação em que estava antes, senão pior.

Esses riscos devem ser levados em conta. Entretanto, ainda restam duas possibilidades mais auspiciosas. A primeira diz respeito à dotação orçamentária. Não há nenhuma razão para que os beneficiários sejam menos propensos a preservar seu capital do que um herdeiro, principalmente porque a dotação não é um dinheiro "que cai do céu" (como um prêmio de loteria), mas faz parte de um contrato social. É claro que há filhos de pais ricos que esbanjam e desperdiçam suas heranças, mas há muitas gerações os ricos têm sido bem-sucedidos na preservação de suas riquezas. E não o fazem completamente sem ajuda. As heranças são preservadas de várias maneiras, por exemplo, por meio de investimentos que limitam a capacidade dos herdeiros de aliená-las. Os mesmos princípios restritivos poderiam ser aplicados nas dotações a cidadãos mais modestos. O risco de elas serem "torradas" em uma vida desregrada seria reduzido se os gastos se limitassem a fins aprovados (como educação, por exemplo) e se a idade mínima para receber o benefício fosse 30 anos ou mais, como hoje acontece com a herança normal.

E, em segundo lugar, nós apostamos na educação para o lazer. Hoje, a educação visa à preparação dos alunos para o mercado de trabalho, oferecendo-lhes conhecimentos e habilidades que lhes serão úteis. Para o futuro, visualizamos uma educação que entenda que o período "trabalhado" da vida de uma pessoa deve ocupar uma fração decrescente do seu dia, e que uma das suas principais tarefas é prepará-la para uma vida satisfatória fora do mercado de trabalho. As escolas mais independentes, que educam os filhos dos mais ricos, entendem a importância da educação para o lazer e oferecem um currículo equilibrado; mas as escolas estaduais estão cada vez mais utilitárias. É preciso que haja uma mudança radical (e aplicação de mais dinheiro) no *ethos* da educação estadual se as sociedades ricas quiserem evitar que a minoria esteja preparada para a vida boa, e a maioria, para uma vida desregrada. No passado, os economistas pertenciam ao grande grupo de intelectuais que defendia mais dinheiro para a educação, possibilitando assim que as pessoas tivessem uma vida boa. Mais adiante os economistas abandonaram essa ambição e passaram a ver as escolas como meras esteiras transportadoras de capital humano.[22]

Os planos de renda básica não impediriam as pessoas de trabalhar – no sentido agora entendido – quanto quisessem e pelo tempo desejado em empregos sem controle de horas. É óbvio que muita gente usaria a renda básica apenas como complemento do que recebe pelas horas de trabalho remunerado. Mas quem quisesse passar mais tempo em atividades não remuneradas – e, como vimos no Capítulo 1, muitos querem – teria essa opção. E quem quisesse trocar um trabalho bem remunerado, mas tedioso, por outro que pagasse menos, porém mais satisfatório – digamos, abandonar o funcionalismo público para ser um artesão –, também teria essa opção. (A renda básica, segundo Frithjof Bergmann, "liberta o trabalho da tirania do emprego".)[23] Em nossos termos, ambas as opções representam um ganho de lazer – de atividade espontânea, voltada para si –, e por essa razão são bem-vindas. Mas são só uma parte de um conjunto de políticas cuja meta é direcionar as pessoas para a vida boa.

SAÍDAS DA CORRIDA COMPETITIVA

Reduzir a pressão do consumo

Reduzir a pressão do consumo é uma forma importante de diminuir a pressão no trabalho, porque, se trabalharmos principalmente para consumir, quanto menos consumirmos, menos teremos que trabalhar. Porém, nossa sociedade incentiva o consumo conspícuo e extravagante até para os que não têm como pagar por ele. É só por essa importante razão que os novos-ricos não são mais "preguiçosos".

Em 5 de setembro de 2011, um jornal londrino publicou que os sem-teto tinham ocupado a casa de um neurologista em Harley Street. O neurologista relatou que nunca tivera vantagens na vida e trabalhava 64 horas semanais para pagar 90% de uma hipoteca de 1 milhão de libras pela "casa dos meus sonhos". Essa é a vinheta perfeita da moderna civilização capitalista. Os ricos hipotecam o próprio futuro por um sonho – e os pobres se vingam. Quanto teria que ser o faturamento bruto do neurologista para pagar os juros e o principal da sua hipoteca de 900 mil libras? A depender dos termos e da duração do empréstimo, seria algo em torno de 200 mil libras por ano. E o trabalho continuaria. Uma casa como essa e a família que ela abriga – a mulher do neurologista estava esperando bebê – custam caro. Eles precisariam de uma ou duas empregadas, uma babá, um personal trainer (a fim de manter a boa forma para as sessenta horas de trabalho!), aparelhos caros, férias, roupas e mais os custos de uma escola particular para provavelmente dois filhos. Por que tanta coisa? Porque são despesas que profissionais com rendimentos equiparáveis ao do neurologista costumam ter. Mas aí temos uma dificuldade. A casa de 1 milhão de libras inclui o nosso neurologista na categoria dos jovens bem-sucedidos, e não na dos velhos bem-sucedidos. Os amigos mais velhos terão casas de 2 ou 3 milhões de libras – casas em áreas mais exclusivas, talvez até com piscina no quintal. Sessenta horas de trabalho por semana talvez não bastem. E assim o nosso estilo de vida vai alimentando a nossa insaciabilidade, e a nossa insaciabilidade vai alimentando o nosso estilo de vida.

O neurologista é um consumidor típico. Mas a necessidade de consumir não se limita aos luxos. O capitalismo moderno insufla através de cada poro a fome de consumo. O consumo tornou-se o grande placebo da sociedade moderna, a nossa recompensa por trabalharmos um número de horas irracional. Os pais transmitem aos filhos o "consumismo compulsivo" enchendo-os de brinquedos e bugigangas em vez de passar mais tempo com eles.[24] É verdade que muitas novidades lançadas no mercado melhoram a qualidade de vida das pessoas. Mas a maioria o faz apenas marginalmente, criando uma competição de consumo que não permite que o indivíduo trabalhe menos horas. Uma das maiores reclamações sobre o capitalismo moderno é que ele superproduz o trabalho e subproduz o lazer e tudo que vem junto: amizade, passatempos, trabalho voluntário.

O que o Estado poderia fazer para reduzir a pressão do consumo?

O Estado já tem influência na direção do consumo por meio dos tributos e outras políticas. Força as pessoas a pagar impostos por serviços que elas não querem ou, se quisessem, obteriam com os próprios rendimentos (não tributados), e as priva de serviços desejados como escolas, hospitais e ferrovias melhores. A influência do Estado sobre o consumo é ainda mais evidente nos bens de *mérito,* que são considerados bons para a sociedade, quer as pessoas os desejem ou não. Alguns exemplos são a merenda escolar, os subsídios para a casa própria, o atendimento médico gratuito para os pobres.[25] Outros exemplos de subsídios do Estado são as galerias de arte, os museus, as salas de concerto, os teatros e as casas de ópera. Há também outra categoria, a dos chamados bens "deméritos", como fumar e beber, cujo consumo deveria ser desencorajado. Desses o governo cobra os *sin taxes* (impostos sobre bens e serviços socialmente condenados, como álcool, fumo, refrigerantes etc.). Em

SAÍDAS DA CORRIDA COMPETITIVA

ambos os casos, os economistas poderiam alegar, com argumentos sinuosos, que o governo age para o bem do consumidor ou, ao menos, para um aumento do bem-estar. Ou seja, embora as pessoas não queiram pagar impostos sobre o tabaco, elas dão valor à própria saúde. Na verdade, o Estado está fazendo um julgamento ético de que determinado nível de provisionamento desses bens é desejável ou indesejável. É apenas a nossa linguagem pública empobrecida que nega que o Estado *tem* que fazer julgamentos éticos sobre uma grande variedade de assuntos.

No Capítulo 1, identificamos um desejo de consumo cada vez mais insaciável gerado principalmente pelo consumo como símbolo de status. Acima de um determinado nível financeiro, a maior parte da renda é gasta em itens que não são necessários em nenhum sentido absoluto, mas serve para sinalizar que quem os possui é superior, ou pelo menos não inferior, aos demais. Esses itens sempre custarão acima da média ou não cumprirão sua função de diferenciadores; e as rendas serão empurradas para cima competitivamente para poder adquiri-los. O mesmo é válido para alguns bens que são desejados, mas cuja oferta é limitada – como as obras dos Grandes Mestres que alcançam valores estratosféricos. A espiral do consumo competitivo exige longas horas de trabalho e consequentemente frustra o bem básico do lazer; e ao obrigar as pessoas a se envolverem em relações competitivas, prejudica os bens básicos da amizade, da personalidade e da segurança.

O método tradicional de reduzir as despesas competitivas foi a implantação das leis suntuárias, que proibiam as várias formas de consumo ostensivo. As "leis de Sólon" atenienses, datadas do século VI a.C., limitavam o tamanho dos cortejos fúnebres e o valor da comida que era servida nessas ocasiões. Também havia regras para restringir o valor dos dotes, dos presentes e regular os trajes dos noivos. As antigas leis suntuárias romanas visavam similarmente à extravagância e aos eventos familiares ostensivos, restringindo, por exemplo, o tamanho dos mausoléus e das refeições servidas nos funerais. Em épocas posteriores, o foco mudou dos casamentos e funerais para o consumo conspícuo de comida. Concentrando suas restrições ao consumo de objetos de luxo, as leis suntuárias se adaptaram para impedir a escalada competitiva dos desejos, embora não fosse essa a principal intenção.

As leis suntuárias embutiam tanto argumentos morais quanto econômicos. Apoiavam-se sobre a visão geral de que o luxo era um mal moral. O vício do luxo contrapunha-se à virtude da frugalidade e rusticidade. Rousseau disse isso claramente: "O luxo é diametralmente oposto aos bens morais." O luxo não era só um divisor social, mas ao debilitar a aristocracia, enfraquecia as virtudes militares. De acordo com o discurso econômico, "extravagância" significava que os recursos financeiros estavam sendo desviados dos usos produtivos; em sociedades em que a escassez era constante, o desperdício estava ligado à exiguidade, à fome e à ruína. Nos séculos XVII e XVIII, as leis suntuárias se voltaram contra a importação dos artigos de luxo, regulando o equilíbrio comercial do Estado mercantil.[26] Mais tarde, a proibição total deu lugar a impostos similares aos *sin taxes* anteriormente descritos, mas que abrangiam ainda outros itens.

O declínio da legislação suntuária deu-se paralelamente à trajetória do luxo em direção à aceitabilidade, como descrito na barganha faustiana no Capítulo 2. Mandeville foi o primeiro a argumentar que o luxo alimentava a prosperidade econômica e o descreveu como "o motor da inventividade e da inovação".[27] Mas até ele admitia que ainda era um vício privado, embora fosse também um benefício público. A abolição das leis suntuárias também foi consequência da convicção de que o consumo estaria seguro se continuasse a critério da escolha individual. Para Adam Smith, a "frugalidade" fazia parte do interesse por si mesmo e por essa razão as leis que restringiam gastos com artigos de luxo eram desnecessárias.[28]

SAÍDAS DA CORRIDA COMPETITIVA

Mas ele não previu que nas sociedades ricas os gastos competitivos com artigos de luxo, antes limitados aos muito ricos, se tornariam universais e, em consequência disso, a abundância seria dilatada infinitamente. Esse estado de coisas sugere uma nova lógica para a legislação suntuária.

Em uma economia dinâmica, a proibição ou a tributação de bens particulares é tão ineficaz quanto arbitrária, porque os indivíduos dispostos a exibir sua riqueza sempre encontrarão meios alternativos de fazê-lo. Entretanto, essa objeção não se aplica a um imposto *geral* sobre o consumo. Tributar o consumo (ou, mais precisamente, os gastos) é uma proposta que Nicholas Kaldor fez em 1955, e James Meade, em 1978, principalmente como um artifício macroeconômico para reduzir o consumo privado e aumentar a poupança e o investimento no pleno emprego. O objetivo de um imposto sobre o consumo, escreve Kaldor, "é limitar a demanda de consumo àquela fração dos recursos nacionais que a comunidade, agindo por intermédio da ação governamental, desejar atribuir a esse fim".[29] Kaldor usou um argumento que remonta a Hobbes: o consumo se dá em função do crescimento de longo prazo, ao passo que trabalhar e poupar o promove.[30] Portanto, as pessoas deveriam ser tributadas sobre suas despesas, e não sobre sua renda. A ideia do imposto progressivo teve origem no julgamento político favorável à maior economia e igualdade social[31] e no objetivo econômico de "forçar os ricos locadores a poupar e investir em vez de adotar o consumo conspícuo".[32] (Na Índia, onde o imposto Kaldor foi parcialmente aplicado na década de 1950, era chamado de "imposto dos marajás".)[33]

O imposto sobre as despesas teve importantes apoiadores antes de Kaldor, um deles John Stuart Mill, mas sempre foi considerado impraticável, pois parecia exigir que as pessoas fizessem um registro de tudo que gastavam. Em 1937, o economista norte-americano Irving Fisher disse que não precisava ser assim; os gastos podiam ser computados como a diferença entre as entradas e saídas de dinheiro. As autoridades tributárias só precisavam saber qual era a renda anual da pessoa, quanto ela poupava/investia e tributar essa diferença.[34] Haveria um limite de isenção para proteger os pobres.

O economista Robert Frank retomou a proposta de Kaldor, não para promover o crescimento, que era o objetivo deste, mas para restringir o "consumismo".[35] "Gastar demais", escreve Frank, "tem difundido a febre do luxo que [...] nos prende em suas garras."[36] Quanto mais conspícuo for o consumo do rico, maior será a escalada dos gastos emulativos. O consumo conspícuo também desvia recursos do "consumo inconspícuo":

> Livrar-se dos congestionamentos de trânsito, passar mais tempo com a família e os amigos, tirar férias, várias características favoráveis ao emprego [...] qualidade do ar superior, mais parques urbanos [...] água potável mais pura [...] redução dos crimes violentos [...] pesquisa médica.[37]

A lista de Frank dos "bens inconspícuos" não coincide com a nossa lista de bens básicos, mas a ideia é a mesma: o capitalismo como é praticado hoje predispõe ao consumo insaciável. Os preços dos bens consumidos pelos ricos forçam a alta de todos os preços por meio dos efeitos esnobe, de arrastamento (Bandwagon) e Veblen, induzindo pessoas de todos os níveis a trabalhar mais do que o fariam, para poderem aparentar que têm mais do que realmente têm.

De acordo com a proposta de Frank, toda despesa superior a 7.500 libras por pessoa estaria sujeita a uma alíquota crescente de imposto. Quanto maior fosse o valor do consumo individual, mais alta seria a alíquota do imposto, culminando em uma alíquota marginal de 70%. Impostos ainda mais pesados incidiriam sobre os gastos dos ricos em artigos de luxo, porque eles teriam renda suficiente para pagá-los.[38] Mesmo que fosse impraticável substituir totalmente o

SAÍDAS DA CORRIDA COMPETITIVA

imposto sobre a renda pelo imposto sobre o consumo,* este último seria uma maneira de aumentar a taxa de tributação marginal quando a resistência política impedisse os governos de aumentar o imposto sobre a renda. O efeito seria praticamente o mesmo que aplicar uma taxa integral sobre as despesas para restringir o consumo conspícuo, reduzindo a renda necessária (portanto, a quantidade de trabalho) para alimentar a insaciabilidade. Como Keynes observou em outro contexto, "continuar no jogo com apostas mais baixas".[39]

Kaldor queria que a poupança fosse isenta de impostos para incentivar um crescimento mais rápido. Isso em nada sobrecarregaria as atuais condições de afluência. Mas um incentivo maior à poupança talvez fosse necessário para financiar um período de aposentadoria prolongado. Podia ser criado um imposto sobre o consumo em níveis suficientes para produzir poupanças privada e pública que garantissem aposentadoria confortável a todos, e assim atender aos bens básicos do respeito e da segurança. Um imposto progressivo sobre o consumo teria duas vantagens sobre o imposto progressivo sobre a renda: reduziria a competição posicional do consumo e aumentaria o dinheiro economizado para a aposentadoria. Também poderia ser usado como fonte de recursos para a renda básica.

Mas só isso não diminui o amor pelo dinheiro em si. Nota-se isso mais claramente na expansiva indústria de serviços financeiros, o verdadeiro motor do capitalismo contemporâneo e fonte egrégia do enriquecimento pessoal e corporativo. Adair Turner, ex-presidente da Financial Services Authority do Reino Unido, disse que muita

---

* Os principais problemas são o tratamento fiscal dado aos bens duráveis e às doações. O valor de compra de bens duráveis mais caros deve ser considerado investimento isento de imposto ou tratado como despesa tributável? As doações devem ser isentas de tributação e tratadas como passivos (se gastas) dos beneficiários? No segundo caso, há chance de o rico tirar vantagem de um imposto progressivo sobre as despesas fazendo doações a beneficiários menos tributados como uma maneira de transferir seus gastos para eles. Apesar da simplicidade conceitual do imposto sobre as despesas, sua obrigatoriedade certamente exigiria uma investigação mais intrusiva nas circunstâncias pessoais do que o imposto sobre a renda.

inovação financeira é "socialmente inútil".[40] A nosso ver, é pior que isso. É a causa da insaciabilidade que tentamos controlar. Uma maneira de domar o setor financeiro seria tributar o comércio de instrumentos financeiros como os derivativos. Essas "taxas Tobin" não só diminuiriam o poder das finanças de ditar a atividade econômica como gerariam recursos para objetivos socialmente desejáveis de gastos públicos.

Reduzir a publicidade

A pressão do consumo é alimentada pela publicidade. Costuma-se dizer que o único efeito da propaganda é facilitar que as pessoas tenham o que querem. Mesmo que seja verdade, isso não atenderia ao nosso objetivo, que é as pessoas terem, primeiro, o que precisam, e não o que querem. Mas em nenhum dos casos é verdade que um anúncio por si só ajude as pessoas a ter o que querem.

Como sempre, os economistas lançam uma luz precisa, mas mal direcionada, sobre um assunto complexo. A confiança que eles depositam no papel da publicidade tem fundamentos na doutrina da soberania do consumidor. As decisões sobre o que comprar são tomadas por consumidores racionais que otimizam suas escolhas nos mercados competitivos. Num modelo como esse, a publicidade não altera as preferências, porque o consumidor já tem uma "função de utilidade" bem definida. Seu único papel é informativo: esclarecer o consumidor sobre o produto, a qualidade e o preço, para que ele faça escolhas melhores. A lei só será necessária para preservar as crianças e proteger contra fraudes. Todas as visões positivas da publicidade – e existem inúmeras versões mais complexas – são essencialmente variações sobre o mesmo tema. De uma maneira ou de outra, os anúncios simplesmente ajudam o consumidor a obter o que ele quer. Não pode haver "sobreconsumo" de bens de qualquer espécie porque, por definição, um bem nada mais é o que o consumidor deseja comprar.[41]

SAÍDAS DA CORRIDA COMPETITIVA

Essa visão "informacional" já foi mais plausível – os anúncios do início do século XX costumavam ser mais realistas –, mas está cada vez mais distante da realidade. Hoje, a maioria dos anúncios mal traz informação; cria uma atmosfera em torno do produto, aumenta o glamour e o fascínio, para nos convencer a desejar o que jamais teríamos pensado querer. Lembre-se da bem-sucedida campanha do iPod de 2003, que apresentava nada além de silhuetas numa dança extática contra um fundo colorido. Ninguém duvida que o objetivo era despertar sentimentos e não transmitir informações.

Diante desses fatos, os economistas conseguem manter a sua visão otimista da publicidade somente com o auxílio dos mais variados subterfúgios. Dizem, por exemplo, que todos os anúncios, mesmo os não informativos, comunicam ao consumidor ao menos uma coisa: a empresa contratante tem tanto cuidado com a reputação da sua marca que gasta dinheiro com ela. Outra teoria garante que a propaganda valoriza o produto ao reforçar a sua imagem. (Você não compra apenas um Renault; compra também um "vrum vrum vrum".) O argumento mais genial de todos é o de Gary Becker e Kevin Murphy, segundo o qual as preferências do consumidor podem ser alteradas pela publicidade, mas isso só acontece porque eles já têm uma escolha anterior – uma metapreferência, se quiserem – de que suas preferências sejam alteradas. Não há nada de sinistro nisso, não mais que no fato de que comprar um lápis aumentará o desejo por um apontador de lápis. É claro que, diferentemente do lápis, não é usual que os anúncios despertem desejos; mas podem, como admitem Becker e Murphy, "criar ansiedade e depressão, despertar sentimentos de inveja pelo sucesso e pela felicidade do outro, provocar culpa pelos pais ou pelos filhos".[42] É por isso que a publicidade vem sempre embutida em textos agradáveis, em programas de televisão, para compensar a audiência pela inutilidade de lê-los ou assisti-los. Entretanto, o fato de as pessoas assistirem aos anúncios voluntariamente sugere que eles sejam considerados "complementos" de outros

QUANTO É SUFICIENTE?

bens, em vez de causar uma mudança nos gostos. A internet usa a teoria dos "complementos" do coração para atrair usuários com todo um lote de produtos similares aos que eles já tinham encomendado.

Todas essas teorias neoclássicas refletem a visão de um mundo em que as pessoas vão às compras com preferências fixas que devem ser satisfeitas ao máximo. E ignora que o mercado se adapta às preferências que promete satisfazer. A tradição marxista, com raízes hegelianas, tem uma noção mais exata do caráter relacional e dinâmico dos desejos humanos – ou "necessidades", como costumam ser chamados. "Uma necessidade", escreve Hegel, "é criada não tanto por quem a sente diretamente quanto por quem quer lucrar com a urgência dela."[43] Esse pensamento tornou-se a base da crítica de Marcuse ao consumismo, examinada no Capítulo 2, e também de *O novo Estado industrial* (1967) de J. K. Galbraith, cujo argumento é que os produtores, e não os consumidores, iniciam o processo de produção condicionando as necessidades do consumidor ao que está sendo produzido. Stanley Resor, presidente da maior agência de publicidade norte-americana nos anos 1950, concordava. O consumidor, ele escreve,

> não sente necessidade de um segundo carro a menos que seja lembrado disso. É preciso criar a necessidade em sua mente, fazê-lo entender as vantagens que um segundo carro lhe trará. Às vezes ele rejeita a ideia. Vejo a publicidade como uma força educativa, ativadora, capaz de provocar as mudanças necessárias na demanda. Ao ensinar a muitas pessoas um padrão de vida superior, o consumo cresce proporcionalmente à nossa produtividade e aos nossos recursos.[44]

Se a publicidade alimenta a nossa tendência à insaciabilidade, há uma forte demanda para refreá-la. Há vários controles da publicidade em funcionamento, ligados aos *sin goods* e particularmente às crianças. Por exemplo, a Suécia e a Noruega proibiram qualquer tipo de publicidade pela televisão nos horários reservados às crianças, bem como

SAÍDAS DA CORRIDA COMPETITIVA

quaisquer anúncios cujo público-alvo seja especificamente o menor de 12 anos. Em muitos países europeus a atração dos anunciantes pela televisão diminuiu quando os anúncios tiveram que ser "agrupados" em formato revista no início e no final dos programas, para que o telespectador tivesse a opção de não assistir-lhes. Infelizmente, nas últimas décadas a tendência na Grã-Bretanha tem sido liberar a publicidade, e não ampliar as restrições. A proibição da publicidade por solicitantes foi suspensa em 1984, provocando um aumento de indenizações como nos Estados Unidos. A proibição de inserção de produtos nos programas da televisão – mostrar um menino ou uma menina usando um produto com a marca do patrocinador do programa – foi suspensa em 2011; seus efeitos ainda não foram sentidos.

As restrições à publicidade também se justificam em nome da proteção ao consumidor. O consumo exagerado é um desperdício, porque as pessoas compram produtos cujas qualidades desconhecem ou sobre os quais são mal informadas: os produtos não funcionam ou não cumprem a função que prometem. O consumidor ou os descarta ou quer ser indenizado, o que em geral envolve litígios custosos. (Isso se aplica tanto aos produtos financeiros quanto aos bens de consumo.) Melhor seria evitar esse tipo de desgaste exigindo que todos os anúncios trouxessem claras advertências sobre os perigos à saúde, como hoje é obrigatório nos maços de cigarro. *Caveat emptor* – cuidado, consumidor!

Uma reforma tributária cortaria pela raiz a cultura publicitária não permitindo que as empresas declarem a publicidade como despesa.* As firmas teriam que avaliar se o benefício esperado por anunciar seria maior que o imposto a ser pago. É possível que as firmas anunciantes tivessem que aumentar o preço de seus produtos e serviços, mas isso teria como resultado uma redução nas vendas. Como as necessidades

---

* Não é nova a ideia de tributar os custos. Por exemplo, os impostos sobre os salários (*payroll taxes*) são impostos sobre o custo do trabalho contratado.

QUANTO É SUFICIENTE?

precisam de pouca publicidade, os bens mais afetados seriam os menos necessários. Um imposto como esse prejudicaria financeiramente a televisão comercial, cuja receita gerada pela publicidade em todo o mundo gira em torno de 49%. Isso significa que deveria entrar mais dinheiro de assinaturas dos telespectadores (atualmente 42%) ou das licenças de transmissão e financiamento público, que hoje patrocinam a participação (cada vez menor) de transmissão de serviços públicos. Os anúncios na internet poderiam ser tributados da mesma maneira.

Essas políticas sugeridas para reduzir a pressão sobre o trabalho, o consumo e a riqueza acumulada não estão livres de problemas. São indicações de direção, e não projetos de leis. São paternalistas, e não coercitivas. Destinam-se a conduzir as sociedades para uma vida boa, mas não as obrigam a aceitar a vida boa a qualquer custo.

Implicações internacionais

Temos que retomar as "Possibilidades econômicas" de Keynes pela última vez. Ele escreveu: "Será legítimo ser economicamente vantajoso para os outros quando cessar de ser legítimo para si mesmo." "Outros", ele explica, refere-se a "classes e grupos de pessoas." As primeiras podem ser interpretadas naturalmente como os pobres de seu país, mas "grupos de pessoas" não implica limite geográfico.[45] É nosso dever ajudar os mais pobres onde quer que eles estejam.

Em seu ensaio, Keynes não prestou atenção especificamente no desenvolvimento global. De fato, a noção de desenvolvimento mal existia. Algumas partes do mundo eram mais ricas que outras, assim como na Grã-Bretanha alguns grupos eram mais ricos que outros. Keynes acreditava que as partes mais pobres do mundo logo alcançariam as mais ricas, ambas convergindo em algum ponto de saciedade. Mas não pensou que os países ricos se afastariam dos países pobres como os ricos se afastavam dos pobres em seu próprio país.

SAÍDAS DA CORRIDA COMPETITIVA

Isso acabou sendo um grande erro. Embora algumas economias asiáticas já se equiparem ou estejam se equiparando ao Ocidente, um quarto da população mundial permanece mergulhada na pobreza. Keynes não previu a explosão populacional global. Mas partiu do princípio de que o capital e o progresso tecnológico se espalhariam rapidamente por todo o mundo através de representações irmãs, o colonialismo e a economia liberal. Os países pobres eram em sua maioria colônias dependentes dos países ricos; aos poucos, a ideia de imperialismo explorador deu lugar à ideia de "curadoria", segundo a qual os senhores coloniais tomavam nas mãos o desenvolvimento político e econômico de suas colônias. Concretamente, o formato econômico desse projeto – ao menos para os britânicos – era manter o livre mercado para a importação de bens e o livre mercado para a exportação de capital. Tanto um quanto o outro faziam todo o sentido quando uma parte do mundo tinha muito mais riquezas que a outra. O capital fluía das regiões onde era abundante para as regiões onde era escasso, para o lucro ser mais alto; e a política de livre importação – ou seja, não tributada – garantia aos recebedores os recursos para prestar serviços e pagar os empréstimos. Nos países ricos alguns reclamavam que o capital exportado custava o próprio desenvolvimento; que a livre importação destruía o emprego. Mas, de um modo geral, as transações entre países ricos e pobres eram complementares, e não competitivas. Os países ricos exportavam bens industrializados, e os países pobres, produtos alimentícios e insumos.

Pensando nesses termos, e sem nenhuma preocupação com a bomba-relógio populacional, Keynes imaginou, em 1930, que em cem anos grande parte do mundo pobre "alcançaria" o mundo rico. A essa altura, a lógica do livre comércio e da exportação do capital, que é a lógica da escassez, se tornaria redundante, porque o mundo já teria os bens que quisesse. As pessoas poderiam escolher quanto negociar entre si. O comércio retornaria ao que Adam Smith achava

QUANTO É SUFICIENTE?

que devia ser: uma questão de vantagem "natural".* A redistribuição global, na forma de políticas assistenciais, atenuaria as desigualdades geográficas que restassem.

Nosso ponto de partida é outro: os países ricos já chegaram ao limiar da "Felicidade", conforme a previsão de Keynes, mas grande parte do mundo permanece na pobreza, principalmente porque o crescimento da população ultrapassou a capacidade de acumular capital. Além disso, juntamente com o crescimento descontrolado da população, o mundo está ameaçado por absoluta escassez de recursos. Nessas circunstâncias, como os países ricos deveriam conduzir suas relações econômicas com os países pobres?

Muitos temem a imigração porque acreditam que ela tirará os empregos dos que hoje estão trabalhando. Na medida em que o trabalho compartilhado e a renda básica reduzirem a pressão sobre cidadãos ou residentes para trabalhar, o medo de que os imigrantes tirem nossos empregos deve diminuir. Por outro lado, o bem básico do respeito mútuo dificilmente será alcançado em uma sociedade em que os cidadãos têm uma renda básica, e os imigrantes, não. É o que acontece nos Emirados Árabes Unidos, onde a renda básica é restrita aos seus cidadãos, mas a maior parte do trabalho é feita por uma classe periférica de imigrantes que não têm direito nem à cidadania nem à residência. Uma abordagem comum do número máximo de horas trabalhadas, do trabalho compartilhado e da

---

* A forma "natural" de comércio acontece entre regiões do planeta com recursos e condições climáticas diferentes. Isso encarece e até impede que todos os bens desejados sejam produzidos em um mesmo lugar. Se os escoceses quiserem beber vinho, terão que importá-lo das áreas produtoras, ou trocá-lo, digamos, por gaitas. Contudo, a forma de comércio mais *eficiente* acontece de acordo com a vantagem *comparativa*, isto é, pagará ao país A para especializar-se em um determinado bem, ou bens, que ele pode produzir relativamente mais barato que B, mesmo que todos os bens por ele produzidos sejam mais baratos que em B. Essa é a base da moderna doutrina do livre comércio. Evidentemente, seu poder de persuasão declina em condições de abundância, quando o menor preço deixa de ser a principal consideração.

SAÍDAS DA CORRIDA COMPETITIVA

renda básica ajudaria a União Europeia a evitar a emergência de uma economia em dois níveis, e o trabalho ficaria livre para se desenvolver.

O comércio na época de Keynes era complementar; hoje é competitivo. Os países capitalistas ricos estão deslocando sua indústria e alguns serviços para países pobres onde a mão de obra é muito mais barata. Os bens e serviços mais baratos são depois importados pelos países ricos. Nessas condições, o livre comércio se dá à custa dos empregos nos países ricos, porque os salários não são, nem podem ser, flexíveis o bastante para manter o pleno emprego contínuo diante da concorrência dos baixos salários. E mesmo que os empregos que desaparecem sejam substituídos, resta saber se os novos empregos serão tão bons quanto os antigos. A deslocalização do emprego para a China e Índia tem sido a causa da queda ou da estagnação da renda real dos trabalhadores ocidentais, apesar dos ganhos do comércio.[46] Como disse em uma entrevista o prêmio Nobel Paul Samuelson, "comprar verduras 20% mais baratas no Walmart não disfarça necessariamente as perdas salariais" que os produtos chineses provocam.[47] Mesmo quando o comércio produz um excesso de ganhadores de modo que estes compensem, em princípio, os perdedores, nada garante que o faça.

O livre comércio também não é necessariamente benéfico para os países pobres. O maior problema é impedi-los de proteger sua indústria incipiente. O economista Erik Reinert afirma que "é melhor ter um setor industrial ineficiente do que não ter nenhum", e propõe um acordo segundo o qual os países ricos possam proteger sua agricultura (mas sejam impedidos de despejar o excedente nos mercados mundiais) e os países pobres possam proteger seus setores de serviços industriais e avançados. Isso reproduz as condições reais sob as quais o desenvolvimento ocorreu ao longo de centenas de anos, até serem varridas pelo dogma do livre comércio.[48] Nenhum país jamais enriqueceu sob este regime. Todos eles entraram no mercado global pelo ponto de partida da riqueza inicial, e não pelo da pobreza inicial. Nas palavras de Ha-Joon Chang,

> com poucas exceções, todos os países ricos, inclusive Inglaterra e Estados Unidos, supostos berços do livre comércio e do livre mercado, enriqueceram graças a uma combinação de protecionismo, subsídios e outras políticas que hoje aconselham os países emergentes a não adotar.[49]

Isso faz da exportação do capital o principal meio de compatibilização dos interesses de países pobres e ricos. A teoria econômica vigente nos diz que, do ponto de vista dos países ricos, o capital exportado para os países pobres rende muito mais do que renderia em casa, mas também poderia baratear os empréstimos aos pobres. Na verdade, uma grande parte do capital faz o caminho "inverso" – do pobre para o rico –, porque é arriscado investir nos países pobres que são politicamente instáveis; esse risco era muito menor no século XIX, com suas estruturas coloniais ou quase coloniais. Hoje, os homens fortes e seus apaniguados, com suas contas bancárias na Suíça, são apenas o exemplo mais egrégio da "fuga de capital" dos países pobres para os ricos. Para que o movimento do capital seja mutuamente benéfico, seria necessária uma grande reforma no sistema monetário do planeta, bem como a restrição ao fluxo do *hot money*. Além disso, se o comércio declinasse proporcionalmente ao PIB mundial, parte do capital dos ricos exportado para os pobres teria que ser na forma de garantias, não de empréstimos, porque os meios de pagamento em bens seriam restritos, e os rendimentos, mais baixos.

A conclusão a que chegamos é que, para satisfazer às exigências da vida boa, temos que nos afastar das margens seguras da integração econômica, ao menos até que o "resgate" se torne um fato, e não uma aspiração. Os países desenvolvidos precisam confiar mais nas fontes de produção domésticas que suprem suas necessidades; e as economias dos mercados emergentes têm que abandonar os modelos

SAÍDAS DA CORRIDA COMPETITIVA

de crescimento baseados na exportação, que conta com uma demanda de consumo sempre crescente nos países desenvolvidos. Se os países ricos estivessem menos integrados aos pobres, estes poderiam estar muito melhor. Em todo caso, cessaria o nosso envolvimento ativo na economia deles, sem necessariamente prejudicá-los no longo prazo. Porém, ainda teríamos que manter nossos mercados abertos aos países muito pobres da África. Isso poderia ser feito praticamente sem nenhum custo para nós. A África subsaariana como um todo tem uma economia menor do que a da Bélgica.

Voltemos por um momento. No mundo da suficiência vislumbrada por Keynes, o rendimento dos novos investimentos cairia até chegar a zero. A poupança seria principalmente para a velhice e para substituir os equipamentos existentes. Haveria algum retorno por intermédio do desenvolvimento de novos produtos. Nessas condições, o principal incentivo, que é ser "economicamente orientado para o outro quando cessa de ser razoável para si", seria ajudar os miseráveis do mundo a chegarem ao grau de suficiência já alcançado por nós.

"Trabalhar para os pobres" não precisa ter o mesmo formato do trabalho remunerado tradicional. Na medida em que as satisfações do "velho Adão" declinam, espera-se que elas sejam substituídas pelos muitas ambições que se encaixam no nosso domínio do "lazer". Sacrificar voluntariamente os nossos confortos para ajudar os menos afortunados é universalmente reconhecido como moralmente admirável. Hoje, um número cada vez maior de pessoas encontra no trabalho voluntário um destino para seus instintos generosos (e aventureiros), seja no próprio país, seja no estrangeiro. Ao despender esforços, experiência, expertise e amor no auxílio ao outro, essas pessoas estão sacrificando o dinheiro do lazer no sentido em que estamos usando. Estão levando uma vida boa e direcionando outros para ela.

A nossa intenção com este capítulo tem sido traçar uma organização social e econômica que reflita a redução da quantidade de trabalho

QUANTO É SUFICIENTE?

necessária para que os requisitos materiais do bem-estar sejam alcançados. Isso significa abandonar a perspectiva da escassez embutida nas economias que idolatram a eficiência. Mas nós preferimos perguntar: como uma sociedade que já tem o "suficiente" deveria pensar a organização da sua vida coletiva? Consequentemente, temos defendido ajustes no estilo de vida que transgridam alguns preceitos econômicos estabelecidos, concebidos para as condições de pobreza.

As bases materiais da nossa versão atualizada das "Possibilidades econômicas" de Keynes têm raízes na lógica que deu origem a tais possibilidades; a redução no longo prazo da demanda de mão de obra resulta da contínua melhora da produtividade. Isso pode até ser usado a nosso favor se expandirmos notavelmente o domínio do trabalho compartilhado e do lazer – solução que alguns países da Europa adotaram – ou continuarmos com o sistema anglo-americano de criação de desejo incrementado pela insaciabilidade, mantido à custa da crescente insegurança no emprego e desigualdade de renda, sem nos preocuparmos com o futuro da humanidade.

E quanto à possibilidade política de levar a efeito a vida boa? Os marxistas, sempre alertas para as bases materiais da mudança política, argumentam que "a saída do capitalismo já começou". O capitalismo criou o instrumento da sua própria destruição na tecnologia digital. O sociólogo André Gorz vê o hacker digital como a "figura emblemática" da revolta contra a propriedade privada do conhecimento, líder de uma nova "ética anarcocomunista". A arena está montada para a luta vindoura das elites digitais contra o proletariado digital.[50]

Duvidamos que chegaremos a isso. Se acontecer, a vitória fatalmente será das elites digitais, que encontrarão meios de privatizar o conhecimento. E mesmo que vençam os proletários, o que eles têm para oferecer e o que vão destruir? Sem uma ideia consistente de vida boa, seus esforços não darão em nada, vencendo ou perdendo.

Oferecemos este livro como uma contribuição para repensar o que queremos da vida: para que serve o dinheiro e o que quer dizer "vida boa". Isso implica reanimar ideias éticas e filosóficas que há muito tempo caíram em desgraça, mas que nem por isso foram extintas. As pessoas estão realmente cansadas de suas éticas. Alguns banqueiros da cidade de Londres já admitem que são supervalorizados, e que os médicos e professores são subvalorizados.[51] Mas eles estão tão institucionalizados em suas ocupações, como os prisioneiros em suas celas, que não conseguem mais imaginar a vida fora de seus hábitats. Pessoas que se esforçam para viver o melhor possível dentro do sistema predominante podem, ainda assim, aspirar a um sistema melhor. Este livro é uma tentativa de ajudá-las a descobrir como.

O nosso compromisso com a personalidade e o respeito dispensa a coerção. Preferimos influenciar as organizações sociais em favor da vida boa – a fim de facilitar às pessoas organizar a própria saída da corrida competitiva, por exemplo, encontrando elas mesmas um estilo de vida em que ganhar dinheiro não seja o centro de tudo. Nenhum sistema legal ou político consegue evitar tendências, por mais que alegue neutralidade. Alguns nós aprovamos; outros nos parecem apontar na direção errada. O que pedimos é que o Estado torne explícitas as suas escolhas éticas, para que possamos ter um debate moral apropriado, em vez de fingir que apenas age em nome do consumidor isolado. Se tivermos que ser paternalistas, que seja às claras, e não disfarçadamente.

A reorientação política necessitaria do apoio da religião? Provavelmente. Os bens básicos, apresentados no Capítulo 6, são logicamente dependentes de alguma doutrina religiosa, e talvez seja impossível levá-los a efeito sem a autoridade e a inspiração que só a religião pode oferecer. Os reformadores liberais do século XIX e início do século XX eram cristãos, em sua maioria; outros estavam entre aqueles que, como disse Keynes sobre si mesmo, "destruíram o cristianismo, mas ainda usufruem de seus benefícios".[52] Poderia uma sociedade totalmente desprovida de impulso religioso estimular a si mesma a buscar o bem comum? Nós duvidamos.

QUANTO É SUFICIENTE?

Seja o que for que os leitores pensem sobre as nossas propostas, não tentar desenvolver uma visão coletiva de vida boa ou simplesmente conquistá-la sem saber para que *serve* a riqueza é um vício que as sociedades ricas não podem mais suportar. O maior desperdício que hoje confrontamos não é o do dinheiro, mas o das possibilidades humanas. "Quando nos permitirmos desobedecer ao teste dos lucros de um contador, começaremos a mudar a nossa civilização", Keynes declarou em 1933. Já passou da hora de mudar.

Notas

Introdução

1. KEYNES, John Maynard. *Essays in Persuasion*. The Collected Writings of John Maynard Keynes, vol. 9. Cambridge: Cambridge University Press, 1978, p. 293.
2. ORWELL, George. *Caminho para Wigan Pier*. São Paulo: Companhia das Letras, 2010.
3. JEVONS, W. Stanley. *The Theory of Political Economy*. Londres: Macmillan, 1911, p. 37.
4. RUSSEL, Bertrand. *In Praise of Idleness and Other Essays*. Londres: Rutledge, 2004, p. 11.
5. BAUDELAIRE, Charles. *Journaux Intimes*. Paris: Mercure de France, 1938, p. 61.
6. KEYNES, John Maynard. *Teoria geral do emprego, do juro e da moeda*. São Paulo: Saraiva Editora, 2012.
7. <IMSciences.net>; acessado em 9/9/2011.
8. JOHNSON, H. J. "The Political Economy of Opulence". *Canadian Journal of Economics and Political Science*, vol. 26, pt. 4 (1960), p. 554.
9. SMITH, Adam. *A riqueza das nações*. São Paulo: WMF Martins Fontes, 2013; MARSHALL, Alfred. *Principles of Economics*. Londres: Prometheus Book, 1920, p. I; ROBBINS, Lionel. *Um ensaio sobre a natureza e a importância da Ciência Econômica*. São Paulo: Saraiva Editores, 2012.
10. KEYNES, John Maynard. *Essays in Persuasion*, p. 332.

QUANTO É SUFICIENTE?

1. O Erro de Keynes

1. Citado *in* SKIDELSKY, Robert. *John Maynard Keynes: the Economist as Saviour 1920-1937*. Londres: Macmillan, 1992, pp.72, 235.
2. Para o ensaio inteiro, ver KEYNES, John Maynard. *Essays in Persuasion*. The Collected Writings of John Maynard Keynes, vol. 9. Cambridge: Cambridge University Press, 1978, pp. 321-32. É reimpressão dos *Essays in Persuasion* de Keynes, 1931. Para lançamentos anteriores, ver SKIDELSKY, *Keynes: the Economist as Saviour*, p. 634, n. 53.
3. MOORE, G. E. *Principia Ethica*. Cambridge: Cambridge University Press, 1903, pp. 188-9.
4. PLUMPTRE, A. W. citado *in* SKIDELSKY, *Keynes: The Economist as Saviour*, p. 237.
5. Para uma discussão sobre as taxas de crescimento nos EUA, na Europa e no restante do mundo, ver ZILIBOTTI, Fabrizio, "Economic Possibilities for our Grandchildren 75 Years After: a Global Perspective", *in* PECCHI, Lorenzo e PIGA, Gustavo (orgs.). *Revisiting Keynes: Economic Possibilities for our Grandchildren*. Cambridge: Mass.: MIT Press, 2008, pp. 27-39.
6. KEYNES. *Essays in Persuasion*, p. 325.
7. JIN, Wenchao *et al. Poverty and Inequality in the UK*. Londres: Institute for Fiscal Studies, 2011.
8. *The Week*, 16/7/2011.
9. GERSHUNY, Jonathan. "Business as the Badge of Honour for the New Superordinate Working Class". *Institute for Social and Economic Research Working Paper* 2005-09 (2005).
10. US Bureau of Labor Statistics.
11. Ver LEIJONHUFVUD, Axel *in* PECCHI e PIGA (orgs.). *Revisiting Keynes*, pp. 117-24.
12. PHELPS-BROWN, Henry. *The Inequality of Pay*. Oxford: Oxford University Press, 1977, pp. 84-6.
13. LENIN, V. I. *The State and Revolution*. Londres: Penguin Classics, 2010, cap. 5, seção 3; SMITH, Adam. A riqueza das nações. São Paulo: WMF Martins Fontes, 2013; BENTHAM, Jeremy. *A Table of the Springs of Action*, 1817, p. 20.
14. Essa crítica a Keynes está inserida nos ensaios reunidos em PECCHI e PIGA (orgs.). *Revisiting Keynes*. Ver ensaios de STIGLITZ, p. 46, FREEMAN, pp. 140-41 e FITOUSSI, p. 157.
15. RACHMAN, Tom. *The Imperfectionists*. Londres: Quercus Publishing, 2010.

NOTAS

16. CHAKRABORTTY, Aditya. "Why our Jobs are Getting Worse", *The Guardian*, 31/8/ 2010. Ver também GRUGULIS, Irina *et al.* "'No Place to Hide': the Reality of Leadership in UK Supermarkets", *SKOPE Research Paper* 91, sobre a mcdonaldização do trabalho. Sobre o taylorismo digital, ver BROWN, Philip *et al. The Global Auction: the Broken Promises of Education, Jobs and Incomes*. Nova York: Oxford University Press, 2010, pp. 65-82. Sobre o terrível mundo dos call centers, ver HEAD, Simon. *The New Ruthless Economy: Work and Power in the Digital Age*. Nova York: Oxford University Press, pp. 100-116.

17. ST. PAUL'S INSTITUTE. *Value and Values: Perceptions of Ethics in the City Today*. Londres: St. Paul's Institute, 2011.

18. BIELENSKI, H., BOSCH, G. e WAGNER, A. *Employment and Working Time in Europe*. Dublin: European Foundation for the Improvement of Living and Working Conditions – EFILWC, 2002. A pergunta da pesquisa era: "Se você e seu cônjuge pudessem fazer uma escolha livre no que diz respeito às horas trabalhadas, e levando em conta o dinheiro necessário para viver, quantas horas semanais vocês gostariam de trabalhar hoje?" Isso faz referência ao *trade-off* com rentabilidade, mesmo que não explicitamente.

19. REYNOLDS, Jeremy. "When too Much is not Enough: Actual and Preferred Work Hours in the United States and Abroad", *Sociological Forum,* vol. 19, n. 1 (2004), pp. 89-120. Uma observação: os participantes desta pesquisa, diferentemente dos pesquisados da EFILWC, foram questionados somente se gostariam de trabalhar mais, menos ou o mesmo número de horas que no presente. Não foi feita nenhuma menção a salários. Reynolds supõe que, provavelmente, "quando os entrevistados indicaram suas preferências por mais ou menos horas de trabalho, consideraram até que ponto essas mudanças poderiam afetar as recompensas do trabalho". E mesmo que eles não levassem em conta os salários, os resultados sugerem que a maioria via o trabalho como uma inutilidade.

20. ANDERSEN, Sarah *et al. Executive Excess 2010: CEO Pay and the Great Recession*. Londres: Institute for Policy Studies, 2010.

21. UK Office of National Statistics; US Bureau of Labor Statistics.

22. *The Guardian*, 15/8/2011.

23. SCHOR, Juliet. *The Overworked American: the Unexpected Decline of Leisure*. Nova York: Basic Books, 1991, p. 66.

24. SCHOR, Juliet. "Towards a New Politics of Consumption", *in* SCHOR e HOLT, Douglas B. (orgs.). *The Consumer Society Reader*. Nova York:

QUANTO É SUFICIENTE?

New Press, 2000, p. 459. Schor argumenta que, se os criadores de políticas quiserem indivíduos que desenvolvam estilos de vida mais sustentáveis, não poderão pedir que eles reduzam seus atuais níveis de renda e consumo: "As abordagens que estruturalmente retêm o fluxo do aumento de salário nas mãos do consumidor são mais promissoras." Veja também várias encíclicas papais sobre o mesmo tema: ex.: *Octogesima Adveniens* do Papa Paulo VI (1971; disponível em: <http://www.vatican.va/holy_father/paul_vi/apost_letters/documents/hfp_vi_apl 19710514_octogesima-adveniens_en.html>; acessado em 12/1/2012): "Enquanto amplas áreas de populações não conseguem satisfazer suas necessidades primárias, as necessidades supérfluas são genialmente criadas."

25. GORZ, André. *Ecologica*. Chicago: University of Chicago Press, 2010, p.4.
26. *The Week*, 16/7/2011. *The Week* publica regularmente a coluna "For Those Who Have Everything" (Para quem tem tudo).
27. HARROD, Roy. "The Possibility of Economic Satiety – Use of Economic Growth for Improving the Quality of Education and Leisure", *in Problems of US Economic Development*. Washington: Committee for Economic Development, 1958, pp. 207-13.
28. HIRSCH, Fred. *Social Limits to Growth*. Londres: Routledge, 1977, pp. 16-23.
29. BECKER, Gary. "A Theory of the Allocation of Time." *Economic Journal*, vol. 75, n. 299 (1995), pp. 493-517.
30. LINDER, Staffan. *The Harried Leisure Class*. Nova York: Columbia University Press, 1970, p. 79.
31. KEYNES, *Essays in Persuasion*, p. 365.
32. A discussão pioneira desse conceito é de LEIBENSTEIN, Harvey. "Bandwagon, Snob and Veblen Effects in the Theory of Consumers Demand." *Quarterly Journal of Economics*, vol. 64, pt. 2, 1950, pp. 183-207.
33. GOODWIN, Craufurd D. (org.). *Art and the Market: Roger Fry on Commerce and Art*. Ann Arbor: University of Michigan Press, 1988.
34. SCHOR. *The Overworked American*, p. 120.
35. TOCQUEVILLE, Alexis de. *Democracy in America* (1835, 1840), cap. 28.
36. FREEMAN, Richard B. "Why do we Work More than Keynes Expected?" *in* PECCHI e PIGA (orgs.). *Revisiting Keynes*, pp. 133-42.
37. SMITH. *A riqueza das nações*, 2013.
38. MARX, Karl. "Grundrisse" *in* MCLELLAN, David (org.) *Marx, Selected Works*. Oxford: Oxford University Press, 2000, 2ª ed., p. 414.

NOTAS

2. A barganha faustiana

1. KEYNES, John Maynard. *Essays in Persuasion.* The Collected Writings of John Maynard Keynes, vol. 9. Cambridge: Cambridge University Press, 1978, p. 372.
2. Ver KUMAR, Krishan. *Utopia and Anti-Utopia in Modern Times.* Oxford: Wiley-Blackwell, 1987, pp. 3-9.
3. MORE, Thomas. *Utopia.* São Paulo: WMF Martins Fontes, 2009.
4. KUMAR. *Utopia and Anti-Utopia,* p. 35.
5. MORE. *Utopia.*
6. MAQUIAVEL, Nicolau. *The Florentine History.* Charleston: Forgotten Books, 2010, vol. 2, p. 1.
7. LEÃO XIII (Papa). *Rerum Novarum* (1891), par. 59.
8. LÖWITH, Karl. *Meaning in History: the Theological Implications of the Philosophy of History.* Chicago: University Chicago Press, 1957, p. 149.
9. BLAKE, William. *O casamento do céu e do inferno.* São Paulo: Hedra, 2010.
10. MANDEVILLE, Bernard. *The Fable of the Bees: or Private Vices, Publick Benefits.* Harmondsworth: Penguin, 1989, pp. 49, 51.
11. Ver *ibid.* introdução do editor; e também PHILLIPSON, N. T. *Adam Smith: an Enlightened Life.* Londres: Allen Lane, 2010, p. 48.
12. MANDEVILLE. *The Fable of the Bees,* p. 25.
13. HUME, David. "Of Refinement in the Arts" *in* HUME. *Essays, Moral, Political and Literary.* Londres: Grant Richards, 1903, p. 287.
14. A genealogia do "interesse" e *"le doux commerce"* é traçada em HIRSCHMAN, Albert O. *The Passions and the Interests: Political Arguments for Capitalism Before its Triumph.* Princeton: Princeton University Press, 1997, pp. 31-66. O "amor por si mesmo" surgiu como um termo agostiniano do opróbrio, mas foi transformado por Rousseau, e em seguida por Adam Smith, em um termo neutro para designar olhar naturalmente para o próprio bem-estar. Ver detalhes em FORCE, Pierre. *Self-Interest Before Adam Smith.* Cambridge: Cambridge University Press, 2003, pp. 57-67.
15. POPE, Alexander. *Essay on Man,* ed. Henry Morley, Project Gutenberg. Disponível em <http://www.gutenberg.org/ebooks/2428>; acessado em 12/1/2012.
16. BURKE, Edmund. *Reflections on the Revolution in France* (1790).
17. SMITH, Adam. *The Theory of Moral Sentiments.* Oxford: Oxford University Press, 1979; 1ª publ. 1759, pp. 308-13.

QUANTO É SUFICIENTE?

18. *Ibid.* pp. 184-5.
19. *Ibid.* p. 461.
20. MILL, John Stuart. *Principles of Political Economy*, 1886, "Of the Stationary State", livro iv, cap. VI, p. 748; para uma crítica ao "moralismo" de Mills, ver MONTGOMERY, Michael. "John Stuart Mill and the Utopian Tradition", *in* Jürgen Georg Backhaus (org.). *The State as Utopia: Continental Approaches*. Berlim: Springer, 2011, pp. 19-34.
21. ZIOLKOWSKI, Theodor. *The Sin of Knowledge: Ancient Themes and Modern Variations*. Princeton: Princeton University Press, 2000, p. 68.
22. GOETHE. *Faust*. Toronto: University of Toronto Press, 1970, pp. 25, 26.
23. *Ibid.* pp. 196-7.
24. ECKERMAN, Johann Peter. *Conversations of Goethe*. Nova York: M. Walter Dunne, 1901, p. 85.
25. JASPERS, Karl. *Unsere Zukunft und Goethe*. Bremen: Storm, 1948, p. 18.
26. Ver GRAY, John. *Black Mass: Apocalyptic Religion and the Death of Utopia*. Londres: Allen Lane, 2007.
27. Citado *in* KOLAKOWSKI, Leszek., *Main Currents of Marxism,* vol. I: *The Founders*. Oxford: Clarendon Press, 1978, p. 285.
28. *Ibid.* p. 285.
29. Ver HOBSBAWN, Eric. *How to Change the World: Tales of Marx and Marxism*. Boston: Little, Brown, 2011, p. 147: "Não foi esboçado nenhum mecanismo para o colapso [da sociedade escravagista]."
30. MARX, Karl e ENGELS, Friedrich. *O manifesto comunista*. São Paulo: Boitempo, 1998.
31. *Ibid.*
32. *Ibid.*
33. *Ibid.*
34. *Ibid.*
35. MARX, Karl. *O capital*. São Paulo: Boitempo, 2013.
36. MARX e ENGELS. *O manifesto comunista*.
37. Citado *in* DESAI, Meghnad. *Marx's Revenge: the Resurgence of Capitalism and the Death of Statist Socialism*. Londres: Verso, 2004, p. 95.
38. *Ibid.*, p. 79.
39. Citado *ibid.*, p. 44.
40. MARX, Karl. *A ideologia alemã*. São Paulo: Boitempo, 2007.
41. TROTSKI, Leon. *Literatura e revolução*. Rio de Janeiro: Zahar, 2007.
42. CHANG, Jung e HOLLIDAY, John. *Mao: the Unknown Story*. Londres: Jonathan Cape, 2005, p. 457.

NOTAS

43. Ver, por exemplo, STRACHEY, John. *Contemporary Capitalism*. Londres: Gollancz, 1956; e CROSLAND, Anthony. *The Future of Socialism*. Londres: Jonathan Cape, 1956.
44. REICH, Charles. *The Greening of America*. Nova York: Random House, 1970, p. 259; citado *in* BERKI, R. N., "Marcuse and the Crisis of the New Radicalism: from Politics to Religion". *Journal of Politics*, vol. 34, pt. I, 1972, p. 151.
45. ROSZAK, Theodore. *The Making of a Counter-Culture: Reflections on the Technocratic Society and its Youthful Opposition*. Berkeley: University of California Press, 1969, pp. 17-18.
46. Sobre a "era de ouro" do capitalismo, ver SKIDELSKY, Robert. *Keynes: the Return of the Master*. Londres: Penguin, cap. 5, 2ª ed., 2010.
47. No Prefácio de *The Making of a Counter-Culture*, tema desenvolvido subsequentemente em *Where the Wasteland Ends*. O termo "tecnoestrutura" foi criado por GALBRAITH, J. K. em *The New Industrial State*. Princeton: Princeton University Press, 2007.
48. REICH. *The Greening of America*, pp. 381-2.
49. Citado *in* MARTINEAU, Alain. *Herbert Marcuse's Utopia*. Montreal: Harvest House, 1984, p. 7.
50. Citado *ibid.*, p. 20.
51. MARCUSE, Herbert. *A ideologia da sociedade industrial: o homem unidimensional*. Rio de Janeiro: Zahar, 1967.
52. *Ibid.*
53. MARCUSE, Herbert. *Eros e civilização*. Rio de Janeiro: LTC, 1999.
54. *Ibid.*

3. Os usos das riquezas

1. SCHUMPETER, Joseph. *History of Economic Analysis*. Nova York: Oxford University Press, 1954, p. 57.
2. ARISTÓTELES. *Ética a Nicômaco*. São Paulo: Editora Atlas, 2009. Em outra obra importante sobre ética, *Ética a Eudemo*, Aristóteles é mais imparcial em relação à vida ativa e filosófica.
3. ARISTÓTELES. *A política*. São Paulo: Edipro, 1995.
4. SIMMEL, Georg. *The Philosophy of Money*. Boston: Mass.: Routledge, 1978, p. 255.
5. Citado *in* SKIDELSKY, Robert. *John Maynard Keynes: the Economist as Saviour 1920-1937*. Londres: Macmillan, 1992, p. 476.

QUANTO É SUFICIENTE?

6. ARISTÓTELES. *A política.*
7. *Ibid.*
8. ARISTÓFANES. *Um deus chamado dinheiro* (e-book). Rio de Janeiro: Zahar, 2014.
9. HORÁCIO. *Sátiras.* São Paulo: Edipro, 2011.
10. Ver BROWN, Peter. *Poverty and Leadership in the Later Roman Empire.* Hanover: Brandeis University Press, 2002.
11. AQUINO, Tomás de (Santo). *Suma teológica.* São Paulo: Edições Loyola, 2009.
12. Citado *in* DERBES, Anne e SANDONA, Mark. "Barren Metal and the Fruitful Womb: the Program of Giotto's Arena Chapel in Padua", *Art Bulletin*, vol. 80, 1998, p. 227.
13. WEBER, Max. *Ética protestante e o espírito do capitalismo.* São Paulo, Companhia das Letras, 2004.
14. OLIVELLE, Patrick. *The Dharmasutras.* Oxford: Oxford University Press, 1999, pp. 35, 31.
15. Para outras discussões, ver WEBER, Max. *The Religion of India: the Sociology of Hinduism and Buddhism.* Glencoe, Ill.: Free Press, 1958), pp. 84-5.
16. OLIVELLE. *The Dharmasutras*, p. 326.
17. HUME, Robert Ernest. *The Thirteen Principal Upanishads.* Oxford: Oxford University Press, 1921, p. 141.
18. Ver RAM-PRASAD, Chakravarthi. *Eastern Philosophy.* Londres: Weidenfeld and Nicolson, 2005, p. 212: "É inegável que a teoria da lógica é um tanto marginal na filosofia chinesa; teve um papel muito pequeno durante a curta ascendência budista."
19. CONFÚCIO. *Os analectos.* Porto Alegre: L&PM, 2006.
20. VAI, Li. "On a Banquet with my Cousins on a Spring Night in the Peach Flower Garden", *in* WATSON, Burton. *Chinese Lyricism: Shih Poetry from the Second to the Twelfth Century.* Nova York: Columbia University Press, 1971.
21. Citado *in* YUTANG, Lin. *The Importance of Living.* Nova York: Harper, 1998, pp. 132-6.
22. WATSON, Burton, *Records of the Grand Historian of China,* vol. 2, Trad. de *Shih Chi* de Ssu-ma Ch'ien. Nova York: Columbia University Press, 1961, pp. 491-2.
23. Este ponto foi defendido com grande ênfase por Michael Sandel em seu *Justiça: o que é fazer a coisa certa.* Rio de Janeiro: Civilização Brasileira, 2016.
24. Taraq Modood, por exemplo, defende o *establishment* religioso na Grã-

NOTAS

-Bretanha, mas argumenta que agora deverá se estender a outros grupos religiosos. Ver MODOOD, Tariq. *Multicultural Politics: Racism, Ethnicity, Muslims in Britain*. Mineápolis: University of Minnesota Press, 2005, pp. 146-50.

25. GALBRAITH, John Kenneth. *A sociedade afluente*. São Paulo: Expressão e Cultura, 1972.

26. LOCKE, John. *An Essay Concerning Human Understanding*. Oxford: Clarendon, 1894, vol. 1, p. 351.

27. Para uma discussão moderna clássica da distinção entre necessidades e desejos, ver WIGGINS, David, "Claims of Need", *in* Wiggins, *Needs, Values, Truth: Essays in the Philosophy of Value*. Oxford: Oxford University Press, 1998, pp. 1-49.

28. ARISTÓTELES. *A política*, p. 1989.

29. MENGER, Carl. *Principles of Economics*. Glencoe, Ill.: Free Press, 1950, pp. 120-121.

30. *Ibid.*, p. 229.

31. VIRGÍLIO. *Eneida*. São Paulo: Ateliê Editorial, 2005; KEYNES, John Maynard. *Essays in Persuasion*. The Collected Writings of John Maynard Keynes, vol. 9. Cambridge: Cambridge University Press, 1978, p. 369.

32. FRANK, Robert H. *Luxury Fever: Money and Happiness in an Era of Excess*. Princeton: Princeton University Press, 2000, p. 66.

33. NIETZSCHE, Friedrich. *Assim falou Zaratustra*. São Paulo: Companhia das Letras, 2011.

4. Felicidade, uma miragem

1. ROUSSEAU, Jean-Jacques. *The Discourses and Other Political Writings*. Cambridge: Cambridge University Press, 1997, p. 26.

2. HERÓDOTO. *História* (e-book). São Paulo: Montecristo Ebook, 2013.

3. ARISTÓTELES. *Ética a Nicômaco*.

4. LOCKE, John. *An Essay Concerning Human Understanding*. Oxford: Clarendon, 1894, vol. 1, p. 351.

5. Citado *in* MOORE, G. E. *Principia Ethica*. Cambridge: Cambridge University Press, 1903, pp. 77-8.

6. JEVONS, W. Stanley. *The Theory of Political Economy*. Londres: Macmillan, 1911, p. 37.

7. EDGEWORTH, F. Y. *Mathematical Psychics: An Essay on the Application of Mathematics to the Moral Sciences*, 1881, pp. 101-2.

QUANTO É SUFICIENTE?

8. SOLNICK, S. e HEMENWAY, D. "Is More Always Better? A Survey on Positional Concerns". *Journal of Economics Behaviour and Organisation*, vol. 37, 1998, pp. 373-83.

9. É discutível se a felicidade continua aumentando com renda superior ao patamar de 15 mil dólares. De acordo com pesquisas recentes, continua. Para outros detalhes ver DEATON, Angus. "Income, Health and Well--Being around the World: Evidence from the Gallup World Poll". *Journal of Economic Perspective*, vol. 22, pt. 2, 2008, pp. 53-72.

10. Ver LAYARD, Richard. *Happiness: Lessons from a New Science*. Londres: Penguin, 2005, p. 45.

11. Ver FRANK, Robert. *Luxury Fever: Money and Happiness in an Era of Excess*. Princeton: Princeton University Press, 2000, pp. 207-26.

12. WILKINSON, Will. "In Pursuit of Happiness Research: is it Reliable? What does it Imply for Policy?". *Policy Analysis*, n. 590, 2007.

13. A argumentação dos dois últimos parágrafos se deve a JOHNS, Helen e ORMEROD, Paul. *Happiness, Economics and Public Policy*. Londres: Institute of Economic Affairs, 2007, pp. 28-34.

14. Richard Layard, Diener e Suh citam certo Shao 1993 sobre o efeito reportado por estudantes de Hong Kong de níveis quase idênticos de felicidade tanto em chinês quanto em inglês. Notas de rodapé revelam que Shao 1993 é a tese não publicada de mestrado escrita para a University of Illinois. De qualquer maneira, o estudo não nos diz nada, pois os entrevistados provavelmente conheceriam o significado de "felicidade" comparado a *xingfu* ou algum outro termo chinês. O mesmo problema interferiu em todos os estudos desse tipo. Ver LAYARD *in Happiness*, p. 34, e DIENER, Ed e SUH, Eunkook Mark. "National Differences in Subjective Well-Being", *in* Daniel Kahneman *et al.*, *Well-Being: the Foundations of Hedonic Psychology*. Nova York: Russell Sage, 1999, p. 437.

15. WIERZBICKA, Anna. "Happiness" *in* Cross-Linguistic & Cross-Cultural Perspective". *Daedalus*, vol. 133, pt. 2 (2004), p. 36.

16. Para detalhes, ver LAYARD. *Happiness*, pp. 17-20.

17. DIENER e SUH. "National Differences in Subjective Well-Being", p. 437.

18. OSWALD, Andrew J. e WU, Stephen. "Objective Confirmation of Subjective Measures of Human Well-Being: Evidence from the U.S.A." *Science*, n. 327, 2010, pp. 576-9. Os dados de felicidade foram ajustados para verificar renda e idade, por isso os nova-iorquinos talvez não sejam os mais infelizes levando-se tudo em consideração, mas apenas por suas condições de moradia.

NOTAS

19. *Ibid.*, p. 578.
20. Ver JOHNS e ORMEROD. *Happiness, Economics and Public Policy*, p. 81.
21. ERIKSEN, Julia A. e STEFFEN, Sally A. *Kiss and Tell: Surveying Sex in the Twentieth Century.* Cambridge, Mass.: Harvard University Press, 1999, p. 34.
22. Ver LAYARD. *Happiness*, pp. 62-5.
23. BOK, Derek. *The Politics of Happiness: What Government Can Learn from the New Research on Well-Being.* Princeton: Princeton University Press, 2010, p. 36.
24. Ver MICHAELSON, Juliet *et al, National Accounts of Well-Being: Bringing Real Wealth onto the Balance Sheet.* Londres: New Economics Foundation, 2009.
25. SIDGWICK, Henry. *The Method of Ethics.* Indianápolis: Hackett, 1981, pp. 120-21.
26. Ver KAHNEMAN, Daniel e KRUEGER, Alan B. "Developments in the Measurement of Subjective Well-Being". *Journal of Economic Perspectives,* vol. 20, pt. I, 2006, pp. 3-24.
27. Ver ANNAS, Julia. "Happiness as Achievement". *Daedalus,* vol. 33, pt. 2, 2006.
28. *The Daily Telegraph,* 18/10/2011.
29. FELDMAN, Fred. *What Is this Thing Called happiness?* Oxford: Oxford University Press, 2010, p. 176.
30. Ver detalhes *in* NG, Yew-Kwang. "Happiness Surveys: Some Comparability Issues and an Exploratory Survey Based on Just Perceivable Increments." *Social Indicators Research,* vol. 38, pt. I, 2001, pp. 1-27.
31. LAYARD. *Happiness*, p. 13.
32. ARISTÓTELES. *Ética a Nicômaco.*
33. WITTGENSTEIN, Ludwig. *Tractatus Logico-Philosophicus.* Londres: Routledge and Kegan Paul, 1922, 6.43.
34. FOOT, Philippa. *Natural Goodness.* Oxford: Oxford University Press, 2001, p. 85.
35. *Ibid.*, p. 88.
36. BRITTRAN, Samuel. "Commentary: a Deceptive Eureka Moment", *in* JOHN and ORMEROD. *Happiness, Economics and Public Policy,* p. 93.
37. LAYARD, *Happiness*, p. 23.
38. METROPOLITAN ANTHONY OF SOUROZH. *God and Man.* Londres: Darton, Longman and Todd, 1983, p. 16.
39. NIETZSCHE, Friedrich. *Crepúsculo dos ídolos.* São Paulo: Companhia das Letras, 2006.

QUANTO É SUFICIENTE?

40. NG, Yew-Kwang. "A Case for Happiness, Cardinalism and Interpersonal Comparability". *Economic Journal,* vol. 107, n. 445 (1997), p. 1849.
41. LAYARD, *Happiness,* p. 221.

5. Os limites para o crescimento: naturais ou morais?

1. MALTHUS, Thomas. *An Essay on the Principle of Population,* Electronic Scholarly Publishing Project (Disponível em <http://www.esp.org/books/ Malthus/population/Malthus.pdf>; acessado em 12/1/2012), p. 44.
2. MEADOWS, Donella H. *et al. The Limits to Growth.* Londres: Pan, 1974, pp. 45-87.
3. Para uma refutação minuciosa do temor malthusiano da escassez de recursos, ver LOMBORG, Bjørn. *The Sceptical Environmentalist: Measuring the Real State of the World.* Cambridge: Cambridge University Press, 2001, pp. 118-48.
4. EHRLICH, Paul. *The Population Bomb.* Nova York: Ballantine Books, 1968.
5. MONBIOT, George. "Bring on the Recession". *The Guardian,* 9/10/2007.
6. JACKSON, Tim. *Prosperity without Growth: Economics for a Finite Planet.* Londres: Earthscan, 2009.
7. HOUSE OF LORDS SELECT COMMITTEE ON ECONOMIC AFFAIRS. *The Economics of Climate Change.* Londres: HMSO, 2005, p. 58.
8. INTERGOVERNMENTAL PANEL ON CLIMATE CHANGE. *Third Assessment Report.* Cambridge: Cambridge University Press, 2001, Working Panel I, Technical Summary, p. 79.
9. POPPER, K. R. *The Poverty of Historicism.* Londres: Routledge, 1961, pp. v-vi.
10. INTERGOVERNMENTAL PANEL ON CLIMATE CHANGE. *Third Assessment Report.* Working Panel 2, ch. 3, p. 154.
11. Citado *in* HULME, Mike. "Chaotic World of Climate Truth", 2006, BBC News Website, 2006, disponível em <news.bbc.co.uk/ihi6ii5644.2tm>, acessado em 9/11/2011.
12. *Ibid.* Ver também RAPHAEL, Ellen e HARDAKER, Paul. *Making Sense of the Weather and Climate.* Londres: Sense about Science, 2007, p. 3: "The idea of a point of no return, or "tipping point", is a misleading way to think about climate and can be unnecessarily alarmist."
13. LOVELOCK, James. *The Revenge of Gaia.* Londres: Penguin, 2006, p. 189.
14. DASGUPTA, Sir Partha. *Comments on the Stern Review's Economics of Climate Chance* (disponível em <www.econ.com.ac.uk/faculty/dasgupta/

NOTAS

STERN.pdf>; acessado em 12/1/2012), p. 5. Sir Partha sumariza as visões de William Nordhaus, o mais influente economista do clima da modernidade. Ele não endossa necessariamente essas visões.

15. STERN, Nicholas. *Stern Review on the Economics of Climate Change.* Londres: UK Treasury, 2006, p. xii.

16. JACKSON. *Prosperity without Growth.*

17. LAWSON, Nigel. *An Appeal to Reason: a Cool Look at Global Warming.* Londres: Duckworth, 2009, p. 87.

18. MONBIOT, George. *Heat: How we Can Stop the Planet Burning.* Londres: Penguin, 2007, p. 215.

19. Citado *in* PASSMORE, John. *Man's Responsibility for Nature: Ecological Problems and Western Traditions.* Londres: Duckworth, 1974, p. 21.

20. KLAGES, Ludwig. *Mensch und Erde.* Jena: Eugen Diedrichs, 1929, p. 25.

21. HEIDEGGER, Martin. "The Question Concerning Technology", *in* HEIDEGGER, *Basic Writings.* Londres: Routledge, 1993, p. 321.

22. Citado *in* PASSMORE. *Man's Responsibility for Nature,* pp. 60-61.

23. LOVELOCK, J. E. *Gaia: a New Look at Life on Earth.* Oxford: Oxford University Press, 1979, p. 10.

24. *Ibid.,* pp. ix-x.

25. LOVELOCK, James. *The Ages of Gaia.* Londres: Penguin, 1988, p. 206.

26. LOVELOCK. *The Revenge of Gaia,* p. 188.

27. Citado *in* PASSMORE. *Man's Responsibility for Nature,* pp. 23-4.

28. MIDGLEY, Mary. "Duties Concerning Islands", *in* ELLIOT, Robert (org.). *Environmental Ethics.* Oxford: Oxford University Press, 1995, pp. 89-103.

29. O primeiro princípio da ecologia profunda é, segundo Arne Naess, "o desenvolvimento da vida humana e não humana sobre a terra tem valor inerente. O valor das formas de vida não humanas independe da utilidade do mundo não humano para fins humanos". NAESS, Arne. "The Basics of the Deep Ecology Movement", *in* DRENGSON, Alan e DEVALL, Bill (orgs.). *The Ecology of Wisdom: Writings by Arne Naess.* Berkeley: Counterpoint, 2008, p. iii.

30. NAESS, Arne. "The Shallow and the Deep, Long-Range Ecological Movement: a Summary", *in* DOBSON, Andrew (org.). *The Green Reader.* Londres: Deutsch, 1991, p. 243.

31. O termo "especismo" foi popularizado por Peter Singer em *Animal Liberation* (Avon, 1977).

32. LEOPOLD, Aldo. "A Sand County Almanac", *in* DOBSON (org.). *The Green Reader,* pp. 240-41.

QUANTO É SUFICIENTE?

33. Para uma defesa persuasiva desta declaração, ver THOMPSON, Michael. *Life and Action*. Newhaven, Mass.: Harvard University Press, 2008.
34. WILLIAMS, Bernard. *Ethics and the Limits of Philosophy*. Londres: Routledge, 2006, p. 118.
35. SPENGLER, Oswald. *The Decline of the West*. Londres: George Allen, 1932, vol. 1, p. 168.
36. Ver COOPER, David E. *A Philosophy of Gardens*. Oxford: Oxford University Press, 2006, para uma defesa interessante da importância dos jardins e da jardinagem para a vida boa.
37. LOVELOCK. *The Revenge of Gaia*, pp. 169-70.
38. CALLICOTT, J. Baird. "Animal Liberation: a Triangular Affair", *in* ELLIOT, Robert (org.). *Environmental Ethics*. Oxford: Oxford University Press, 1995, p. 50.
39. Citado *in* PASSMORE. *Man's Responsibility for Nature*, p. 105.

6. Elementos da vida boa

1. FRIEDMAN, Milton. "The Methodology of Positive Economics", *in* FRIEDMAN. *Essays in Positive Economics*. Chicago: University of Chicago Press, 1953, p. 5.
2. Evidência da universalidade desta e de outras práticas pode ser encontrada em MACBEATH, Alexander. *Experiments in Living*. Londres: Macmillan, 1952; e GINSBERG, Morris. *On the Diversity of Morals*. Londres: Heinemann, 1956.
3. Ver NUSSBAUM, Martha. *Women and Human Development: the Capabilities Approach*. Cambridge: Cambridge University Press, 2000, p. 73: "Desde que sejamos capazes de reagir às trágicas fábulas de outras culturas, demonstramos que essa ideia de valor e atuação humanos cruzam as fronteiras culturais."
4. CASSIRER, Ernst. *The Logic of the Cultural Sciences*. New Haven: Yale University Press, 2000, p. 76.
5. RAWLS, John. *A Theory of Justice*. Oxford: Claredon Press, 1971, p. 433.
6. NUSSBAUM. *Women and Human Development*, pp. 78-80.
7. *Ibid.*, p. 69.
8. *Ibid.*, p. 87. Amartya Sen tem uma atitude mais relaxada em relação à relevância dos funcionamentos; ele admite "a possibilidade de simplesmente depender da avaliação dos funcionamentos adquiridos (podemos querer ir daquela maneira)". SEN, Amartya. *The Idea of Justice*. Londres: Allen Lane, 2009, p. 236.

NOTAS

9. NUSSBAUM. *Women and Human Development*, p. 87.

10. *Ibid.*, p. 79. Nussbaum acrescenta em uma nota de rodapé que esta lista se baseia na Constituição indiana, Artigo 15, com exceção da não discriminação com bases na orientação sexual, que não é garantida pela Constituição. Mas isso em si dificilmente é garantia de universalidade, desde que grande parte da Constituição indiana seguiu o modelo de seus protótipos britânico e norte-americano. De qualquer maneira, que autoridade tem um documento político em uma discussão das "capacidades funcionais humanas centrais"?

11. FINNIS, John. *Natural Law and Natural Rights*. Oxford: Oxford University Press, 2011, pp. 87-90.

12. Citado *in* CANGUILHEM, Georges. *The Normal and the Pathological*. Nova York: Zone Books, 1991, p. 91.

13. ARISTÓTELES. *A política*. São Paulo: Edipro, 1995.

14. PIEPER, Josef. *Leisure: the Basis of Culture*. San Francisco: Ignatious, 1963, p. 105.

15. LEVI, Primo. É isto um homem? Rio de Janeiro: Rocco, 1987.

16. O prejuízo causado pela desigualdade do respeito é explorado em SENNETT, Richard. *Respect in a World of Inequality*. Londres: Allen Lane, 2002.

17. Citado *in* SKIDELSKY, Robert. *John Maynard Keynes: the Economist as Saviour 1920-1937*. Londres: Macmillan, 1992.

18. LEÃO XIII (Papa). *Rerum Novarum* (1891), par. 46.

19. NUSSBAUM. *Women and Human Development*, p. 157.

20. ARISTÓTELES. *Ética a Nicômaco*.

21. ARISTÓTELES. *A política*.

22. *Ibid.*

23. CONFÚCIO. *Os analectos*. Porto Alegre: L&PM, 2006.

24. *Ibid.*

25. Ver <http://moneywatch.bnet.com/career-advice/blog/other-8-hours/addition-by-subtraction-dont-let-bad-friends-drag-you–down/2080/>; acessado em 9/11/2011).

26. STRAUSS, Leo. "Kurt Riezler", *in* STRAUSS: *What is Political Philosophy?* Chicago: University of Chicago Press, 1988, p. 234.

27. MARX, Karl. "On James Mill", *in* MARX, Karl. *Karl Marx: Selected Writings*. Oxford: Oxford University Press, 2000, 2ª ed., p. 132.

28. Para uma interessante discussão a esse respeito, ver BROADIE, Sarah. "Taking Stock of Leisure", *in* BRODIE, *Aristotle and Beyond: Essays on Metaphysics and Ethics*. Cambridge: Cambridge University Press, 2007, p. 194.

29. ARISTÓTELES. *A política.*
30. KOJÈVE, Alexandre. *Introduction to the Reading of Hegel.* Nova York: Basic Books, 1969, p. 162.
31. PIEPER. *Leisure*, pp. 47-8.
32. Ver SEN. *The Idea of Justice*, pp. 239-41.
33. ARISTÓTELES. *Ética a Nicômaco.*
34. TURNER, Adair. *Economics after the Crisis: Objectives and Means,* Lecture I: Economic Growth, Human Welfare and Inequality" (<http://www2.lse.ac.uk/publicEvents/pdf/20101011%20Adair%20Turner%20transcript.pdf; acessado em 12/1/2012>), p. 35.
35. BAUMAN, Zygmunt. *Vida líquida.* Rio de Janeiro: Zahar, 2007.
36. Para uma defesa persuasiva desta declaração, ver KENNY, Anthony e KENNY, Charles. *Life, Liberty and the Pursuit of Utility.* Exeter: Imprint Academic, 2006, pp. 65-93.
37. LOVELOCK, James. *The Revenge of Gaia.* Londres: Penguin, 2006, p. 126.
38. BRANCA, Francesco *et al, The Challenge of Obesity in the WHO European Region and the Strategies for Response.* Copenhagen: Organização Mundial de Saúde, 2007.
39. MOORE, Michael *et al.* "Explaining the Rise in Antidepressant Prescribing: a Descritive Study Using the General Practice Research Database." *British Medical Journal*, 2009, bmj.com.
40. GREEN, Francis. *Praxis: Job Quality in Britain.* Londres: UK Commission for Employment and Skills, 2009.
41. NICKELL, Stephen *et al.* "A Picture of Job Insecurity Facing British Men." *Economic Journal,* n° 112, 2002, pp. 1-27.
42. BEATSON, Mark. "Job 'Quality' and Job Security." *Labour Market Trends*, 2000, pp. 441-9.
43. ENGLISH, Simon. "The Poisonous City Work Ethic that is in Urgent Need of Reform." *Evening Standard*, 5/7/2011.
44. Para exemplos de planos europeus de empregado-propriedade, ver <http://www.efesonline.org/PRESS%20REVIEW/2011/October.htm>; acessado em 20/11/2011.
45. DEPARTMENT FOR ENVIRONMENT, FOOD AND RURAL AFFAIRS. *Agriculture in the United Kingdon.* Londres: HMSO, 2007
46. Os dados da TNS Global para três meses até novembro de 2009 mostram que as lojas independentes têm 2,2% de participação de mercado, sendo o resto assumido pelas chamadas lojas múltiplas, como Tesco, Lidi, Netto e

NOTAS

outras cadeias menores. Ver <http://222.tnsglobal.com/news/news56F59E-8A99C8428989BE66187D5792.aspx>, acessado em 21/11/2011.

47. HALL, Peter A. "Social Capital in Britain." *British Journal of Politics*, vol. 29, 1999, pp. 417-61, descreve que enquanto o número de bares caiu substancialmente – de 102 mil em 1900 para 60 mil em 1978 (e 57.500 em 2007 – Market and Business Development, *Pub Companies: 7th Report of Session 2008-9.* Londres: HMSO, 2008, p. 9), o número de pessoas que frequentam bares e a quantidade de tempo que lá passam aumentou entre as décadas de 1960 e 1980. Isso provavelmente reflete o fato de os bares terem se tornado mais receptivos às mulheres nesse período. Não existem dados mais recentes.

48. Esse tema foi explorado com eloquência por Bauman em *Vida líquida* e outros trabalhos.

49. Ver ORGANIZATION FOR ECONOMIC COOPERATION AND DEVELOPMENT. *The Well-being of Nations: the Role of Human and Social Capital.* Paris: OECD, 2001, para evidência de padrões mutáveis de associação nos países da OECD.

50. Ver OECD FAMILY DATABASE. <www.oecd.org/els/social/family/database>; acessado em 21/11/2011.

51. Ver MORGAN, Patricia. *Marriage-Lite.* Londres: Civitas, 2000. Contudo, a conclusão de que o casamento melhora a estabilidade dos relacionamentos tem sido questionada recentemente com base no fato de que as pessoas que se casam tendem a ter relacionamentos mais estáveis. Ver CRAWFORD, Claire *et al. Cohabitation Marriage, Relationships Stability and Child Outcomes: an Update.* Londres: Institute for Fiscal Studies, 2011.

52. Ver BROADCASTERS' AUDIENCE RESEARCH BOARD. *Trends in Television Viewing.* Disponível em <http://www.barb.co.uk/facts/tv-trends/download/2011-yy-TVTrends.pdf>; acessado em 23/1/2012).

53. SPORT ENGLAND. *Trends in Sport Participation 1987-2002.* Londres: Sport England, 2002; IFEDI, Fidelis. *Sport Participation in Canada.* Ottawa: Statistics Canada, 2005; PUTNAM, Robert. *Bowling Alone: the Collapse and Revival of American Community.* Londres: Simon & Schuster, 2000, p. 113.

54. SOUTHERTON, Dale *et al. Trajectories of Time Spent Reading as a Primary Activity: a Comparison of the Netherlands, Norway, France, UK and USA since the 1970s,* CRESC Working Paper 39. Disponível em <www.cresc.ac.uk/sites/default/files/wp39.pdf>; acessado em 12/1/2012.

55. Ver "How Happy Are You? Whitehall Is Keen to Know the Answer", *The Guardian,* 26/7/2011.

7. Saídas da corrida competitiva

1. LENT, Adam e LOCKWOOD, Mathew. *Creative Destruction: Placing Innovation at the Heart of Progressive Economics.* Londres: Institute for Public Policy Research, 2010.
2. TURNER, Adair. *Economics after the Crisis: Objectives and Means,* Lecture 3: Economic Freedom and Public Policy: Economics as a Moral Discipline, Lionel Robbins Memorial Lecture. Disponível em <http://www2. lse.ac.uk/publicEvents/pdf/20101013%Adair%20Turner%20transcript. pdf>; acessado em 12/1/2012.
3. MACINTYRE, Alasdair. *After Virtue: a Study in Moral Theory.* Notre Dame, Ind.: University of Notre Dame, 1981, pp. 1-3.
4. *Ibid.*, p. 263.
5. Citado *in* SCHOR, Juliet. *The Overworked American: the Unexpected Decline of Leisure.* Nova York: Basic Books, 1991, p. 121.
6. LEÃO XIII (Papa). *Rerum Novarum* (1891), par. 3.
7. *Ibid.*, part. 21.
8. Ver MARQUAND, David *in New Statesman,* 22/8/2011. Marquand argumenta de maneira convincente que o grande feito dos criadores da União Europeia foi promover uma "reconciliação histórica entre a Igreja Católica Romana e os ideais da Revolução Francesa", tornando possível o capitalismo colaborativo na Alemanha e na Itália.
9. SMITH, Adam. *A riqueza das nações.* São Paulo: WMF Martins Fontes, 2013.
10. CLARKE, Peter. *Liberals and Social Democrats.* Cambridge: Cambridge University Press, 1979.
11. KEYNES, John Maynard. "Economic Possibilities for our Grand Children", *in Essays in Persuasion,* The Collected Writings of John Maynard Keynes. Cambridge: Cambridge University Press, 1978, vol. 9, pp. 354-5.
12. GORZ, André. *Reclaiming Work: beyond the Wage-Based Society.* Cambridge: Cambridge University Press, 1999, p. 94.
13. LAJEUNESSE, Robert. *Work Time Regulation as a Sustainable Full Employment Strategy.* Londres: Routledge, 2009.
14. RAVENTÓS, Daniel. *Basic Income: the Material Conditions of Freedom.* Londres: Pluto Press, 2007, p. 8.
15. Ver CUNLIFFE, John and ERREYGERS, Guido (orgs.). *The Origins of Universal Grants: an Anthology of Historical Writings on Basic Capital and Basic Income.* Londres: Palgrave Macmillan, 2004; BRITTAN, Samuel.

NOTAS

Capitalism with a Human Face. Cheltenham: Edward Elgar, 1995; MEADE, James. *Agathopia: the Economics of Partnership*. Aberdeen: Aberdeen University Press, 1989; GORZ, André. *Farewell to the Working Class: an Essay on Post-industrial Socialism*. Cambridge, Mass.: Southend Press, 1982.

16. FRIEDMAN, Milton. *Capitalism and Freedom: Fortieth Anniversary Edition*. Chicago: University of Chicago Press, 2002.

17. BRITTAN, Samuel. Apreciação de Gay Standing, *Promoting Income Security as a Right: Europe and North America*. Anthen Pres, *Citizens Income Newsletter*, n° 2, 2005.

18. PASMA, Chandra. "Working through the Work Disincentive", *Basic Income Studies*, vol. 5, pt. 2, 2010, pp. 1-20. Para uma discussão dos prós e dos contras da dotação orçamentária e da renda básica, ver WHITE, Stuart. "Basic Income versus Basic Capital: can we Resolve the Disagreement", *Policy and Politics*, vol. 39, pt. 1 (2011), pp. 67-81. Sobre a renda básica em geral, ver WHITE, Stuart. "Reconsidering the Exploitation Objection to Basic Income." *Basic Income Studies*, vol. 1, pt. 2, 2006, pp. 1-17.

19. MEADE, J. E. *Liberty, Equality and Efficiency*; WIDERQUIST, Karl *et al.* (orgs.). *The Ethics and Economics of the Basic Income Guarantee*. Aldersont; Ashgate, 2005

20. VANDERBORGHT, Yannick e PARIJS, Philippe van. *L'Allocation Universelle*, Paris: La Découverte, 2005.

21. ACKERMAN, Bruce A. e ALSTOTT, Anne. *The Stakeholder Society*. New Haven: Yale University Press, 1999.

22. Este ponto foi vigorosamente colocado por Axel Leijonhufvud no seminário de Luxemburgo (ver no Prefácio).

23. Citado *in* GORZ, André. *Ecologica*. Chicago: University of Chicago Press, 2010, p. 170.

24. Unicef. *Child Well-being in the UK, Spain and Sweden: the Role of Inequality and Materialism*. York: Unicef UK, 2011.

25. MUSGRAVE, Richard A. "Multiple Theory of Budget Determination." *Finanzarchiv*, vol. 7, pt. 3, 1956, p. 341.

26. Ver HUNT, Alan. *Governance of the Consuming Passions: a History of Sumptuary Laws*. Nova York: St Martin's, 1996.

27. MANDEVILLE, Bernard. *The Fable of the Bees: or Private Vices, Publick Benefits*. Harmondsworth: Penguin, 1989, p. 96

28. Ver BERRY, Christopher. *The Idea of Luxury*. Cambridge: Cambridge University Press, 1994, p. 115.

QUANTO É SUFICIENTE?

29. KALDOR, Nicholas. *An Expenditure Tax*. Londres: Allen and Unwin, 1955, p. 176. Ver também INSTITUTE OF FISCAL STUDIES. *The Structure and Reform of Direct Taxation: Report of a Committee Chaired by professor J. E. Meade*. Londres: Institute of Fiscal Studies, 1978.
30. *Ibid.*, p. 53.
31. *Ibid.*, pp. 26-7
32. PRESSMAN, Steven. "The Feasibility of an Expenditure Tax." *International Journal of Social Economic*, vol. 22, pt. 8, 1995, p.6.
33. KALDOR. *An Expenditure Tax;* KAY, John. *The Meade Report after Two Years.* Londres: INSTITUTE OF FISCAL STUDIES, 1980. Para uma crítica, ver PRESSMAN, "The Feasibility of an Expenditure Tax".
34. Despesa "tributável" foi definida por Kaldor in *An Expenditure Tax*, pp. 191-3, como o dinheiro que a pessoa dispõe para gastar em um ano (gratificação, salário, rendimento de dividendos, dinheiro no banco) menos o que ela gasta para adquirir bens de capital, seu balanço bancário no final do ano e algumas pensões e isenções fiscais.
35. Para o plano em detalhes, ver FRANK, Robert H. *Luxury Fever: Money and Happiness in an Era of Excess.* Princeton University Press, 2000, pp. 211-16
36. *Ibid.*, p. 3
37. *Ibid.*, pp., 90-91
38. *Ibid.*, pp. 211-16
39. KEYNES, John Maynard. *The General Theory of Employment, Interest, and Money*, The Collected Writings of John Maynard Keynes, vol. 7. Cambridge: Cambridge University Press, 1973, p. 374.
40. "How to Tame Global Finance." *Prospect*, 27/8/2009.
41. Para esta definição de bem, ver BECKER, Gary e MURPHY, Kevin. "A Simple Theory of Advertising as Good or Bad." *Quarterly Journal of Economics*, vol. 108, pt. 4, 1993, p. 941. Inversamente, "mal" é algo que o consumidor paga para se livrar ou tem que ser compensado para aceitar. Na versão resistente do modelo racional de consumidor não existe nenhum bem de mérito ou público.
42. *Ibid.*, p. 962.
43. HEGEL, G. W. F. *Princípios da filosofia do direito.* São Paulo: Ícone Editora, 1997.
44. Citado *in* GORZ. *Ecologica*, p. 104.
45. KEYNES. *Essays in Persuasion*, p. 331
46. Uma hipótese alternativa para a observada estagnação do salário é o abono crescente para as especialidades nas sociedades ricas. Os dados empíricos

NOTAS

sobre os efeitos são inconclusivos. Ver KRUGMAN, Paul. "Trade and Wages, Reconsidered", trabalho não publicado para o Brookings Institute Panel on Economic Activity 2008.

47. Entrevista com LOHR, Steve. "An Elder Challenging Outsourcing Orthodoxy." *New York Times,* 9/9/2004.

48. REINERT, Erik S. *How Rich Countries Got Rich... and Why Poor Countries Stay Poor.* Londres: Constable, 2008, pp. xxv-xxvi.

49. CHANG, Ha-Joon. *23 Things they don't Tell you about Capitalism.* Londres: Penguin, 2010, p. 63.

50. GORZ. *Ecologica,* pp. 15f.

51. ST. PAUL'S INTITUTE. *Value and Values: Perceptions of Ethics in the City Today.* Londres: St Paul's Institute, 2011.

52. SKIDELSKY, Robert. *John Maynard Keynes: Economist, Philosopher Statesman.* Londres: Pan, 2004, p. 515.

Índice

aquecimento global *ver* mudanças climáticas
Aristóteles 31, 42, 82, 133, 154-156, 243, 214-15, 217, 220-221, 243
  economia 97-100, 118-124
  ética 98-111, 114-116, 125-127, 191-193, 202-203
avareza
  filósofos e teólogos sobre a 102-109
  Keynes a respeito da 30-32, 63-64
  no Iluminismo, 68-72

Becker, Gary 54-272
bens básicos 21,192-219, 249
  condição atual dos 223-233
  políticas para pôr em prática 218-224-, 249-274
bens de mérito 247, 263-266
bens oligárquicos *ver* bens posicionais
bens posicionais 51-56, 137-140, 141, 240, 268
Bentham, Jeremy 43, 134-137
Beveridge, William 247

capacidades 193-197, 197-9, 245-247

capitalismo
  exacerba a insaciabilidade 59-61, 238-264
comércio
  internacional 273-280
  reprovação moral do 102-110
como objetivo de políticas 235-240
competição por status 52-58, 59
consumismo 49-61, 262-274
Crescimento 16, 20-21, 28, 220-224
  felicidade e 136-143
  o meio ambiente e 165-176
  previsões de Keynes para o 53
cristianismo
  e ética econômica 104-109
  e felicidade 132, 161
  e meio ambiente 175
  e reforma política 280, 282
  e utopia 67-8, 210-213, 242-247

de arrastamento (Bandwagon), esnobe e Veblen
  efeitos 56, 268
desenvolvimento internacional 273-280

desigualdade 46-51, 139-142, 208-210, 225-230

dharmasutras 108-111, 114-116

economia da felicidade 129-131, 1366-143
  crítica à 142-163

economia
  crítica à 18-19, 23, 26-28, 118, 125
  economia moderna 89-93
  origens da 68-77

estado estacionário 75-77

exacerbada pelo capitalismo 59-61, 238-241

expectativa de vida *ver* saúde

Fausto
  Barganha faustiana 60, 73, 76-80
  de Goethe 78-81
  de Marlowe 77-78

felicidade 129-163, 198-200, 218-220, 232-233
  desenvolvimento e 136-143
  filosofia chinesa e 144-147
  história da 130-137

Frank, Robert 123, 141, 267-269

Gaia 177-80, 182-184, 186

Galbraith, J. K. 87, 188, 136, 236, 272

Goethe, Johann Wolfgang von 81, 83-84, 204
  ver também Fausto

Gorz, André 56, 257, 279-281

Harrod, Roy 51-54

imigração 275-278

imposto sobre o consumo 266-271

insaciabilidade 50-61, 72-75
  Aristóteles sobre a 102-105
  atitudes orientais para com a 109-111

Joaquim de Fiore 67, 82

Kaldor, Nicholas 266-271

Keynes, John Maynard 63, 86, 101, 122, 188, 218, 231, 246-248, 249-253, 281
  erros de previsão 43-61, 95
  Keynesianismo 92, 238-241
  "Possibilidades econômicas" 29-33, 68, 273-280
  previsão para 2030, 32-44, 166, 235
  sobre as necessidades 40-42, 55-57, 75-77, 191, 240
  Teoria Geral 70-71

Layard Richard 153, 157-163

lazer
  atitudes dos gregos em relação ao 99, 216-218
  significado do 216-219
  usos do 41-44, 54, 211, 130-233, 261-263

leis suntuárias 264-267

Lenin, Vladimir Ilyich 43, 86

Linder, Staffen 54,58

Lovelock, James 171, 177-180

MacIntyre, Alasdair 124-243

Malthus, Tomas 75, 165-170, 177, 188

Mandeville, Bernard, 69-71, 73, 81, 117

Marcuse, Herbert 89, 96, 177, 136, 176-178, 236, 272

ÍNDICE

Marlowe, Christopher *ver* Fausto
Marshall, Alfred 41
Marx, Karl 7, 60, 67, 74-78, 80, 117,
205, 216, 242-245
   crítica ao capitalismo 86-86
   economia 84-87, 99-102, 120-123
   sobre a vida após o capitalismo 86-88
Marxismo 162, 177, 271-273, 279-281
   sobre a insaciabilidade 59, 93
   sobre as horas trabalhadas 46-51
meio ambiente *ver* natureza
Mill, John Stuart 75-77, 95, 187, 198, 267
mudança climática 165, 167-176

natureza
   ameaças à 116-124, 125-127
   exploração da 116, 123-125
   harmonia com 129-135, 148-150, 160-163
necessidades 40-42, 48-51, 55-57, 75, 103, 119-122, 199-202
neoliberalismo 245-248
Nussbaum, Martha 193-197

Painel Intergovernamental sobre Mudanças Climáticas (IPCC) 170-172
papa Leão XIII 65-66, 210-213
políticas para amainar 262-274
população
   estimativas de Keynes 30-33
   problemas da 166-168, 188, 250, 274-275

Produto Interno Bruto 129, 150, 195, 237
publicidade 51, 59, 269-274

Rawls, John, 117, 125, 193-196, 198, 209
renda básica, 256-263

saúde 40, 194-197, 198-200, 202-205, 219-222, 223-226
Schor, Juliet 48-51, 253
Scitovsky, tibor 52, 136
Sen, Amartya 226-33, 245-247
Smith, Adam 43, 59-61, 71-76, 81, 121, 247, 266
Stern Review 171-174
suficiência 11, 42, 121, 240-1, 274-275

trabalho
   atitudes cristãs para com 242-247
   atitudes gregas 99
   horas de 30, 32-41
   políticas para redução do 249-247
   prazer no 31-34

utopia 63-66

vida boa, a
   atitudes do Oriente e Ocidente para com a 104-116
   atitudes modernas para com a 115-127, 193-198
   catolicismo e 201-213, 242-245
   e Aristóteles 98-102
   e os bens básicos 197-219

O texto deste livro foi composto em Sabon,
desenho tipográfico de Jan Tschichold de 1964
baseado nos estudos de Claude Garamond e
Jacques Sabon no século XVI, em corpo 10,5/15,5.
Para títulos e destaques, foi utilizada a tipografia
Frutiger, desenhada por Adrian Frutiger em 1975.

A impressão se deu sobre papel off-white
pelo Sistema Cameron da Divisão Gráfica
da Distribuidora Record.